首席招聘官

新手入门、招聘技能详解与自我修炼之道

大招 孙莹 张号东 著

北京大学出版社
PEKING UNIVERSITY PRESS

内 容 提 要

依循招聘流程和工作场景,将复杂的招聘管理理论和概念转化为具体实用的工具、表格和专业建议,运用产品化、市场化和项目化的创新思维,引导读者分析、挖掘招聘个案背后隐藏的真正问题,有针对性地寻找解决的策略,为招聘流程的每一个关键环节提供可落地的操作范例、常见问题和注意事项。内容简明扼要、通俗易懂,可操作性强,特别适合招聘初学者、企业招聘岗从业者,各高校人力资源管理专业的学生,以及其他对招聘工作感兴趣的人员学习使用。

图书在版编目(CIP)数据

首席招聘官:新手入门、招聘技能详解与自我修炼之道 / 大招,孙莹,张号东 著. — 北京:北京大学出版社,2021.2
ISBN 978-7-301-31900-0

Ⅰ.①首… Ⅱ.①大…②孙…③张… Ⅲ.①企业管理 – 招聘 Ⅳ.① F272.92

中国版本图书馆 CIP 数据核字 (2020) 第 247802 号

书　　　名	首席招聘官:新手入门、招聘技能详解与自我修炼之道 SHOUXI ZHAOPINGUAN:XINSHOU RUMEN、ZHAOPIN JINENG XIANGJIE YU ZIWO XIULIAN ZHIDAO
著作责任者	大　招　孙　莹　张号东 著
责任编辑	张云静　杨　爽
标准书号	ISBN 978-7-301-31900-0
出版发行	北京大学出版社
地　　　址	北京市海淀区成府路 205 号　100871
网　　　址	http://www.pup.cn　新浪微博:@北京大学出版社
电子信箱	pup7@pup.cn
电　　　话	邮购部 010-62752015　发行部 010-62750672　编辑部 010-62570390
印　刷　者	北京宏伟双华印刷有限公司
经　销　者	新华书店
	800毫米×1230毫米　32开本　10.75印张　250千字 2021 年 2 月第 1 版　2022 年 1 月第 2 次印刷
印　　　数	4001-6000 册
定　　　价	58.00 元

未经许可,不得以任何方式复制或抄袭本书之部分或全部内容。
版权所有,侵权必究
举报电话:010-62752024　电子信箱:fd@pup.pku.edu.cn
图书如有印装质量问题,请与出版部联系,电话:010-62756370

自序
招聘从业者的自我修养

在人力资源领域，无论是按照模块来划分，还是按照三支柱模式来研讨，抑或是采用其他新型结构模式分类，招聘都是这个职能领域中最前端、最无法规避的一项工作。在人类社会的所有组织形式中，只要组织有发展的需求，那么先把组织的最小构成单元——人匹配到位，必然是第一要务。

因此可以这么说——在人力资源管理这门学科建立起科学的理论基础之前，招聘就已经出现了，"招贤纳士"这件事，其实已经被研究了千年之久。从秦昭王五跪求得范雎，到汉景帝放弃周亚夫，这些流传已久的人才筛选典故，也证明了招聘这项工作想要做好，首先需要从业者具有良好的变通能力和适应能力。

正是因为招聘工作有难度，所以市面上出现了琳琅满目的招聘技能指导书籍，希望能为身处浓雾中的读者点燃沿途的灯火。但是，灯火虽然有光亮，有时却因为分布得过于繁杂无序，反而让读者举步维艰。

我自十七年前开始从事人力资源相关工作，在这十七年里，我也曾经历过迷茫无措，也曾因工作而忧心忡忡，夜不能寐。人的年纪越大，越明白这样一个道理："只有回头看路的时候，路才会清晰明朗。"因此，在这样的契机下，写出一本对招聘工作有现实指导意义的工具书，就成为我最坚定的目标。

这本书从开始筹划到出版，整整用了一年两个月的时间。我们遍寻各大企业在职的人力资源高层管理者及从事招聘项目咨询工作的资深专家，在研究了基于甲方思维和乙方逻辑的多种招聘智慧之后，最终完成了这样一本集各方心血于一体的作品。

在本书编著之时，我们也对招聘这项工作有了更深的理解。现将关于招聘的框架梳理如下，列举于此，以便读者阅读和学习。

招聘是个系统工程

招聘工作作为人力资源领域重要的服务性工作，在传统的职业定位中，总是被定位为后置执行模块，以至于很多招聘从业者在接到独立的招聘任务时会略显慌乱。有很多从业者认为，招聘工作是临时性的、零散的，实践证明，这种思维是错误的。

在生产型企业中，最大的效率革命当属"流水线分工"模式。将工人的技能进行细分之后，生产效率的提升比率以量级的规模上扬。这种模式的基础，并不是单一岗位的零散设置，而是基于整个生产线系统的职能分解。

有了这样的例子类比，招聘工作的系统性的重要程度就显而易见了。所有的招聘从业者，都需要对招聘这项工作有系统性的认知。招聘从业者只有具备了这样的系统性认知，日常工作才能事半功倍。

招聘工作的开展需要基于企业战略

招聘工作在传统模式下之所以总是被动执行，永远是老鹰抓小鸡游戏中拖在最尾部的那只小鸡，根本原因在于招聘从业者不经常接触企业战略,也不热衷于与企业战略建立紧密联系。

"火车跑得快,全凭车头带"这句俗语,与其说是主张战略的优势要素,还不如说是要求企业组织的各层级岗位全部围绕企业战略展开工作,这样才能使整个企业的运转更稳定、更有效率。

招聘从业者的工作思维必须基于企业战略,才能让从业人员的工作职能"前置化",招聘官才能成为在企业经营中具有不俗影响力的中流砥柱。

招聘从业者在工作中经常会遇到选择难题,如是成本为先还是人才质量为首?是渠道为王还是选择遍地撒网模式?是选择全部需求统一推进的低效公平服务模式还是选择有权重的目标项目服务模式?

这些问题的答案,都可以在企业经营战略中找到。这本就是开卷考试,问题只在于你是否能找到答案而已。

招聘的精髓是对工具的灵活应用

招聘工具是招聘工作的重要组成部分。各种与招聘有关的培训课程和书籍,也大都是围绕着招聘工具和招聘技能展开的。招聘技能是什么?其实就是招聘从业者对招聘工具的理解及灵活运用招聘工具的能力。归根结底,招聘依靠的是"工具"。

工具总是纷繁复杂的,因此,判断一个招聘从业者的能力是否达标,并不是看这个招聘从业者了解多少招聘工具的概念,而是看这个招聘从业者对不同的招聘工具是否有深入的理解,以及是否具备在不同应用场景灵活切换不同的招聘工具的能力。

英国著名球队曼联的前主教练弗格森就是一个灵活应用工具的高手,《领导力》一书就着重讲到了他对于创新工具的应用。作为一个优秀的管理者,善于使用创新工具,是他成为世界一流教练的主要因素之一。

他不迷信创新工具，专注于业务本身，灵活使用已有工具，最终成为足球管理界最闪耀的管理之星。

对招聘从业者来说，如何在堆叠如山的工具池中找到最适合自己及最适合企业现状的工具，是最重要的工作之一。选定工具之后，还要对这些工具进行深入研究，直到能够灵活运用为止。

招聘要成为一个真正的"闭环"

很多人说"招聘即营销"，但是当一个招聘从业者真的把招聘当作营销来推进的时候，常会陷入"虎头蛇尾"的怪圈。因为这个招聘从业者可能会过于注重前端的招聘录入，而轻视入职后的流程及招聘复盘工作，甚至对这些后端工作干脆置之不理。

这就是招聘从业者效率低下的"原罪"。如果把招聘这件事视为营销，就更应该看重已有"客户"的体验，在对已有"客户"服务的优势和劣势的分析中，寻找捕捉"新客户"的途径和工具，形成招聘的"闭环"。

全面质量管理领域有个广为人知的工具叫作"PDCA 循环"，是指在生产质量管理领域内形成一个个完整的"闭环"，并呈螺旋上升趋势的一种模式。这个模式之所以广为人知，是因为它的逻辑方式被引入营销、运营、企业内部管理等多个领域，并取得了很好的效果。

招聘这项工作能讲的东西很多，这个短短的自序无法承载其量，哪怕是这本书也不能囊括其全貌。但生命的美好就在于此，正因为人在有限的生命时长中，无法获取世界上的全部知识，才让知识显得更为新奇可人。

别等了，用接受礼物的心情翻开书，看看里面写的是什么吧！

孙莹

前言
如何阅读本书

人力资源是围绕企业战略、公司组织和人的管理的科学，招聘工作是人力资源从业者"安身立命"之本。天下大事，必作于细。在我们探寻人力资源工作的本质与管理使命之时，也要仔细思考如何才能脚踏实地做好招聘工作。

在这本书中，我们将带领大家重新认识招聘工作，并提供招聘中常用的工具，使招聘从业者能够更简单、更高效地完成工作。

关于本书

为方便理解，有针对性地分析问题并解决问题，我们将招聘工作的流程进行了梳理，整理出了11个关键性的流程节点及58个与招聘相关的关键问题，这些流程节点和关键问题，是人力资源招聘工作的框架和基础。

本书内容是由百余场招聘主题分享会中一线招聘官分享的真实案例提炼而成。我们希望通过这些场景化的问题，让对招聘工作的探讨更接地气，能够真正帮助到大家，起到传道授业解惑的作用。

同时，结合笔者十余年的招聘工作经验，以及与大量的人力资源同行进行的深入交流，我们对招聘流程的重要节点进行了重点阐述，并提供了丰富的工具和表格，帮助大家掌握快速解决问题的思维方式和工作方法。

本书相关术语

在本书中，你会看到一些与招聘相关的术语。

- **候选人**：被确定为招聘对象的人员。
- **任职资格**：为了保证任职者能够胜任该项工作，而对其提出的知识、技能、能力和个性等方面的要求。
- **胜任力**：是指能将某一工作中的卓越成就者与普通者区分开来的个人深层次特征，一般包括通用胜任力（确保组织能够良好运行的基本能力）、专业胜任力（高水平完成该岗位工作所需要具备的能力和素质）和领导力（能够充分调动人力和客观条件，以最小成本完成工作任务、提高工作效率的能力与素质）。
- **候选人画像**：类似营销中常用的"用户画像"，候选人画像又称"人才画像"，以岗位要求为基准，定义和描绘胜任该岗位的候选人模型。
- **工作分析**：对岗位的设置目的、任务或职责、权力和隶属关系、工作条件和环境、任职资格等信息进行收集与分析，并对该岗位工作内容作出明确的规定，确定完成该工作所需的行为、条件、人员的过程。通过工作分析，可以进一步明确岗位职责及任职资格。

• **JD**：岗位说明书，通常会列出设置这个岗位的目的、岗位的工作内容和职责，以及要胜任这个岗位所需要的技能、背景和素质——也就是我们常说的岗位职责和任职资格。对内，JD是工作标准；对外，JD是招聘广告。

• **关键筛选标准**：基于胜任岗位所需的能力项及岗位的考核指标提炼出的招聘的基本要求。

• **SLA**：又称"服务等级协议"，是招聘服务提供者（招聘官）与用户（用人部门）就招聘流程中双方的权责和义务达成的具有约束力的协议，以确保招聘工作的顺利推进并保证用户对招聘服务的满意度。

• **EVP**：又称"员工价值主张"，类似营销中常见的"客户价值主张"，指企业为做出贡献的员工提供了哪些回报。EVP回答了员工或候选人心中的疑惑："我在这家公司到底能得到什么？"

• **雇主品牌**：类似营销中常见的"企业品牌"和"产品品牌"，指的是企业作为雇主在员工心目中的形象。

• **招聘营销**：是市场营销在招聘领域的实践。招聘营销利用市场分析、多渠道的使用、有针对性信息的发送、技术支持的自动化等手段，通过传播雇主品牌和价值观来吸引候选人，将之前不曾申请招聘职位的候选人纳入招聘流程中来。

- **人才地图**：通过一定的手段，系统地了解、绘制、掌握外部关键人才的地理位置分布及其资历、背景、薪酬、动机等关键信息。

- **BEI**：又称"行为面试法"，通过要求面试对象描述过去的工作或者生活经历的具体情况，来了解其各方面的素质特征。

- **STAR**：在面试过程中，通过对 Situation（背景）、Task（任务）、Action（行动）和 Result（结果）四个方面的发问，一步步挖掘面试对象的潜在信息，从而对面试对象做出全面客观的评价。

- **招聘漏斗**：通过图形直观地显示招聘各环节的转化率，以便对招聘过程进行优化。

- **Offer**：录取通知书，用于正式向求职者发出聘用邀请，并提供重要信息，包括工作开始日期、薪酬、工作时间和职位等。

- **Offer 接受标准**：让候选人接受 Offer 的关键要素。了解候选人的 Offer 接受标准，便于提供更具针对性的 Offer。

- **候选人关系管理**：狭义上指确保优质的候选人一直留在招聘流程中；广义上指通过与优质候选人的持续互动，增进双方了解，累积互信，以便在需要的时候达成合作。

- **招聘战略**：为帮助企业实现既定招聘目标而制订的计划或采取的行动。它可以让招聘官以全局视野来看待招聘工作，安排好工作的主次，合理分配预算和时间。

- **战略性招聘**：指对企业战略实现有关键影响的招聘活动，通常指招聘高价值、高稀缺性的人才，如高管。

本书相关资料

为了便于您更好地利用本书中提及的工具及方法，我们还免费提供如下资源。

（1）本书所涉及的配套电子表格。

（2）35 节招聘营销线上课程（价值 299 元）。

如需获取以上课程及资料，请扫描二维码，关注公众号，并在公众号后台回复资源提取码：19527。

特别鸣谢

本书在编写过程中，得到了王晓明、沈冬青、夏元君、谭佳彬、胡林、姚绿冬、栾光宇、孔艺蓉、欧阳泽林等同行好友的鼎力支持，碧桂园集团、万科地产、平安集团、广发租赁、腾讯及华为等知名企业的人力资源部领导也给予了相当多的专业指导，在此向所有提供帮助的同行朋友致谢，希望未来我们能够继续勤力同心，互相扶持，共同为人力资源和招聘管理工作贡献自己的力量！

当然，本书中所进行的这些探索和尝试，还无法涵盖招聘管理工作的所有层面，为了使大家更加全面地理解招聘，未来我们还将结合本书推出一系列的线上线下课程，欢迎大家持续关注首席招聘官公众号和咖啡微课直播间，也欢迎各种形式的交流和互动，共同查漏补缺，使本书更加严谨、完整。

大招 孙莹 张号东

目录

第一章 准确识别需求 // 1

- 第一节 招聘前的准备 / 2
- 第二节 招聘需求分析 / 7
- 第三节 明确招聘标准 / 12
- 第四节 绘制候选人画像 / 19
- 第五节 制订招聘计划 / 23
- 第六节 达成招聘共识 / 25

第二章 写一份出彩的JD // 29

- 第一节 写JD前的注意事项 / 30
- 第二节 JD的写作要点 / 33
- 第三节 岗位卖点的提炼与包装 / 39
- 第四节 提升JD吸引力的小技巧 / 44
- 第五节 JD中不要出现这些内容 / 49

第三章　寻访最佳人才　　// 51

第一节　招聘渠道的选择　　/ 52

第二节　招聘渠道的管理　　/ 58

第三节　发布职位　　/ 61

第四节　职位搜索　　/ 65

第五节　个人微信经营　　/ 69

第六节　内部推荐　　/ 71

第七节　校园招聘　　/ 75

第八节　绘制人才地图　　/ 83

第九节　建设人才库　　/ 90

第十节　猎头渠道管理　　/ 95

第四章　筛选合适简历　　// 103

第一节　筛选简历时要看些什么？　　/ 104

第二节　简历筛选的检查清单　　/ 107

第五章　邀约候选人面试　　// 111

第一节　像销售一样展开面试邀约　　/ 112

第二节　面试邀约的常规话术及套路　　/ 116

第六章　面试前用心准备　　// 121

第一节　重新认识面试　　/ 122

第二节　选择面试方法　　/ 124

第三节　组建面试团队　　/ 130

第四节　设计面试流程　　/ 135

第五节　开发面试问题　　　　　　　　　　/ 141

第六节　面试前的准备清单　　　　　　　　/ 151

第七章　面试中高效识人　　　　　　　　// 155

第一节　八步打造完美面试　　　　　　　　/ 156

第二节　提问和追问　　　　　　　　　　　/ 160

第三节　了解文化适配性　　　　　　　　　/ 170

第四节　探索跳槽动机　　　　　　　　　　/ 175

第五节　读懂候选人的肢体语言　　　　　　/ 180

第六节　倾听和记录　　　　　　　　　　　/ 184

第七节　面试过程中的雇主品牌营销　　　　/ 190

第八节　结束面试　　　　　　　　　　　　/ 193

第八章　面试后及时反馈　　　　　　　　// 201

第一节　面试评估　　　　　　　　　　　　/ 202

第二节　录用决策　　　　　　　　　　　　/ 211

第三节　候选人关系管理　　　　　　　　　/ 213

第九章　搞定Offer谈判　　　　　　　　// 219

第一节　开展薪酬谈判　　　　　　　　　　/ 220

第二节　提升Offer谈判成功率　　　　　　/ 226

第三节　Offer谈判的常用话术　　　　　　/ 233

第四节　背景调查　　　　　　　　　　　　/ 236

第五节　Offer模板及注意事项　　　　　　/ 243

第六节　Offer发送后的跟进　　　　　　　/ 247

第十章　做好入职引导　　// 251

 第一节　重视新员工入职　　/ 252

 第二节　新员工流失原因剖析　　/ 261

第十一章　开展招聘复盘　　// 265

 第一节　认识招聘指标　　/ 266

 第二节　招聘漏斗的应用　　/ 273

 第三节　招聘渠道的效能分析　　/ 278

 第四节　招聘成本分析　　/ 282

 第五节　招聘总结　　/ 285

 第六节　招聘计划与招聘预算　　/ 288

 第七节　招聘团队的建设　　/ 294

 第八节　管控招聘流程　　/ 301

 第九节　招聘官的时间管理　　/ 307

第十二章　让招聘更有战略性　　// 313

 第一节　向左走，向右走　　/ 314

 第二节　通过构建招聘体系实现认知升级　　/ 315

 第三节　从常规招聘到战略性招聘　　/ 319

 第四节　从招聘官到人才顾问　　/ 321

 第五节　给招聘官的几点建议　　/ 328

第一章 准确识别需求

进行人才招聘，不仅是完成领导交办的任务，更重要的是，招聘可以解决企业关键能力供给缺失的问题。要想做好招聘工作，必须先学会分析招聘需要解决什么问题，只有弄清楚招聘需求，建立统一的招聘标准，才能制定有效的招聘策略。

招聘不仅是招聘官一个人的事情。要想招聘到最优秀的候选人，招聘官必须和用人部门建立良好的合作关系，必须在合理的招聘预期下，与用人部门进行有效的沟通并各尽其责。

通过本章的内容，你将了解：
- 招聘前的准备
- 招聘需求分析
- 明确招聘标准
- 绘制候选人画像
- 制订招聘计划
- 达成招聘共识

第一节 招聘前的准备

招聘官都期望招募到能够快速融入组织且能在岗位上贡献价值的员工，但并不是所有的招聘活动最后都能达到预期的效果。事与愿违的原因，很大程度上是前期的准备不够充分。

在每一项招聘活动启动之前，招聘官都要问问自己："企业招聘的目的是什么？仅仅是填补岗位空缺吗？"

清楚了这个问题，再确定好招聘的一系列标准，才更有机会招聘到最优人才。

一、明确招聘标准

大部分企业/部门招聘新人都是为了补充达成企业/部门经营目标所需的关键能力，确保公司战略能顺利实施。

明确招聘的标准，需要招聘官懂业务，并与用人部门的业务需求相结合，了解用人部门的关键决策是如何制定的，分析如何才能使员工和企业/部门目标一致，清楚如何降低达成目标过程中的人为风险。当招聘官了解到岗位设置的目的，才能明确企业/部门到底要招募什么样的人。

通常来说，好的人才要满足行业经验、技术能力、知识结构、个性素质、特别要求等方面的需求，同时要做好人与岗位的匹配、人与组织的匹配、人与组织发展的匹配。

在没有梳理出招聘标准之前，建议招聘官不要盲目找简历、约面试，而是应该先和用人部门负责人沟通，达成招聘共识，确定招聘标准。招聘需求调查表如表1-1所示。

表1-1 招聘需求调查表

岗位信息		
岗位名称	招聘人数	工作地点
岗位层级(初级/高级)	所属部门	直属上级
招聘原因(替换/新增/补缺)		其他注意事项
岗位职责/所需技能		
招聘岗位的核心职责(列举3~5项)		人选到岗3个月内要完成哪些工作才算合格?
招聘岗位需要的核心技能和要求(列举3~5项)		如果有这些能力会更好
岗位的学历要求	岗位的工作经验要求	岗位的专业要求
对人选的从业经历或项目经验的要求		是否必须具备同行业工作经验?
人选寻访标准		
更倾向于选择哪些公司出来的候选人?	更倾向于选择哪些学校毕业的候选人?	更倾向于选择什么职级的候选人?
能否接受候选人是应届毕业生或实习生?		
团队中同岗位表现优异的同事		
人选还需具备的个性特征		

续表

薪酬福利		
薪酬区间	奖金	期权

岗位卖点	
您认为候选人为什么会对这个岗位感兴趣?	该岗位未来的职业发展通道/晋升空间

面试流程
您是如何规划该岗位的面试流程的?
一定要参与面试的面试官

招聘时间线与协作		
该岗位的紧急程度（1~5分）	理想的入职日期	期望最快看到简历的时间
如果招聘有进展,您期望通过何种方式告知您?（邮件/微信/QQ/电话等）		推荐简历最快什么时候能得到筛选反馈,以便安排面试?
面试结束后最快什么时候能得到面试反馈?		如果现有条件下找不到合适的候选人,您的建议

　　与用人部门负责人的沟通时，首先要了解他到底想要什么样的人才，同时还要考虑公司的企业文化和核心价值观——这些要素将决定候选人是否能被公司选中，并产生价值。

如果在用人部门负责人的脑海里，理想候选人只有个模糊的轮廓，招聘官需要持续问"为什么"，通过细致的沟通，可建立一个理想候选人需求的属性列表。这个属性列表有助于招聘官进行人才寻访和面试官进行面试反馈，并确保所有的流程都符合要求且公平公正。

当然，100% 符合这些技能要求的完美候选人是很难见到的，就算完美候选人真的存在，招聘成本和招聘时间恐怕也是企业/部门无法负担的。所以，在沟通人才标准时，要明确技能和素质的优先级，了解哪些技能/素质是必备项，哪些是加分项（可以适当让步）。

一般来说，技能可以通过学习来提高，但是正确的态度却很难培养。如果招聘时需要适当放宽条件，可以在知识/技能/经验上进行适当的让步。

二、沟通服务标准

除招聘标准外，招聘官还需要与用人部门在协作上达成共识。

用人部门在招聘流程中扮演着至关重要的角色——招聘标准的确立、候选人的面试甄选、新员工的入职与融入，这些招聘流程中的关键环节都与用人部门息息相关。

很多时候，用人部门会觉得招聘是招聘官的工作，事实上，招聘官只是用人部门的业务合作伙伴，招聘新人是为了帮助用人部门更好地完成业务目标。能否招到人，招到的人质量如何，对用人部门的影响最大。

为了确保招聘的效率和质量，用人部门和招聘官需要通力协作——这是在招聘开始之前就应该达成的共识。

在招聘正式启动前，招聘官通常需要和用人部门签订一个口头或书面的 SLA（服务等级协议），以确定服务的内容、交付的质量和时间等信息，明确双方的权责。

SLA 中通常会包含以下内容。

（1）**招聘团队**：招聘团队的组成及各自的权责。

（2）**候选人的评估标准**：应聘这个空缺岗位的候选人需要具备哪些素质和技能？

（3）**面试计划**：面试分为哪些阶段？每个阶段关注哪些要素？使用什么样的测评工具？安排哪些面试官？如何培训面试官？如何跟进面试结果？

（4）**人才寻访策略**：哪个公司有目标候选人？通过什么渠道可以找到目标候选人？内部推荐或内部调岗可以解决多少招聘问题？

（5）**理想候选人模板**：从公司内外找一个范例定义理想候选人，帮助招聘官具象地理解用人部门对人才的需求。

有了这份 SLA，用人部门会对招聘流程及其在流程中承担的权责有更清晰地了解，能够最大限度地缓解招聘官与用人部门之间的紧张关系。

三、建立沟通机制

除 SLA 外，与用人部门负责人进行沟通的节奏与形式也是招聘官需要提前了解的。

如果用人部门负责人的工作繁忙，那么怎么确定负责人能在何时、以什么样的频率来参与招聘工作？如果其没有时间参与招聘，可否指定一位代理人以确保招聘流程顺利推进？用人部门习惯哪一种沟通方式？邮件/OA/微信/QQ/电话？了解这些信息，招聘官就能定期和用人部门进行沟通，确保招聘工作能够顺利进行。

此外，招聘官还需要定期向用人部门负责人汇报招聘进展，实现信息共享。通过深入沟通，不仅能让用人部门更加关注招聘流程，也让其更加充分地了解招聘官为招聘工作所付出的努力。

在采集用人部门反馈时,要尽可能将反馈信息记录得简单些,比如记录候选人合适/不合适、哪些方面更突出……把握招聘的核心要求,通过持续纠偏,完善招聘需求,最终择定最优候选人。

四、设立合理预期

就算是再专业、再有经验的招聘官,也有力有不逮之处。高承诺低兑现,会成为招聘部门与用人部门交恶的源头。

因此,在招聘正式启动前,招聘官需要告知用人部门负责人,哪些模块招聘部门可以做到,哪些模块招聘部门做不到,需要用人部门支援。招聘部门需要和用人部门达成一个共识,即招聘到的候选人最终是为用人部门所用,因此用人部门觉得合适才是最重要的,要实现有效的招聘,用人部门必须参与到整个招聘流程中来。

如果用人部门能够理性地看待招聘过程中的困难与挑战,就能正确地评估招聘部门为之付出的努力,也会积极地参与到招聘流程中来。如果双方能同心协力为取得更好的招聘成果而努力,合适的人才往往也会手到擒来。

第二节 招聘需求分析

一接到招聘需求就马上开始招聘,看似高效,实则不然。因为在接下来的招聘过程中,招聘官可能会遇到以下几个问题。

用人部门这两天急着要人,过两天可能又不要了。

用人部门要招的人,人才市场上压根就不存在。

用人部门给的薪水太低,很难招到合适的人选。

……

如果招聘官急匆匆地开展招聘工作,最后可能只能停在原地打转。

因此,接到招聘需求后,招聘官首先应该了解用人部门提出招聘需求背后的诉求是什么?是为了解决业务上的哪些问题?解决这个问题是不是非得招人不可?有没有其他的解决方案?问题不解决对业务的影响有多大?如果用人部门非招聘不可,再了解用人部门需要多少人及需要什么特质的人。

招聘需求分析表如表1-2所示。

表1-2 招聘需求分析表

招聘需求	当下	未来	趋势与风险
招聘需求类型	增编or替换or补缺	临时岗位or长期岗位	岗位稳定性&预期离职率
岗位绩效要求	往期绩效数据类比or新建数据	绩效数据增长预期or核心绩效调整预期	绩效市场规律&增编人员预期绩效
工作关系网和岗位核心度	岗位位置	部门梯队建设和配置变更	核心职能分解的需求&风险共担
工作量、编制和预算	是否适用345原则	短中长期编制or临时性增编	满足短期需求后编制优化的考量
胜任力模型	……	……	……

填表说明:

按照以上表格逐一了解岗位相关信息,对招聘需求进行甄别分析。

(1)招聘需求类型:从当下的维度看,岗位是属于增编、替换还是补缺?从未来的维度看,这是个临时岗位,还是长期岗位?从趋势与风险的维度看,这个岗位的稳定性如何?预期的离职率如何?

（2）岗位绩效要求：从当下的维度看，过往的绩效数据要求岗位达到什么样的绩效考核标准？新增了哪些指标？从未来的维度看，未来要求岗位绩效达到什么样的标准？核心绩效指标将如何调整？从趋势与风险的维度看，该岗位绩效数据在市场上的变化规律如何？如果新招聘的人员绩效低于预期，该如何处理？

（3）工作关系网和岗位核心度：从当下的维度看，岗位的上下级和团队如何构成？从未来的维度看，岗位所属部门的梯队建设如何规划？配置会如何变更？从趋势与风险的维度看，岗位核心职能是否会有变化？企业/部门内其他岗位如何共担风险？

（4）工作量、编制和预算：所谓345原则，即如果用人部门给予3个员工4个人量的薪酬，将收到等同5个人的回报。从当下的维度，要追求尽可能少的编制和更高的人才质量；从未来的维度，要考虑短中长期编制的持续及临时的增编；从趋势与风险的维度，要考虑满足短期的用人需求过后编制该如何优化？

（5）胜任力模型：考虑当下、未来、趋势与风险等维度下对岗位胜任力的要求。

如同时面对多个招聘需求，还需要利用表1-3进行优先级排序。

表1-3 招聘需求优先级评估表

编号	岗位名称	所属部门	所属模块	变动类型	变动说明	岗位说明书	岗位用途	岗位价值评分	同岗位人员数	工作饱和度	职责清晰度	影响程度	配置评级	建议配置渠道

续表

编号	岗位名称	所属部门	所属模块	变动类型	变动说明	岗位说明书	岗位用途	岗位价值评分	同岗位人员数	工作饱和度	职责清晰度	影响程度	配置评级	建议配置渠道

填表说明：

本表适用于在面对多个招聘任务时，评估岗位价值，辨别岗位重要性，对招聘任务进行优先级排序。

（1）变动类型：本岗位是计划内的招聘需求，还是新增的招聘需求？

（2）变动说明：岗位空缺是突然新增的岗位还是因为业务方向调整导致人员缺失？是岗位调整导致人手不足还是原岗位成员离职导致职位空缺？

（3）岗位说明书：岗位说明书是否已提交相关部门审阅确认？

（4）岗位用途：设置该岗位是为了企业/用人部门业务发展还是因

为能力建设？或是为了完善职能？

（5）岗位价值评分：对岗位的重要性进行打分。

（6）同岗位人员数：目前该岗位配置人员有多少？

（7）工作饱和度：目前该岗位的工作是否饱和？评估是否有必要新增人员。

（8）职责清晰度：是否与其他岗位的工作职责有重叠或冲突？评估是否可以通过内部调整来解决该职位的空缺问题。

（9）影响程度：该职位空缺对公司业务的影响是短期的还是长期的？评估岗位配置的必要性。

（10）配置评级：综合前几项，对岗位配置进行重要性评级。A为最优先考虑，以此类推。

（11）建议配置渠道：根据岗位配置评级，采用不同的招聘策略。

通过与用人部门的深入沟通，就招聘需求达成共识。即使发现招聘是伪需求，也会因协助用人部门认清了需求背后的问题而得到理解和认同。

确定完招聘需求的真实性后，还要思考两个问题：候选人来公司之后做什么？公司能为候选人提供什么？第一个问题可以帮助招聘部门明确招聘录用的标准及优先级，避免盲目找简历、约面试；第二个问题则可以帮助招聘部门提炼本公司的优劣势，为制定有效的招聘策略奠定基础。

除厘清需求外，进行需求分析更重要的目的是调整需求。不合理的招聘需求会让招聘工作痛苦不堪。当招聘部门了解用人部门招聘的真正原因后，就能运用自己的专业知识，结合对人才市场的了解，给用人部门提出更加合理的建议，继而把招聘需求从困难模式调整到常规模式，甚至简易模式。

第三节 明确招聘标准

明确了要招聘的岗位名称及人员编制后，就要确定招聘的标准。

确定招聘标准通常依赖于对岗位工作内容的分析，分析内容如表1-4所示。

表1-4 工作分析表

岗位名称	隶属部门	直接上级	对内工作协调	对外工作协调	职业发展通道			
工作职责								
工作目的								
工作内容	专业知识	专业技能	工作标准	工作权限	使用工具	发生频率	工作地点	所需时间	总时间

填表说明：

将岗位的工作职责按照工作流程分解成一个个小任务，通过对完成这些小任务所需的专业知识、专业技能、工作完成标准及权限范围等内容的分析，全面了解岗位的工作职责及岗位所需的能力和员工素质。

（1）对内工作协调：该岗位需要和哪些部门进行沟通协调？

（2）对外工作协调：该岗位需要和外部哪些组织进行沟通协调？

（3）职业发展通道：该岗位未来的职业发展是怎样的？

（4）工作职责：该项工作的具体内容有哪些？包括需要组织、参与、执行、监督、协助、审核、批准、分析改善等各种工作事项。

（5）工作目的：以结果为导向，突出该岗位对公司的贡献。工作目的表述格式为"根据……通过……（工作）达到……（效果）"。

（6）工作内容：要履行工作职责，达成工作目标，具体需要做哪些事情？可根据核心工作流程对工作内容进行分解。

（7）专业知识：完成这项工作需要具备哪些专业知识？

（8）专业技能：完成这项工作需要具备哪些专业技能？

（9）工作标准：这项工作需要达到什么效果？比如及时性、准确性。

（10）工作权限：员工在处理这项工作时拥有的权限。包括以下内容。

① 建议权：员工提出可实施的方案与计划，报上级审批。

② 审核权：公司管理层对下级提出的方案与计划进行审核，报上级审批或职能部门复核。

③ 复核权：某些特定职位按规定对某些审核通过的文件进行复核，以保证其符合公司的规定。

④ 审批权：审批权一般在部门的高层领导手中，重要的事项需要总裁甚至董事会审批。

⑤ 否决权：某些特定职位具有否决某些方案和计划的职权。

⑥ 监督权：对方案实施过程和实施结果进行监督，并提出相应的建议。

⑦ 执行权：该职位任职者按照规定推进该项工作。

⑧ 组织权：该职位任职者须组织落实并推进该项工作。

（11）使用工具：为完成各项任务分别需要使用的必备工具。包含计算机、办公软件、电话、邮箱、各种相关表格等。

（12）发生频率：该项工作的发生频率，是例行性的工作，还是周/月/季度性工作，或是临时性工作？

（13）工作地点：该项工作需要在什么地方执行？

（14）所需时间：完成每项工作需要花费多长时间？

（15）总时间：完成该项工作合计需要花费多长时间？

所谓工作分析，就是对岗位的设置目的、任务或职责、权力和隶属关系、工作条件和工作环境、任职资格等相关信息进行收集与分析，对该岗位的工作内容作出明确的规定，并确定完成该工作所需的行为、条件、人员的过程。

只有充分了解岗位设置的目的、关键绩效指标及主要的工作任务，才能清楚胜任这些工作需要具备哪些知识、技能和素质。

工作分析是分析工作，而不是分析完成工作的人。通常需要按照开展工作的先后顺序将该岗位的工作内容拆分成 N 项关键任务，然后细致地分析完成每一项任务应具备的能力和素质。

先通过问卷或访谈的形式从用人部门或利益相关者那里收集并记录这些信息，然后检查所收集到的信息的准确性，对信息进行归纳与清洗，最后整理成文字，并以岗位说明书或工作规范的形式输出。

进行工作分析时,可结合岗位的关键绩效指标对该岗位工作所需的知识、技能和素质进行优先级排序,了解胜任这个岗位的候选人需要达到的最低标准是什么(必备项),以及除最低标准之外候选人拥有哪些能力和素质(加分项)会更好。

招聘工作正式开始时,胜任岗位的最低标准(必备项)会成为关键筛选标准(按照表1-5、表1-6、表1-7的顺序进行提炼)。在招聘时,一般要先找到一批达到最低标准的候选人,综合考虑胜任岗位的加分项后,做出最终的录用决策。

表1-5 岗位所需的能力项

知识(K)	• 相关学科的知识 • 了解劳资关系,包括劳动合同 • 熟悉劳动法
技能(S)	• 沟通技能(写和说) • 谈判技能 • 变革管理技能
素质(C)	• 团队协作 • 有同理心 • 创新思考能力和问题解决能力 • 目标导向

填表说明:

通过工作分析,我们可以按照KSC(知识、技能和素质)的维度提炼岗位所需的能力项。

(1)知识:指胜任岗位工作应具备的知识。

(2)技能:指胜任岗位工作应具备的技术和能力。

(3)素质:指胜任岗位工作应具备的特质(体质、品质和素养)。

表1-6 岗位主要考核指标

关键结果	完成标准
●在未来两年里持续实施文化变革项目	●指导委员会认为文化变革项目得到成功实施
●与工会建立良好的关系	●将劳资纠纷降到最低
●以1年为周期，为一线经理提供全面反馈	●以开放性和建设性的方式提供反馈，并部署发展项目
●6个月内培训员工适应当前的HR系统	●所有员工都知道如何使用该系统，HR系统稳定运行

填表说明：

以前的招聘多是招聘空缺岗位，而现在更强调招聘"能力"，招聘是为了解决需求背后的问题。

故而，在进行工作分析时，需要充分了解岗位需要达成的关键结果是什么。对于关键结果的完成标准，要按照SMART原则来定义。

- ●目标必须是具体的（Specific）；
- ●目标必须是可以衡量的（Measurable）；
- ●目标必须是可以达到的（Attainable）；
- ●目标与其他目标具有相关性（Relevant）；
- ●目标必须有明确的截止期限（Time-based）。

表1-7 岗位招聘的关键筛选标准

知识（K）	●熟悉劳动法
技能（S）	●沟通技能（写和说） ●谈判技能
素质（C）	●有同理心 ●创新思考能力和问题解决能力

填表说明：

根据胜任岗位所需的能力项及主要考核指标，可以提炼出岗位招聘的关键筛选标准。它是胜任岗位的最低条件，也是必备条件。一般建议基于胜任岗位所需的能力项，选择5~6项能力素质作为岗位招聘的关键筛选标准。提炼关键筛选标准时，必须满足以下几点。

（1）它对岗位是至关重要的，没有它就无法完成工作。

（2）它的表述是足够简洁且易于理解的。

（3）它面向的是相对宽泛的目标群体。

工作分析的结果通常会以岗位说明书的形式呈现，如表1-8所示，以便为后续的招聘工作提供明确的参考标准。

表1-8 岗位说明书

职位名称		制定人	
所属部门		审核人	
职等职级		核准人	
职位目的			
直接上级		直接下属	
岗位职责			
业绩衡量标准			

续表

任职资格		
要素	任职要求	重要性（1~4分）
专业知识		
学历要求		
工作经验		
能力要求		
素质要求		
特别要求		
补充说明		

填表说明：

岗位说明书一般包含以下信息。

（1）基本信息：岗位名称、所属部门、职等职级、上下级等。

（2）职位目的：为什么要设置这个职位，需要解决什么样的问题。

（3）岗位职责：岗位需要完成哪些工作。

（4）业绩衡量标准：岗位工作要达成什么样的目标。

（5）任职资格：胜任岗位需要具备哪些方面的知识、技能和素质。

（6）补充说明：可以是薪资标准、职业发展路径或与工作相关的制度性文件等。

第四节 绘制候选人画像

候选人画像是近来比较热门的一个词语。这个词是从营销中的"用户画像"衍生而来的，其存在的意义，就是帮助招聘官进行精准化招聘。

如果了解目标候选人的个性特征，知道候选人经常在哪里活动、喜欢什么，就更有可能招募到他们。

在绘制候选人画像的时候，一般以该岗位上的高绩效员工为原型。

我们通常按如表1-9所示的访谈清单收集理想员工的信息。

表1-9 针对团队成员/理想员工的访谈清单

序号	访谈问题	访谈目的	备注信息
1	介绍一下您的教育背景	了解候选人的学历、毕业院校以及是否具备行业相关资格	
2	介绍一下您的职业经历	了解候选人过往在哪里工作？做到什么职位？用多长时间达到现在这个位置？换工作的频率如何？以前的跳槽经历中是否跨行？	
3	是什么促使您进入这个行业？	是因为工作本身，还是因为一起工作的人？或者只是个人热爱？	
4	最近工作过的公司是什么样子的？	了解其前公司的员工人数、业务范围、营收等信息及候选人喜欢/讨厌这份工作的哪些部分	

续表

序号	访谈问题	访谈目的	备注信息
5	是什么因素促使您申请本公司的职位?	了解本公司哪些地方打动了候选人,以及公司的文化/价值观中,哪些是候选人喜欢或认同的	
6	介绍一下您当前的岗位	记录候选人常用的行业术语和关键词,了解这个岗位哪些部分比较吸引他,他是个人贡献者还是团队管理者及这在他的头衔里是如何体现的?	
7	您的绩效是如何衡量的?	了解需要提供哪方面的资源或支持可以帮候选人把工作做得更好	
8	您的一天是什么样子的?	了解候选人工作和生活的状态	
9	要做好当前的工作需要具备哪些技能或需要使用哪些工具?	候选人常使用什么软件或工具?要做好当前工作需要掌握哪些技能?如何掌握这些技能?技能或工具使用的频率如何?	
10	您目前面临的最大挑战是什么?	了解本公司可以提供哪些资源来吸引目标候选人	
11	您的奋斗目标是什么?	候选人是追求尽早实现财务自由,还是追求工作/生活的平衡?他是期望学习新的技能还是为未来创业做准备?	
12	您常从哪些渠道寻找新的工作机会?	了解候选人一般通过什么渠道找工作	

填表说明:

通过询问表格内的问题,招聘官可以更深入地了解理想员工的特征。在访谈过程中,要多问"为什么",获取的信息越真实越全面,绘制的候选人画像就越具体越有效。

为了实现精准招聘，候选人画像除了包含目标候选人的群体特征（教育程度、工作经历、知识结构、专业技能、个性特质等），最好也描绘出目标候选人的求职习惯和心理账户（价值观、兴趣与偏好），探索其真实有效的需求点（跳槽动机和Offer接受标准）。

候选人画像一般需要经过采集数据、整合归类、提炼数据、构建画像、验证测试这几步才能形成。采集数据通常是对团队内的高绩效员工进行访谈，如果团队内不具备这样的人选，则招聘官在拿到职位说明后，要尽可能与相关部门、相关人员进行沟通。除高层管理人员的用人需求外，也要考虑同级别员工和下属员工的需求，确定不同角色的不同需求的共同点是什么，冲突是什么，在画像时尽量避开有可能产生重大冲突的因素。

收集到信息后，需要对信息进行归纳整理，并对各要素进行优先级排序。在对各要素进行描述时，可以运用一些场景化、标签化、数字化的方法，让画像更加具体。完整的候选人画像如表1-10所示。

表1-10 市场营销人员的画像范例

项目	描述范围	目标候选人画像
基本信息	● 年龄 ● 所在地 ● 社会背景	● 20～30岁 ● 女性为主
教育程度	● 毕业院校 ● 学历	● 毕业于985/211院校 ● 本科以上学历
工作经历	● 工作经验 ● 相关从业经历 ● 职位头衔 ● 薪资水平	● 2～5年工作经验 ● 曾服务于BAT等知名互联网企业
工作技能	● 知识 ● 技能 ● 行业资格 ● 项目经验	● 擅长品牌营销 ● 擅长使用社交媒体

续表

项目	描述范围	目标候选人画像
奋斗目标	• 换工作的理由 • 生活目标 • 职业动机	• 期望最近几年得到快速进步 • 早日实现财务自由 • 期望每天都有收获/能够成长
应聘动机	• 公司声誉 • 使命/愿景/价值观 • 企业文化 • 薪酬福利 • 项目/创新 • 工作环境 • 学习成长 • 同事/管理者	• 喜欢快节奏的工作 • 喜欢创业公司的氛围 • 热爱学习并享受新的挑战
求职习惯	• 主动/被动 • 社交媒体/招聘网站/企业招聘官网/好友推荐/猎头…… • 线上（网站、App等）/线下（沙龙、社交活动等）	• Boss直聘 • 脉脉 • 豆瓣 • 知乎
个人偏好	• 喜欢或讨厌的事情	• 不喜欢漫长的面试流程 • 不喜欢非人性化的互动

填表说明：

候选人画像的细致程度视所采集信息的多寡而定，不一定要完善所有的项目。

候选人的画像是否精准，需要在实际的招聘过程中加以验证。市场和候选人都在不断地变化，候选人画像也需要不断地调整和修正。

一般性岗位没有必要大费周章地绘制候选人画像，只有关键核心岗位、定位独特的岗位、专业性强的岗位、需要大批量招聘的岗位适合绘制候选人画像。

第五节 制订招聘计划

制订招聘计划就是开发"招聘产品"的"营销计划",思考如何以最优的路径(最低的成本、最快的速度和最高的质量)招到人。

成功的市场营销是从一份好的营销计划开始的。在现实的招聘工作里,很少有招聘官愿意去思考招聘策略、制订招聘计划,他们认为凭借自身的经验就已足够。实际上,制订招聘计划是招聘专业化不可或缺的一步,它能为招聘工作厘清思路、指明方向。

招聘策略和招聘计划能帮助招聘官理解业务的优先次序,以及此次招聘对企业产生的影响;能协助招聘官规划好后备方案及时间表和行动计划。

在制订招聘计划时,要考虑以下几方面的内容。

① 为什么要招人(招聘目的、优先级)。
② 要招聘什么样的人(候选人画像)。
③ 招聘成功的标准(候选人的数量、质量、完成招聘的时间等)。
④ 人才市场环境是什么样的(供给、竞争、趋势等)。
⑤ 招到人后,企业/部门能提供哪些资源(团队、卖点、预算等)。

通过对这些问题的梳理,招聘官会意识到在接下来的招聘工作中会遇到哪些关键挑战,及时寻找最佳的解决方案,规划好行动步骤及每阶段的工作目标、评估方式、责任人及完成时间。同时,招聘官也要及时考虑执行过程中可能出现的风险,并做好预案,以备不时之需。

招聘计划表如表 1-11 所示。

表1-11 招聘计划表

招聘项目	招聘目标	招聘策略	关键行动/事项	负责人	完成时间	备注

填表说明：

同一个招聘项目可以运用不同的招聘策略。招聘策略包括人才寻访策略和评估甄选策略等。

虽然没有一份招聘计划是完美的，但是有策略和计划指导，有数据支撑，在招聘过程中，招聘官将拥有更多的时间和精力来关注招聘细节、改善招聘方法、提升招聘能力。

第六节 达成招聘共识

招聘工作不是招聘官一个人的任务，需要招聘官与用人部门通力协作。在前文中提及过关于与用人部门沟通的相关问题——所有此类问题的探讨，都是为"达成招聘共识"这个最终目的所做的准备。

招聘官在招聘项目启动前，应该与用人部门协商制定一个SLA（Service-Level Agreement，服务等级协议），明确双方在招聘流程中的权责及任务完成标准，提升团队协作能力，以便取得更好的招聘效果。

在达成招聘共识这个环节，一些招聘官把自己的岗位视为单纯的服务岗位，不习惯向用人部门提要求，但是缺乏沟通往往会带来过多的不确定性。通过沟通决定"谁做什么、何时做和如何做"，可以防止工作混乱，增加双方的责任感，同时可以明确每个人的角色和责任。

通常来说，SLA的形成会经过以下几个步骤。

① 明确招聘流程中的关键阶段。

② 明确每个阶段想要达成的招聘目标（时间/数量/质量）。

③ 梳理影响各阶段目标达成的关键性要素/事件/步骤。

④ 明确各要素/事件/步骤中的利益相关方、相关权责及服务等级（交付的结果、工作完成标准及完成时间等）。

除此之外，在SLA中，还可以讨论招聘过程中潜在的风险和风险处理策略，以及可能出现的成本责任等内容。

招聘项目的 SLA 如表 1-12 所示。

表1-12 招聘项目服务等级协议

流程	工作目标	关键事项	招聘团队				具体职责	SLA
			R（负责）	A（审批）	C（咨询）	I（告知）		
前期准备								
人才寻访								
面试甄选								

续表

流程	工作目标	关键事项	招聘团队				具体职责	SLA
			R（负责）	A（审批）	C（咨询）	I（告知）		
入职								

填表说明：

本表需要招聘部门和用人部门共同协商制定。

（1）工作目标：根据总体招聘目标分解出招聘流程的每个阶段需要达成的工作目标。

（2）关键事项：完成该阶段工作任务所涉及的关键性要素、事件或步骤。

（3）R：负责人（R=Responsible），负责执行具体任务、解决问题的角色。

（4）A：审批人（A=Accountable），对任务负全责的角色，只有经他同意之后，任务才能推进。

（5）C：咨询人（C=Consulted），在任务执行前或执行中提供实用建议的人员。

（6）I：告知人（I=Informed），及时被告知结果的人员，不必向其咨询、征求意见。

（7）具体职责：描述该事项的解决方式、各角色在招聘中需要完成的任务及应当承担的责任。

（8）SLA：描述在解决该事项中，各角色需要交付的结果及完成任务的标准（数量/质量/时间等）。

SLA是招聘部门和用人部门为了实现招聘目标而制定的共同承诺，通常只需对影响招聘流程的关键步骤作出相应的要求即可。例如，针对用人部门不积极提供面试反馈或招聘决策过慢等严重影响招聘进程的行为，招聘部门可以要求用人部门阐述原因，并对后续的配合提出要求。如此，在后面的工作中，就能依据SLA对用人部门进行相应的要求和规范了。

第二章 写一份出彩的 JD

招聘和营销有很多相似之处,两者都需要先吸引到目标用户的关注,引起目标用户的兴趣,赢得他们的认可,从而达成合作。

JD 是招聘官与潜在候选人的第一次接触,相当于"产品广告"。如果 JD 写得好,会让雇主企业看起来是一个充满魅力的工作场所,从而吸引到大量的顶尖人才关注,促使他们投递简历;如果 JD 写得不好,则会影响潜在候选人对公司的评价,对招聘造成消极影响。

通过本章的内容,你将了解:

- 写 JD 前的注意事项
- JD 的写作要点
- 岗位卖点的提炼与包装
- 提升 JD 吸引力的小技巧
- JD 中不要出现这些内容

第一节 写JD前的注意事项

"招聘即营销",招聘的过程就是寻找"客户",向他们推销"产品"并促成交易的过程。

按照这种思维,JD就是招聘广告,它的作用是吸引更多目标候选人关注此次招聘,激发候选人对公司或空缺职位的兴趣,投递简历。

一、做好市场调研

很多HR在撰写JD时只是复制式地拼凑或罗列企业简介和岗位说明,效果可想而知。

好的JD应该着重强调"核心用户价值"——这个工作机会能够给目标候选人带来什么样的好处,如果目标候选人认同企业的"核心用户价值",他自然愿意主动申请职位。

所以,除掌握广告文案撰写的技巧之外,还需要清楚地了解JD的目标受众是谁、目前的人才市场情况如何、竞争对手如何表现,以及要采用何种营销手段才能达到预期的传播效果,撰写JD的技巧如表2-1所示。

表2-1 撰写JD前需要考虑的内容

维度	问题
目标受众	招聘的目标受众是谁?
	岗位招聘的关键筛选标准是什么?
	公司能为员工提供什么?薪酬福利待遇如何?员工价值主张是什么?
	目标受众主要通过什么渠道/方式找工作?

续表

维度	问题
人才市场	我们需要招聘的人才目前在市场上的供给情况如何？
	这类人才在本地人才市场好找吗？如果不好找，可以通过什么渠道获得？
	这类人才在当前市场上的薪酬福利待遇如何？
	这类人才未来的供给趋势如何？是越来越难招还是越来越容易找到？
	我们的岗位需求与目标候选人的简历匹配度有多高？
竞争对手	其他公司是否也在招募类似的岗位？
	相同的岗位，我们的岗位描述与竞争对手的相似度有多高？
	相同的岗位，其他公司提供的薪酬福利待遇如何？
	目前我们的招聘需求有多强烈？
	过去我们通常从哪里寻找/获取候选人的简历？
营销手段	对招聘的宣传是否有必要整合到公司的整体宣传中？
	目标受众喜欢什么样的语言风格？
	挖掘岗位卖点：候选人来公司工作能获得什么样的好处？
	通过哪些渠道发布招聘信息？

只有进行充分的研究和了解，才能更好地把握JD撰写的方向、侧重点和尺度。

二、善用AIDA模式

撰写JD时，招聘官还要善用营销中常用的AIDA模式。

AIDA模式把一个完整的销售过程分为以下4个阶段。

- A（Attention，关注）：引起客户注意。
- I（Interest，兴趣）：激发客户对产品的兴趣。
- D（Desire，欲望）：刺激顾客的购买欲望。

- A（Action，行动）：促成顾客购买。

　　传统 JD 的内容结构都是先介绍公司，然后介绍岗位职责和任职资格，是典型的"以岗位为中心"的形式。按照 AIDA 的模式，想要吸引候选人的关注，就必须先呈现出候选人真正关注的点——加盟公司后能获得哪些好处。得到候选人的关注后，再呈现岗位的全貌——候选人将在这里做哪些工作及上岗需要什么条件，一步步推动候选人主动应聘。

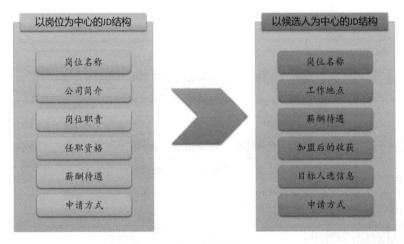

JD 内容结构的变化

　　JD 要尽可能多地从候选人的角度谈，少谈"我"（我们公司要求你怎么样），多谈"你"（如果获得这个工作机会，你能得到什么/你将有怎样的成长和变化）。

　　为了吸引目标候选人，JD 内容要便于阅读和理解。写 JD 是为了让目标候选人理解公司的需求及公司能提供的价值，所以要运用目标候选人熟悉的语言风格，简明扼要、直击痛点，吸引目标候选人关注并投递简历。

第二节 JD的写作要点

招聘官与目标候选人的第一次"沟通"就是JD。如果JD写得不专业,就很难吸引到候选人,更别奢望能收到简历,而候选人也会误认为现在没有合适的公司在进行招聘。

所以,JD必须足够出色,否则只能白白浪费时间和精力,没有任何效果。

JD的写作要点如下。

一、职位名称

找过工作的人应该知道,能够影响候选人申请行为的,主要有工作职位、公司、公司所在地和薪资4点。撰写JD时,工作职位尤为重要,它直接决定目标候选人是否能检索到这个职位信息,以及是否有意愿申请这份工作。

在撰写工作职位时,要把握以下几点。

- **准确**:能真实反映工作职责和工作内容。
- **通用**:要使用生活中经常使用的关键字,切忌另辟蹊径。
- **突出**:尽可能涵盖岗位的所有卖点,与竞争对手的岗位描述有明显差异。
- **控制字数**:招聘网站显示出来的工作职位描述字数是有限的,多出来的字数会被显示成省略号。

二、工作地点

如果公司总部在深圳,但是该职位的工作地点在广州,那么招聘官需要说服生活在深圳的候选人去广州工作,这并不是一件容易的事情,所以,在JD中要标明具体的工作地点。此外,工作职位属于总部还是属于分/子公司，也需要标明。

三、企业简介

有些招聘官在撰写企业介绍时很随意，通常都是直接复制官网上的企业简介，然后粘贴了事。究其原因，除招聘官自身的懒惰外，还因为招聘官没有意识到企业介绍对于吸引候选人的重要作用。

JD 里的企业简介，需要呈现的要点如下。

- **公司是有前途的**。这里需要介绍公司的主要业务，以及其在行业内所处的地位等。如果公司不是行业领先者，就突出强调公司的优势。
- **公司是适宜工作的**。这里主要描述公司的企业文化、福利政策等。如果能提供一些公司的视频或图片，可以给候选人留下更加深刻的印象。

四、岗位亮点

JD 要具备一定的销售导向性，我们要告诉候选人这是一个不容错过的工作机会。

岗位亮点呈现的是这个岗位能够提供给员工的价值，要让候选人觉得，如果他选择这份工作，未来会更出彩。

五、岗位职责

在撰写 JD 之前，招聘官需要充分了解空缺岗位的职责。在公司不同的发展阶段，空缺岗位对应的岗位职责和素质要求是不一样的，应尽量避免使用过时的 JD 模板。

虽然情感上我们期望候选人是完美的，但是理智告诉我们这不太现实。所以，招聘官需要明确空缺岗位最核心的 4～6 项职责，并且用准确、简洁、易懂的语言把这些职责描述出来。

岗位职责建议从战略关切、关键任务、能力建设和服务支持等维度进行阐述，如表2-2所示。对于中高端的岗位，不要过分关注工作的细项，而应侧重于空缺岗位对公司发展的价值及对企业生产活动的影响，如表2-3所示。

表2-2 岗位职责撰写示例

维度	说明	示例
战略关切	岗位的总体工作目标	全面负责产品开发或交付中的项目管理，确保项目计划、质量目标、成本目标能够实现
关键任务	岗位核心工作任务及主要活动	制定项目方案，并和研发部门对项目所需的资源进行协调
能力建设	人力资源管理/财务管理	负责项目的团队建设工作及人员管理
服务支持	跨岗位/部门的服务支持	完成领导交办的事项

填表说明：

（1）将岗位的工作职责按照这些维度进行分类归纳。

（2）从所罗列的工作职责中，按重要性挑选出几项核心工作职责，在JD中进行表述。

表2-3 岗位职责撰写标准句式

句式	示例
角色+工作职能	负责公司办公资产的盘点与统计
做什么+需要达成的目标	指导公司各部门进行绩效目标的分解，确保绩效指标分解落实到位
依据+做什么+需要达成的目标	根据公司发展战略，组织制定营销策略，确保达成年度绩效目标

填表说明：

以上为岗位职责撰写的常用句式，可根据具体职责选择合适的句式。

当然，岗位职责不能只提及目标候选人需要做什么工作，也应强调工作本身能给候选人带来的挑战及成长。

六、任职资格

任职资格一般包含知识、技能、经验、素质、成果及参考项等内容，如表2-4所示。撰写任职资格时，首先需要思考目标候选人在入职的第一年需要做哪些工作及完成这些工作需要具备哪些知识和技能。

任职资格不要罗列太多，要清楚哪些任职资格是必备项，哪些任职资格是加分项，并在JD中准确地表述出来。

候选人目前可能还欠缺某些能力，但是未来可以通过公司培训、指导等方式来补足。所以在撰写任职资格时，应更侧重技能，而非经验。如果非要用工作经验来加以限制，可能会因此排除掉很多优质候选人。

表2-4 任职资格撰写示例

维度	说明	示例
知识	学历/专业	服装设计、艺术设计等艺术类相关专业本科生
技能	专业技能	熟练掌握CAD、Sketch UP、PS等常用设计软件
经验	工作/经验/行业经验	2年以上设计类工作经验，服装行业优先
素质	胜任素质/行为标准	注重细节，有良好的团队合作意识
成果	工作绩效/成功案例	有中高端女装设计成功案例
参考项	资格证书/贡献/团队成长	具备会计从业资格证书

填表说明：

（1）任职资格是胜任该岗位的最低要求，是目标候选人必须具备的。

（2）任职资格一般包含知识、技能、经验方面的要求和3～5项胜任素质。

（3）撰写任职资格时，可根据市场上目标候选人供给量的多少，适当放宽或提高任职资格要求。

（4）在放宽任职资格要求时，最好在知识、技能和经验层面作出相应的让步。

此外，在撰写任职资格时，要尽可能地清晰、易懂，尽量不要使用只有业内人士才懂的专业术语、缩写或行话。

七、薪酬福利

透明的工资信息（确定的薪资范围）有助于筛选出合适的候选人，节省招聘官的时间。就算工资不具备吸引力，也可以通过明确的薪酬结构、福利政策和成长机会来加以弥补。

八、申请方式

申请方式和申请流程越简单越好，候选人提交申请之后，最好能够随之提供一个感谢他申请职位的页面或电子邮件作为反馈。这样一方面可以让候选人清楚自己的申请行为有效，另一方面也让候选人有良好的申请体验。

此外，可以为候选人提供加入企业内部人才网络的机会，如提供人力资源部的联系方式、官方微博或微信公众号的账号等。

九、风格版式

JD 就是一则招聘广告,所以需要想清楚是在对什么样的候选人陈述这个工作机会,并使用对方习惯的语言方式进行叙述。例如,想招募一个创造性强的候选人,就不能采用工程师般严谨刻板的语言。

要注意考虑候选人的阅读体验,一段话不要太长,要有重点,可采用小标题表达观点,尽量言简意赅,方便候选人快速了解 JD 所表达的意思。

要注意校对 JD 的文字,尽量避免 JD 中出现表达失准、语句不通或有错别字的情况,否则会直接影响候选人对公司的印象。

案例	JD范例

高薪售前客服 + 五险一金 + 准上市公司

××教育高薪诚聘课程咨询师!

高奖金、高提成、高分红;不用全国跑;完善的职业培训助你成长,充足的市场任你发挥,公平的平台任你展现!

月度奖、季度奖、年终奖,领到手软;团队国内游、国外游,畅游不停;一样的工作,不一样的快乐。

在这里你能得到:

1. 高大上的年轻化公司,国际化的工作环境,愉悦和谐的工作氛围。

2. 广阔的个人发展平台(全国 17 个城市设有分校,可内部晋升或申请内部转岗,找到更适合你的岗位)。

3. ……

你的光环：

1. 身经百战，经验满满，能够独当一面。

2. 初生牛犊，却骨骼清奇，对销售行业爱得深沉。

3. 普通话标准，吐字清晰，有较强的沟通能力和表达能力。

4. 20~28岁的"小鲜肉"和"老腊肉"。

你要做的：

1. 依托公司提供的客户资源（无须开发客户无须外出），负责培训课程产品的销售工作，与学员通过电话或者网络进行沟通，回答学员咨询的问题，完成公司年度销售计划。

2. 运用多种营销形式，拓展客户资源，扩大课程产品的业界影响力。

3. 与客户保持良好沟通，实时把握客户需求，制定合理化的培训课程方案。

你的报酬：

岗位平均综合薪资在 8k~1w+，保底 6k。

如果你热爱学习，喜欢销售，又不想自己找客户，××教育是你不错的选择。

只要你愿意付出努力，勇于挑战，踏实有干劲，你就是我们的选择！

第三节 岗位卖点的提炼与包装

广告之所以能吸引消费者购买产品，最核心的原因是广告的诉求（核心用户价值）与消费者产生了共鸣。

优秀的 JD 也应如此。要想吸引具备"购买力"的候选人的注意，岗位卖点就不应仅仅是一个工作机会，而要突出这个工作能满足候选人需求。

一、挖掘岗位卖点

提炼岗位卖点，实际上是在提炼核心用户价值。它告诉目标候选人如果选择了这个岗位，相较于其他选择，就算扣除迁移的成本（换新环境或其他），也是相当值得的。

岗位卖点通常都来自公司的员工价值主张和岗位本身的独特竞争优势。不过岗位卖点是否能引起候选人的共鸣，还取决于目标候选人的实际需求。岗位卖点必须要能戳中目标候选人的痛点或痒点，脱离了候选人需求的岗位卖点是没有任何价值的。

通常可从工作、组织及人际 3 个维度挖掘岗位的卖点。为了得到更真实的信息，建议按照如表 2-5 所示的沟通维度，直接向用人部门经理了解招聘岗位的卖点。

表2-5 岗位卖点沟通维度

沟通项目	沟通内容	卖点提炼
文化	在所属的业务领域里，你们的工作文化是什么？您怎么描述您的办公环境？是有趣的，正规的，忙碌，充满活力的，安静的，还是关系融洽的？	
团队	如何描述您的团队？你们的团队关系融洽吗？周末会组织团队活动吗？团队成员在一起时，喜欢做什么？	

续表

沟通项目	沟通内容	卖点提炼
经理	如何描述您的管理风格？是完全授权，还是设定好目标和预期让员工定时汇报？您为什么会成为部门负责人？做什么会让您获得工作满足感？是什么激励您去管理一个团队？团队成员对您的管理风格有什么样的评价？您如何指导员工？您如何让您的团队获得成功？	
职业发展机会	这个职位的人有什么样的职业发展机会？他们的下一步发展是什么？这个职位中的其他人过去都从事什么工作？	
认可	您如何看待员工/团队的成功？当员工/团队获得成功后，您如何奖励他们？	
弹性	如果有需要，您是否允许员工在家办公？如果员工家里有急事，是否允许他提前下班或是晚点上班？公司是否提供在职进修的机会？如果有需要，您的团队是否可以远程访问公司的服务器/系统？	
工作/生活平衡	您的团队是否拥有健康的生活方式？他们工作之余对什么感兴趣？您有没有帮助您的团队平衡工作与生活？	
产品/服务	公司是否会提供一些产品/服务？内部客户、外部客户及行业对这些产品/服务是怎么评价的？您收到过哪些反馈？公司的产品/服务与竞争对手相比如何？是否处于市场领先地位？您对公司的产品/服务最引以为傲之处是什么？	
荣誉	公司获得过哪些行业里的资质/荣誉？最近获得的资质/荣誉有哪些？	
社会责任	公司是否参与了一些社会/公益活动？列举公司参与的社会/公益活动及成就	
其他	……	

从这些角度挖掘信息时，千万不要满足于表面的答案，要灵活运用5W1H的方式深入挖掘。在询问的过程中，多问开放性的问题，鼓励用人部门经理提供全面的答案，并运用封闭性问题来确认事实。如果用人部门经理不知道答案，那么请与他们的团队成员交谈，了解对团队成员来说公司最打动他们的是什么。

二、找到核心诉求

通过细致的调研，可以罗列出公司的岗位卖点清单。这些卖点，均能作为后续推销公司岗位的"销售工具包"。不过，在撰写某一岗位的JD时，还需要从这些清单中找到对目标候选人的核心诉求。

身处移动互联网时代，人们已经习惯了"快餐式阅读"，很少有人能耐心读完大段的文字。因此，招聘官需要抓住几个核心诉求点，在目标候选人心目中构建一个"心理账户"，让目标候选人觉得这个工作机会高于预期、物超所值。

在这里，招聘官们可以利用如表2-6所示的投资分析表，对岗位卖点进行优先级排序，市场最大、需求最强、出现频率最高的卖点就是需要重点突出的核心诉求。

表2-6 岗位卖点的投资分析表

岗位卖点	市场大小	需求强弱	频率高低

三、梯子理论与FABE法则

找到核心诉求后，招聘官还需要整理出一套话术，对卖点进行包装。在这里，提供两种方法供大家参考。

在选择核心卖点介绍的切入点时，可以应用如表 2-7 所示的"梯子理论"。每个王牌卖点就是一套"梯子"，可以从属性、利益、心理利益和价值观 4 个层级对卖点进行层层分析。这 4 个层级都能和目标候选人建立连接，在选择时可以对比看哪个层级的描述更能打动目标候选人。

表2-7 卖点提炼的"梯子理论"

维度	说明	示例
属性	产品有什么属性和功能？	提供班车接送
利益	这个功能可以给我带来什么利益？	多出半小时的休息时间
心理利益	这个利益能够帮助我达成什么目标？	睡觉睡到自然醒
价值观	我为什么想要达成这个目标？	拥有更轻松、更有品质的生活

在具体描述岗位卖点时，可以运用如表 2-8 所示的 FABE 法则：先谈 F（Feature，特征），这个岗位有什么特征；再谈 A（Advantage，优势），与竞争对手提供的岗位相比，本岗位有什么优势；接着谈 B（Benefit，利益），这些优势能给目标候选人带来什么好处；最后提供 E（Evidence，证据），有数据有案例才能让目标候选人信任。这是一种围绕候选人需求、层层递进的沟通方式，可以逐步建立目标候选人对岗位卖点的信赖和认可。

表2-8 卖点表达的FABE法则

维度	说明	示例
特征	客观陈述产品的特征和功能	每3个月就有一次调薪机会
优势	基于对比的优势描述	调薪流程更简单，调整幅度更大
利益	从客户的角度出发，进行产品的利益展示	只要您有能力，就能获得与之匹配的报酬

续表

维度	说明	示例
证据	用客观事实来佐证之前所说的观点	我们上半年就曾招过一个程序员，目前他的待遇比入职时多了一倍

第四节 提升JD吸引力的小技巧

一、知己知彼

JD的内容通常建立在岗位工作分析的基础之上。除此之外，还可以了解一下招聘网站上同类职位的信息，如薪资范围、硬性条件、组织架构（部门关系）等，了解彼此的差异。

二、简明扼要

在描述岗位职责、任职资格及薪酬福利等信息时，要简洁有条理，易于阅读。要简化对岗位职责的细节描述，只写重要的4~6项即可。招聘困难的岗位可适当弱化对学历、经验等条件的要求，拓宽选择面。

三、扬长避短

没有哪个公司或岗位是完美的，在撰写JD时要懂得扬长避短。例如，起薪虽低但奖金是同行的一倍，工作环境"高大上"；平均薪资虽不高，但是没有加班；加班虽多但是工作氛围好，岗位能迅速积累人脉……

四、与时俱进

不同候选人的阅读偏好是不一样的，70后、80后、90后都有各自喜欢的文案风格,要根据人物画像确定文案风格,决定是走严谨的学术路线,还是走幽默风趣路线。

五、层层递进

按照阶梯式职位发布法发布职位,千万不要把专员、主管、经理的招聘信息混在一起发布,高、中、低职级对应高、中、低薪资。

六、允许试错

在 JD 刚发布时,招聘官并不知道哪一条 JD 的效果最好,这时可以选择多种 JD 自由组合,灵活切换,然后跟踪数据,了解曝光量最高、简历投递率最高的职位的发布时间、类别等,将 JD 优化后再进行推送。

范例	JD 优化(一)

原始 JD

◎平面设计师

岗位职责:

略

任职要求:

1. 美术相关专业毕业,本科以上学历,经验不限。

2. 良好的沟通能力及团队协作能力,性格开朗热情,有责任心。

3. 熟练使用 Photoshop、Illustrator 等设计软件。

4. 能够独立完成设计,有较好的审美能力和良好的创新思维。

5. 愿意主动学习,提高自己的业务水平。

薪资：

8~10k

优化后的 JD

◎ UI 设计师

岗位职责：

1. 负责移动客户端软件、网站的创意设计。

2. 对产品界面视觉的用户研究、设计流行趋势进行分析。

3. 参与用户体验调查，优化美化产品界面。

任职要求：

1. 美术设计、平面设计、广告设计、数字媒体艺术等相关专业毕业，大专以上学历。

2. 拥有 1~3 年相关工作经验。

3. 熟练使用 Photoshop、Illustrator、Sketch 等设计工具。

4. 具备团队合作精神，富有工作激情、创造力和责任感。

薪资：

7~12k

优化思路

原始的 JD 期望能够扩大选择面，殊不知平面设计师和 UI 设计师有很大的差别，虽然收到了不少简历，但是简历与岗位的匹配度很差，浪费了大量筛选时间。

优化后的 JD 明确了职责，但是在专业和学历上放宽了要求，薪酬的弹性空间更大，同样收到了不少简历，且简历精准度大大提升。

范例　JD优化（二）

原始 JD

◎某集团销售

岗位职责：

1. 理解公司战略意图，制订客户拓展计划。

2. 有效传递公司的价值观，影响客户在大数据建设方面的思路，创造营销机会。

3. 了解并分析客户需求，整合公司资源，主动为潜在客户提供大数据营销方案。

4. 负责客户信息管理及客户关系维护。

任职要求：

1. 大专以上学历，3年以上工作经验。

2. 具备大客户需求分析能力及商务谈判能力。

3. 有较强的营销策划能力及较强的提案能力。

4. 极强的团队合作精神，善于思考，思路敏捷，性格活泼，沟通能力及抗压能力强。

5. 拥有政府、公安、国安、网信、宣传、新闻媒体、教育、通信、金融、IT 系统集成等资源及工作经验者优先。

6. 计算机专业优先，能适应出差。

7. 了解大数据、云计算、区块链等相关知识。

薪资：

5~15k

优化后的 JD

◎ 互联网销售——大数据方向／互联网商务销售／大客户销售

岗位职责：

略

任职要求：

1. 具有互联网销售相关从业经历，大专以上学历，2年以上工作经验，优秀应届毕业生亦可。

2. 善于沟通，思路敏捷，性格活泼，有团队合作精神，抗压能力强。

3. 计算机相关专业优先。

薪资：

10～20k

公司福利：

1. 做五休二提供住宿，餐补高达×××。

2. 公司自有资源，无须拜访陌生客户。

3. 行业最高提成点数，扁平化管理，晋升通道透明。

附：晋升规则（时间、职级）

优化思路

原始 JD 的岗位职责和任职资格涵盖了销售专员、销售经理等多个职级的内容，重点不突出。

优化后的 JD，单列出了多个招聘岗位（示例为其中之一），有针对性地进行具体描述，突出了岗位的竞争优势。

第五节 JD中不要出现这些内容

优秀的JD能吸引更多企业需要的人才，努力提升JD曝光量的同时，需要注意，以下两个"禁区"千万不要碰。

一、歧视用语

《中华人民共和国劳动法》第十二条规定："劳动者就业，不因民族、种族、性别、宗教信仰不同而受歧视。"第十三条规定："妇女享有与男子平等的就业权利。"

《中华人民共和国就业促进法》第二十六条规定："用人单位招用人员、职业中介机构从事职业中介活动，应当向劳动者提供平等的就业机会和公平的就业条件，不得实施就业歧视。"

每个招聘官都必须正视招聘歧视的问题，就业歧视不仅触碰了文明的底线，也会严重影响公司的形象。很多知名公司都曾因为就业歧视的问题而受到社会的谴责。

所以在JD中，千万不要出现任何可能引起民族、种族、性别、宗教信仰、残疾人、户籍或地域歧视误解的字眼，如"仅限女性""仅限本地户籍"等，甚至连"211/985"这样的要求，也会涉嫌学历歧视。

除此之外，婚育状态及五险一金等信息，除非是有高于法律规定标准的福利（如15天年假），否则尽量不要写在JD里。

二、虚假信息

为了吸引优质候选人加盟，在JD中写入虚假或夸大其词的招聘信息，也是不可取的。

一方面，这种行为对招聘本身并没有太大的帮助，因为一旦候选人发现公司的实际情况与 JD 中描述的不符，他们大多会选择马上离开；另一方面，虚假广告也会带来一定的法律风险。

第三章

寻访最佳人才

成功的招聘,从来不只是满足于及时把坑填满,而是追求为空缺岗位匹配到最佳人选。因此招聘官必须意识到,这个最佳人选往往并不在主动投递简历的候选人当中。

候选人之所以主动投递简历,是因为看到企业所提供的价值符合或超出他们的预期,但这并不意味着候选人所提供的价值恰好能够满足企业对人才的需求。

故而想要做好招聘工作,招聘官必须更加积极主动、有更强的创新能力。

通过本章的内容,你将了解:

- 招聘渠道的选择
- 招聘渠道的管理
- 发布职位
- 职位搜索
- 个人微信经营
- 内部推荐
- 校园招聘
- 绘制人才地图
- 建设人才库
- 猎头渠道管理

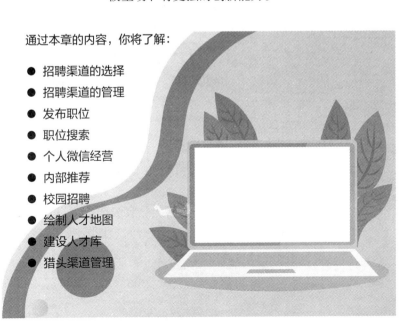

第一节 招聘渠道的选择

目前企业所拥有的招聘渠道其实并不少,但是招聘部门依然很难高效地完成招聘任务——每天看着空空如也的邮箱,脑子里塞满了困惑:"求职的人都去哪儿了?"

其实,解决任何问题,都要遵循一定的逻辑规律。在启动招聘之前,首先要想明白招聘的目标是什么,在实现目标的过程中会遇到什么挑战,然后制订相应的行动计划。

如果招聘结果不尽如人意,很多时候是因为招聘官没有明确招聘目标。

一、明确招聘目标

通过招聘需求分析能清楚地知道需要招什么岗位,需要招多少人及需要在何时招到。但这还远远不够,招聘官还要清楚完成招聘任务需要收到多少份应聘简历,否则,是否能如期完成招聘任务,就只能看运气了。

关于收到多少应聘简历这一指标,可以运用招聘漏斗来进行估算。招聘漏斗是从"销售漏斗"演化而来,它通过图形解说的方式,让招聘官直观地了解到招聘流程各环节的转化率。通过使用倒推的方法,估算每一环节要达到的目标,确保最终能完成招聘任务。

举个例子,企业要招销售人员,经过一段时间的数据积累,发现简历通过率大概是50%,初试通过率大概是70%,复试通过率大概是50%,入职率大概是60%,试用期通过率大概是70%。

如果用人部门提出要招募10名销售顾问,通过倒推可知:要确保招聘到10名销售顾问并通过试用期,需要15名销售顾问入职,需要25名候选人通过复试,需要50名候选人通过初试,需要72份有效简历,需要 144 份应聘简历（联系不上的简历不能计入）。为了规避不可控的风险（如招聘过程中有员工离职等），应聘简历数还要上浮 20% 左右。

二、厘清招聘挑战

了解需要找到多少份应聘简历，招聘官就有了行动的目标。接下来就可以将这一目标分解下去，明确每天至少需要收到多少份应聘简历，只要招聘流程各环节的转化率不出现太大的偏差，招聘任务就一定可以完成。

那么，招聘官每天该从哪里找到这么多简历呢？这就需要好好分析即将面临的招聘挑战是什么。

有些招聘官习惯一拿到需求，就凭借直觉和经验在招聘网站上发布职位。但就算是同一个岗位，在不同的招聘场景下，招聘方案也会有所不同。例如，如果人才市场供给严重不足，就需要通过猎头渠道或校企合作等方式来破局；若雇主品牌竞争力不足，则要考虑强化差异性。盲目前行，不仅不能取得理想的效果，还可能造成资源浪费。

表 3-1 中提及的维度，可以帮助招聘官分析人才寻访这一环节中所面临的招聘挑战。

表3-1 招聘挑战分析表

维度	维度描述	现状
岗位特征	• 是基层、中层还是高层？ • 是操作岗、专业岗、技术岗、管理岗还是营销岗？ • 公司所属行业是朝阳行业还是夕阳行业？ • 公司处于创业期、快速发展期还是成熟期？	
用户特征	• 公司要招什么样的人？ • 候选人的求职习惯是什么？ • 候选人有什么样的兴趣和偏好？	

续表

维度	维度描述	现状
竞争环境	• 目前本地市场上的人才供给情况如何？是供给充裕还是相对稀缺？ • 公司在行业中的地位如何？是否具备一定的竞争力？	
招聘预算	• 为达成招聘目标，公司能提供哪些资源？	
过往数据	• 同岗位过往各渠道的招聘效能（各渠道的有效简历数、入职数、有效简历成本及平均招聘成本等）如何？	

三、盘点招聘渠道

明确招聘挑战后，就可以思考招聘策略及渠道组合了。

大多数招聘官都习惯使用网络招聘渠道，但是有时候网络渠道不一定能够帮助招聘官达成每天的简历目标。简历少，主要是因为传统的招聘都是面向主动候选人，很少关注被动候选人，所以当接到招聘任务时，招聘官很少思考"公司要招什么样的人"，从而不自知地放弃了某些招聘渠道。

面对主动候选人，招聘官大多采用被动的招聘方式，坐等候选人投递简历；而面对被动候选人，则需要采用主动的招聘方式。被动候选人的求职意愿通常并不强，这时招聘官一方面要想办法获取他们的联系方式，和他们建立联系；另一方面，也要掌握足够的技巧，说服被动候选人进入招聘流程。

常见招聘渠道如表3-2所示。在挑选招聘渠道时，不要自我设限，可以将所有可能获取目标候选人的招聘渠道都罗列出来，结合对招聘挑战的分析，作出最优选择。

表3-2 常见招聘渠道

目标群体	渠道类别	细项	代表性渠道
主动候选人	招聘网站	综合性招聘	前程无忧、智联招聘、中华英才网
		行业垂直招聘	拉勾、一览英才网、建筑英才网、中国照明人才网
		区域垂直招聘	卓博人才网、中国人才热线、百城招聘网
		中高端招聘	猎聘、无忧精英
		蓝领人才招聘	58同城/赶集网、百姓网、职多多、店长直聘
		应届生招聘	应届生求职网、海投网、实习僧
		临时工招聘	斗米、兼职猫
		海外人才招聘	国际人才网
		创新型招聘平台	Boss直聘、八爪盒子、招聘狗
	社交平台	职业社交平台	领英、脉脉、大街网
		生活社交平台	微信、QQ、微博、抖音、知乎、豆瓣、百度贴吧
		行业社区	CSDN、站酷、丁香园论坛、通信人家园
	传统媒介	公司官网	
		传统媒体	电视、电台、报纸、杂志、DM宣传单、公告栏
		线下活动	校园招聘、现场招聘会、人才市场
被动候选人	人脉推荐	内部推荐	亲朋好友、同事、行业相关人士
		候选人转介绍	新员工、不合格的候选人
		同行资源置换	已面试过的候选人
		行业活动	同行聚会、行业峰会

续表

目标群体	渠道类别	细项	代表性渠道
被动候选人	陌生电话	人才库	
		人才名单	同行互换、社群分享、人选提供
		人才地图	Top公司、特定公司、目标职位
		搜索引擎	目标候选人/公司对外公开信息
	外部资源	猎头	
		招聘流程外包	
		劳务中介	

四、选择招聘渠道

在选择招聘渠道时，可以利用四象限分析法，将所有可能用到的招聘渠道，按照招聘该岗位人才的"高效/低效"及"难/易"划归到4个象限里。

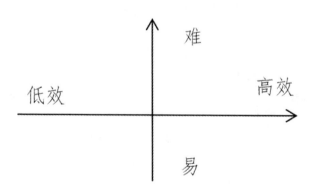

招聘渠道的四象限分析

招聘是一种结果导向型工作，如期招到最佳人才，才能体现招聘工作的意义和价值。故在挑选招聘渠道时，要优先选择高效的招聘渠道，尽量少选择低效的招聘渠道。

面对同类型的招聘渠道，需要遵循以下几个选择原则。

- 目标候选人数量和密度高的招聘渠道优先考虑，确保有充足的候选人投递简历。
- 免费或价格较低的招聘渠道优先考虑，可以降低招聘成本。
- 可以追踪的招聘渠道优先考虑，方便及时把控招聘进程，调整策略。
- 有精准目标候选人的招聘渠道优先考虑，可以最大化避免资源浪费。

五、招聘渠道的日常运营

选好了招聘渠道，并不意味着一劳永逸。在招聘的过程中，招聘官还要持续监控渠道的招聘效能，看所选择的招聘渠道是否能帮助我们实现每天/每周的招聘目标。

每个人的时间、精力及所能投入的资源都是有限的。有些招聘官工作很辛苦，但并不是因为工作任务繁重，而是将太多时间、精力放在低价值的工作上。

所以，在日常的渠道运营中，需要不断优化招聘渠道，令渠道的投入产出比最大化，具体方法如下。

- 通过跟踪各渠道的招聘效能，确定资源投入的分配比例，招聘效果好的渠道要加大投入，招聘效果不好的渠道要尽早放弃。
- 对于重点渠道，要及时监控收到的简历数，通过对目标候选人定位、JD及招聘流程等方面的不断测试，优化该渠道的招聘表现。
- 不断发现新的招聘渠道，进行招聘渠道的迭代。

要做好渠道运营工作，招聘官应该努力成为"数据控"，养成每日、每周、每月记录和分析数据的习惯——这是一个枯燥的过程，但只有这样，才能让招聘工作更加高效、更加专业。

第二节 招聘渠道的管理

当招聘工作逐渐深入，招聘官会发现，可运用的招聘渠道，无论是类型还是数量都非常多，而且都有各自鲜明的特征和候选人群体。如果想做好招聘工作，就必须熟悉各个渠道的规则，合理配置资源，更加细致地开展招聘渠道的管理与维护工作。

进行招聘渠道的管理，主要是为了合理配置资源，更高效地开展招聘工作。招聘渠道的管理一般包含以下内容。

• **统计**：在招聘的过程中，会用到非常多的招聘渠道，每个渠道都有不同的访问方式、渠道特征、候选人群体等，招聘官需要将这些信息记录下来，以便后续能尽快上手，少走弯路，信息记录可参考表3-3、表3-4。

表3-3 招聘渠道资源统计表

类别	渠道名称	账号&密码	适用岗位	备注
线上				
线下				

填表说明：

如果招聘渠道比较多，利用这份表格，可以避免遗漏重要信息。

表3-4 招聘渠道分析表

类型	渠道类别	渠道名称	渠道优势	渠道劣势	适合职位
普通渠道	内部渠道	内部推荐			
		人才库			

续表

类型	渠道类别	渠道名称	渠道优势	渠道劣势	适合职位
普通渠道	外部渠道	A网站			
		B网站			
		招聘会			
		人才服务机构			
特殊渠道	国际性猎头公司	A公司			
		B公司			
	全国性猎头公司	A公司			
		B公司			
	本土猎头公司	A公司			
		B公司			
	招聘流程外包公司	A公司			
		B公司			
专有渠道	校园招聘	A大学			
		B中专			
定制渠道	校企联合	A大学某专业			
		B中专某专业			

填表说明：

此表主要用于对现有招聘渠道进行梳理。

- **分类**：建立一个资源卡，如表3-5所示，将招聘渠道按照有效性或面对的候选人群体进行分类，将积累的招聘经验记录下来，便于后期选择和使用。

表3-5 招聘渠道资源卡

资源卡	渠道1	渠道2	渠道3	渠道4	渠道5	渠道6	渠道7	渠道8
岗位1								
岗位2								

续表

资源卡	渠道1	渠道2	渠道3	渠道4	渠道5	渠道6	渠道7	渠道8
岗位3								
岗位4								
岗位5								
岗位6								
岗位7								
岗位8								

填表说明：

此表用于记录过往招聘经验。列出常招岗位和常用招聘渠道，根据不同岗位，依次在适用的招聘渠道打"√"，方便日后招聘时进行资源分配。

• **盘点**：渠道合约到期，却还有大量未下载的简历；岗位人员到岗后，后续主动投递的简历无人查看……这些简历资源都不能浪费，管理渠道时也需要整理这些闲散资源以备日后使用。资源使用情况如表3-6所示。

表3-6 招聘渠道资源使用情况表

渠道名称	购买情况	使用情况	招聘效果	备注

填表说明：

利用此表可以清晰地掌握招聘渠道的使用情况，合理配置资源。

- **规范**：对于部分渠道，还可以从流程或制度的层面，推动其规范化运作，保证渠道的招聘效率与员工参与度。

除了有效管理，还要做好招聘渠道的维护，确保招聘渠道能够及时发挥作用。在招聘渠道的维护方面，要注意以下几点：

- **分清主次、维护重点**。每个人的精力都是有限的，不可能兼顾所有的渠道。所以需要根据渠道的招聘效能及招聘任务的轻重缓急，选择重要的渠道进行重点维护，尤其是当下工作急用的渠道或者产出周期比较短的渠道。

- **重视人情、点滴积累**。在日常的招聘过程中不要只靠自己单打独斗，要尽可能让供应商、服务人员及周围的同事、同行都成为你的"触手"，一起为你的招聘服务。要想在关键时候能够找到最合适的候选人，平时就要一点一滴地积累和维护人脉。

- **闲时有粮、战时不慌**。招聘工作是需要时刻准备着的，而不只是为了完成某一个招聘任务，所以要注重平时对人才和资源的积累，未雨绸缪。

第三节 发布职位

虽然目前市面上有很多招聘渠道可供选择，但招聘网站依然是开展招聘工作的必然选项之一。

同行业同职位的招聘，所选择的招聘网站都大同小异，要想赢得这场人才竞赛，关键在于细节。

招聘网站职位发布界面

一、职位发布的内容

各招聘网站的职位发布后台都很相似，填写的内容可参考前文"JD的写作要点"。

- **职位名称**：建议选择行业内通用的职位名称，方便候选人通过职位名称迅速了解工作内容。在职位名称上可以增加核心岗位卖点，以提升职位的吸引力。

- **职能类别**：在职能类别中，如果没有完全符合招聘职位的职能，可多选择几个相近的职能，方便候选人通过不同的职能类别搜索到这个职位。

- **工作地址**：建议在工作地址栏写明办公地点的详细地址及地铁、公交线路，并在地图上标注出来，以便候选人形成空间上的认知。

- **公司信息**：建议展示差异化的特点和核心竞争力，尤其是员工价值主张，以吸引目标候选人的注意力。

- **职位描述**：清晰地陈述招聘岗位的角色、职责及需要完成的任务，便于目标候选人进行自我评估。外企职位描述建议采用中英文双语，更能引起候选人的关注。
- **职位要求**：对于学历、工作经验和薪酬范围等非硬性条件，尽量放宽要求，以扩大选择面。
- **职位关键词**：在职位信息中添加常用的关键词，让职位更容易被候选人发现，更容易被搜索引擎检索。

在这里顺便提一下招聘信息的搜索引擎优化。在职位描述中，可以适当设置与职位相关的关键词，方便搜索引擎快速抓取。一般建议设置1~3个关键词即可，切勿大量堆砌关键词。

二、招聘信息的曝光

网络招聘主要看曝光量和转化率。只有先让大量的潜在候选人看到企业的招聘信息，才会有更多的候选人投递简历，应聘职位。要想让尽可能多的潜在候选人看到企业的招聘信息，就要让招聘信息排在该职位搜索页面的前列。

要做到这一点，招聘官必须知道以下问题的答案：

- **目标候选人的活动规律**：他们一般在哪些时间段浏览新的工作机会？
- **招聘网站的运行规则**：它们一般如何对搜索结果进行排序？
- **竞争对手的招聘信息发布规律**：他们一般选择在哪些时间段发布/刷新职位？

了解以上信息后，我们可以制定如表3-7所示的有针对性的发布策略，最大限度地提升招聘信息的曝光量，如拥有强势雇主品牌形象且资源充足的企业可以选择在高峰期发布招聘信息，雇主品牌不突出的企业则可以避开高峰期,降低竞争难度。

表3-7 职位发布策略

渠道名称	发布策略	发布时间	刷新时间	线上沟通时间	邀约时间
前程无忧	发布职位为主,刷新为辅	13:00	17:00		10:30–11:30 16:00–17:00
智联招聘	智联币刷新为主,约聊为辅	13:00		17:00	10:30–11:30 16:00–17:00
Boss直聘	手机登录提升活跃度,深夜12点刷新				13:30–17:00 20:00–22:00
…	…	…	…	…	…

填表说明:

此表用于总结过往招聘经验。不同的渠道有不同的特征和规则,根据数据统计和分析,将最佳实践经验记录下来,以此为基础,合理安排每一天的招聘工作。

三、跟进与反馈

发布职位的过程中,能够获取到很多数据(浏览页面人数/投递简历数等),这些数据可以帮助招聘官进行后期的定量分析,提升招聘效率。如果招聘效果不好,则需要适时调整职位发布策略、JD的标题及内容,通过监控数据的变化,探索提升招聘效率的最佳方法。

提升招聘效率的另一个方法,是及时和应聘的候选人沟通。与候选人初次接触时,不仅要了解候选人的背景,还要了解他查询到本职位的方式方法、对职位的兴趣点是什么……根据这些反馈信息,可以进一步优化招聘方法。

此外，对于每一位投递简历的候选人，最好能够回复其一封正式的感谢邮件（一般招聘网站或招聘系统都能提供这一功能），这样可以表达企业对人才的尊重，对传播雇主品牌也非常有帮助。

第四节 职位搜索

如果职位发布后，收到的简历很少，招聘官还可以搜索招聘网站的简历库，主动联系候选人。

打开招聘网站后台的搜索界面，能看到一些关键词信息，如所在地、行业、工作年限、学历等。想要更快、更准确地检索到更多与需要招聘的职位相匹配的候选人的简历，可以使用以下方法。

关键字/ID	可输入简历ID、职位名、学校名、证书、IT技能、语言等	□含任一关键字
居住地	请输入选择	☑含期望工作地
职　能	请输入选择	□只搜最近职能
行　业	请输入选择	□只搜最近行业
工作年限	不限　-　不限	□海外经验
学　历	不限　-　不限	□985 □211 □全日制 □海外留学
年　龄	请输入　-　请输入	
最近公司	请输入	
期望工作地	请输入选择	

招聘网站简历搜索界面

一、寻找关键词

关键词直接决定了最终的搜索结果，而关键词的选择，则取决于招聘官对这一岗位和业务的理解。

如果只是片面地按照字面意思确定搜索关键词，能得到的搜索结果会相当有限。通过对招聘岗位和岗位业务进行分析，还可以得到很多间接关键词，帮助招聘官拓展搜索面。

寻找关键词的主要方法如下。

- **直接关键词**：职位名称，即使是相同的职位也会有很多不同的职位名称，包括英文及缩写。
- **间接关键词**：与岗位职责、任职资格及工作业绩相关的关键词。

在具体的搜索过程中，如果检索的内容比较少，可以选择某一核心关键词进行搜索；如果检索的内容比较多，则可以使用直接关键词搭配间接关键词，精准定位目标候选人。

有的职位有很多不同的名称，如果一个一个去搜索实在太过耗时费力，这时建议选择具备共性的间接关键词进行搜索。

一般搜索时，用2~3个关键词（用空格隔开）即可，再多效果就不好了。

想知道哪一个关键词组合效果更好，招聘官可以参考表3-8来进行关键词搜索测试，找到岗位相关的高效关键词。

表3-8 岗位关键词索引表

岗位名称	所属部门	开放时间	结束时间
岗位核心要求			
岗位职责		任职资格	

续表

渠道	搜索词条					搜索结果			备注
	关键词	职位	性别	年龄	工作经验	搜索简历	匹配简历	成功邀约	
智联	移动端产品经理	-	不限	26~30岁	4~8年	321	8	4	

填表说明：

此表主要用于分析搜索该岗位的高效关键词，尽可能节省搜索时间，同时避免遗漏。

二、选择字段

搜索引擎中的字段，通常是增加了一些搜索条件，用于帮助实现精准搜索。

- **职能类别**：职位名称有很多种，候选人在简历上的表述也不尽准确，如果在关键词中不写"职位名称"，而在"职能类别"中加以选择，能在一定程度上拓宽搜索面。
- **期望工作地**：如果招聘岗位的工作地址是深圳市福田区，候选人的期望工作地点最好也选择"深圳"，因为身处异地的候选人，来深圳面试、上班的可能性都不大。

- **更新时间**：指候选人登录招聘网站的时间，更新时间越短（如最近3天），意味着候选人的求职意愿越强烈。与这样的候选人进行沟通，成功的可能性会更大一些。

- **目标公司**：对行业内目标公司信息进行收集和整理，有助于招聘官更准确地找到候选人。例如，了解曾经在这家公司上班的员工，后来又去了哪家公司，从事什么样的工作。了解目标公司情况有助于增进我们对行业的了解，精准定位目标企业。

三、布尔搜索指令

如果不是搜索招聘网站的简历库，而是使用其他渠道的搜索引擎进行搜索，掌握一些布尔搜索指令，如表3-9所示，可以帮助招聘官更精准地搜索到相关信息。

表3-9 搜索引擎中常用的布尔搜索指令

搜索指令	用法
甲 AND 乙	既满足甲条件又满足乙条件的候选人
甲 OR 乙	满足甲条件或者满足乙条件，也包括两者都满足的候选人
NOT 甲	不满足甲条件的候选人
甲*乙	搜索部分匹配的词组，甲和乙中间可以插入任何字
" "	用双引号（半角）将关键词囊括在内，搜索时将出现包含该完整关键词的搜索条
( )	用来设定搜索条件的优先级
intitle:	搜索页面标题中包含该关键词的页面
inurl:	搜索文件路径中包含该关键词的网页
site:	仅在某一个特定的域名中进行搜索
filetype:	搜索如pdf、doc、xls等特定的文件类型

第五节 个人微信经营

微信是目前招聘官与候选人沟通的最主要的方式之一。有一定经验的招聘官微信的联系人列表中都会有成百上千个候选人，这些资源能为其后面的招聘工作贡献巨大价值。

一、标签体系

通常通过以下两种方式来开发和利用微信上的候选人资源。
- 从现有的联系人中挖掘潜在的候选人。
- 通过内容（朋友圈、微信群或一对一沟通）持续影响潜在候选人，激发其对公司/职位的兴趣，引导其申请职位或进行转介绍。

众多的微信好友中，到底谁才是空缺职位的潜在候选人呢？这时候，就需要好好利用标签体系，对候选人进行信息备注和分类管理。基于标签，可以找到特定的候选人群体，从而有针对性地对其进行精准的内容营销或招聘。

一般来说，一个标签下可以有多个微信好友，一个微信好友也可以拥有很多个标签。标签越详细越丰富，对潜在候选人的了解就越深入。

设计微信好友的标签体系，可以从关系的发生方式、发生地点、发生原因、属性特征等维度进行划分，如表3-10所示。

表3-10 微信标签的创建维度

创建维度	标签体系			
基于认识的方式	朋友介绍	群聊添加	主动添加	被动添加	……
基于共同的交集	同城	同乡	同学		
基于公司类型	外企	合资	民营		
基于职级	基层	中层	高层		

续表

创建维度	标签体系				
基于所在城市	深圳	上海	北京		
基于所属行业	互联网	房地产	金融		
基于所具备技能	PHP	JAVA	C++		
基于年龄层	70后	80后	85后	90后	95后
基于毕业院校	北大	清华	深大		
基于求职意向	设计师	行政	HR	程序员	
基于所在微信群	群名称1	群名称2	群名称3		
……					

设置标签体系时,建议先写大类,再写小类,然后再进行优化。常用的标签放在前面,不常用的标签放在后面,以便于日常的使用与管理。

二、备注名与描述

关于微信好友的其他信息,可以通过备注名和描述来进一步完善。

备注名建议使用候选人的真实姓名,并用"F"(女性)或"M"(男性)标注候选人的性别。如有候选人的联系方式,要及时添加在电话号码一栏。在描述中,可记录候选人的家庭情况、生日、兴趣、过往工作经历、与候选人的过往沟通记录等信息,以便于更全面地掌握候选人的情况。以上信息可以从候选人的简历及朋友圈中获得。

对于重点跟进的目标候选人,还可以将其置顶,以便及时沟通。

三、朋友圈

对于招聘官而言,朋友圈是塑造个人品牌的最佳场所,需要持续通过朋友圈来累积社交"信任货币"。"信任货币"越多,招聘官的个人影响力就会越大,就更容易吸引潜在候选人进入招聘流程。

首先，招聘官要清楚自己需要展示一个什么样的个人品牌形象，然后基于这个形象定位，优化微信的头像、名称（建议使用真实姓名）及个性签名。其次，要规划朋友圈的内容发布策略。在朋友圈积累社交"信任货币"，一般要从个人维度（成绩、价值和情感）和外界维度（口碑和传播）这两方面切入，内容包含招聘信息、个人生活、专业经验、团队风采、心灵鸡汤等，尽可能地塑造一个乐观向上、真诚努力的招聘官形象。

朋友圈的信息发布时间依目标候选人的特性而定。每天发布 2~4 条内容，招聘信息建议在中午或晚上发布。

朋友圈的招聘文案要精练有趣，才能抓住目标候选人的眼球。可以通过悬念、故事、情感、促销等多种手段重塑招聘文案，让它看起来既实用又有创意，切忌照搬原始的 JD。

在发布内容时，要善用"谁可以看"功能，将内容发送给你想要展示的人群，切忌对所有人都"公开"。对潜在候选人而言，如果招聘官的朋友圈有太多与他们无关的、没有价值的内容，会降低他们对招聘官的兴趣与好感，甚至会屏蔽招聘官的朋友圈，这样就适得其反了。

第六节　内部推荐

根据资深招聘官的经验，大多数的被动候选人主要通过朋友内部推荐或猎头来接触外部机会，如果招聘官只是依赖传统的招聘方式进行招聘，很难招募到合适的人才。所以，内部推荐应该成为招聘官未来大力投入的领域。

只有员工认可公司文化，看好公司发展前景，并且在公司内有很好的发展，才会推荐亲友加盟公司。

一、将内推制度化

招聘官必须真正意识到，内推也是个招聘渠道。必须以渠道管理的思路来设计内推的规则和内推的预算，才能确保内推能真正落地。一般内推项目，需要具备完整的激励体系和规则体系。

- **激励体系**：一般包含鼓励员工转发招聘信息的传播激励、鼓励员工参与推荐候选人的参与激励、随着候选人在招聘流程中的深入而制定的过程激励，以及因候选人入职到岗或绩效表现优异而产生的结果激励这4类激励。内推激励通常采用积分制或奖金制来实现。

- **规则体系**：主要包括适用规则、推荐录用规则和奖金发放规则，避免内部推荐后期出现争议。适用规则用来划定内部推荐的限制，如上级不能推荐下级，HR不能参与推荐，以及某些敏感岗位不能内部推荐等。推荐录用规则要说明推荐的要求、如何管理推荐信息及如何查询推荐进展等内容。奖金发放规则则要阐明积分或奖金的发放标准，以及奖励的统计、发放周期和奖励形式等内容。

内推制度要明确责任和奖励标准，这样可以让参与者直观了解内推的执行路径，关注重点，少走弯路。

二、把内推当作产品来运营

设置好规则后，要想办法让员工参与进来。内推制度再好，也需要员工积极参与才能发挥它的作用。

如何让员工积极参与呢？这里需要运用产品运营的一些技巧，如要进行前期调研，了解用户的需求和痛点；要进行产品宣传，让用户深入了解产品并对其产生兴趣；要做好日常运营和客户维护，保证客户积极参与；要做好客户的分类管理和服务，提升用户的体验感；要做好数据运营，并持续改进优化。

通常内推项目的运营,要依赖以下 3 个体系。

● **宣传体系**

在进行内推项目的宣传时,要充分利用一切可用资源,如海报、传单、桌贴、邮件、公司自有办公软件、即时聊天工具和微信公众号等,努力让内推项目受到更多员工的关注。

招聘官要创造兴奋点,让员工积极地参与进来。例如,将内推步骤简单化、定期展示内推的成果并发放奖励、引入竞争机制等。

此外,核心内推人群是需要重点关注的对象,如新员工、特定属性的员工和高频参与内推项目的员工。他们不仅能积极参与到内部推荐项目中来,推荐优质的候选人,还能发挥榜样作用,激励更多人参与内部推荐。

● **工具体系**

高效的运营依赖数据化的管理,内推也不例外。招聘官不仅要实时记录内推过程中产生的各种数据,更要实现信息共享,提升参与员工的体验感。

可以将员工基础信息数据、面试录用数据、试用期管理数据、数据分析报表及积分兑换数据、奖金发放数据等制作成表格,来实现数据管理,如表 3-11 所示,如表 3-12 所示的年底汇总数据还可作为渠道分析的依据。同时,要为员工开放可以自助查询的台账,及时更新和反馈内推进度,同时安排 HR 对接人作为咨询窗口,以便在员工有疑问时,能够及时、有针对性地沟通。

表3-11 内部推荐登记表

岗位信息	应聘部门		应聘岗位		推荐日期	
推荐人信息	姓名		所属部门		任职岗位	
	与被推荐人关系		联系方式		邮箱	

续表

被推荐人信息	姓名		年龄		性别	
	学历		联系方式		邮箱	
	为什么觉得他胜任该岗位?					
聘用情况	是否面试		是否录用		是否转正	
奖励发放日期	第一次		第二次		第三次	

填表说明:

内部推荐时,员工提交的信息要尽可能简单。如果让员工提供过多的或比较难以获取的信息,会打击他们参与内推的积极性。

表3-12 内部推荐汇总表

编号	岗位信息				推荐人信息					被推荐人信息				奖励发放日期			备注
	岗位名称	所属部门	奖励标准	发布日期	推荐日期	推荐人	所属部门	任职岗位	入职日期	与被推荐人关系	被推荐人	是否面试	是否录用	是否转正	第一次	第二次	第三次	

填表说明:

此表主要用于记录内部推荐的过程数据。

● 过程管理体系

想让内推项目有计划、有节奏地推进,还要对过程进行有效管控,通常可以利用 PDCA 或甘特图等项目管理工具来对内推项目的推进进行监控和优化。

内推并非一蹴而就,但在人才竞争日益激烈的当下,它却是企业招聘最有效的手段之一。招聘官想要做好招聘工作,就需要有持续运营的精神,相信有创意的招聘策划会让招聘工作焕发不一样的光彩。

第七节 校园招聘

空降管理人员"水土不服",成熟技术人才高薪难求,知识型员工对职业生涯发展规划与公司发展不匹配……这些问题的出现,让众多企业纷纷选择在公司内部培养人才。具有一定专业知识、可塑性强的大学生就成为企业内部最佳培养对象,校园招聘也成为大多数企业不可或缺的招聘渠道。

一、需求收集

在开展校招之前,招聘官要思考以下几个问题。

- 启动校园招聘的目标是什么?
- 公司能提供的资源有哪些?
- 目标院校、目标群体是哪些?

通常,校招有 3 个目标:招揽有潜力的人才、打造雇主品牌、宣传企业品牌。三者在一定程度上是统一的,但在企业发展的不同阶段,或根据企业战略的差异,这三者的侧重点是不同的。

开展校招之前,应该在公司内部开展校园招聘的需求调研。调研内容包含对岗位、地域、人数、学历层次的要求等，同时了解用人部门主管对学生的认知，以及是否有针对学生的培养办法，结合对外部市场的了解（福利行情、人才供给情况、竞争对手的招聘计划等），综合评估是否有必要启动校园招聘。

在开展校招之前，招聘官需要对公司能够提供的资源支持做到心中有数。公司能够提供多少人、财、物的支持，对校招策略的影响是决定性的，毕竟巧妇难为无米之炊。

关于目标院校和目标人群，招聘官要意识到并不是每家企业都要从211/985院校获取人才，也并不是每家企业都要和行业巨头正面交锋抢夺人才。招聘官要根据公司实际情况及需求，制定合适的校招策略。

对于一般的中小企业来说，211/985等重点院校是宣传阵地；省属重点本科院校，是重点"捕鱼池"；大专/高职院校，要建立校企合作；对口专业院校，要建立长期合作关系。

招聘官需要先明确校园招聘的目标院校。确定目标院校后，招聘官要及时与该院校建立联系并了解其实际情况（包括该院校的档期与企业需求、符合公司招聘要求的学生人数，以及学生的就业意向、期望薪酬、未来职业规划等）。

通常来说，以下这3类岗位比较适合校招。
- 同岗位有批量需求，或同企业中有批量需求。
- 设计类、营销类、技能可成长类。
- 企业在行业内较为顶尖，岗位的个性化强，需要自己培养人才。

二、资料准备

校招的宣传至关重要，它将决定招聘的宣讲会有多少人参与，以及能收到多少份简历。

现在校招宣传通常会使用"老三宝"(横幅、海报、易拉宝)和"新三宝"(微信平台、微博、H5)。此外,还可以招募一些校园宣传大使,来帮助招聘官更高效地推进校招工作。可参考表3-13,列出一个工作清单,在校招开始前做好准备工作。

表3-13 校园招聘工作清单

模块	内容	目标/输出	备注	责任人	完成时间	完成情况
人才战略						
财务						
情报收集						
团队准备						
系统准备						
物料准备						
文档准备						
面试资料						
场地						
宣传						

续表

模块	内容	目标/输出	备注	责任人	完成时间	完成情况
执行						
总结						
雇主品牌						

填表说明:

校园招聘是常见的招聘项目之一。要想做好校招,就必须做好以下准备。

(1)人才战略:包括拟定校招方案、定薪、校招的申报及招聘任务分解等。

(2)财务:包括校招项目的预算。

(3)情报收集:包括竞争对手的招聘信息、确定目标院校及目标院校的生源信息、开学时间、校园大使等。

(4)团队准备:包括参与校招的招聘官团队、面试官团队、宣讲团队、前校友、高管及其他参与者的选拔与培训。

(5)系统准备:包括笔试、测评、官网、网申、招聘系统及面试系统等系统的准备。

(6)物料准备:包括校招过程中会使用到的易拉宝、PPT、标签、工作证、宣传画册、视频、礼品等物料的准备。

(7)文档准备:包括校招中会用到的表格、协议、须知、FAQ等文档资料的准备。

（8）面试资料：包括面试题库、评价表等面试相关资料的准备。

（9）场地：预约校招时的住宿酒店、宣讲场地、笔面试场地、签约场地等。

（10）宣传：包括校招活动的定位、品牌口号、各渠道的广告、微信/QQ群的准备、软文宣传等。

（11）执行：包括校招的时间安排、各招聘团队的管理及宣讲会的执行等。

（12）总结：对校招的执行情况进行总结，表彰表现优异者，感谢支持方。

（13）雇主品牌：对录用的毕业生持续跟进，宣传雇主品牌，避免出现违约的情况。

在校招前还需要准备面试题库并组建面试官团队。通常校招会根据胜任力模型或任职资格，采用以结构化面试为主的甄选手段（有时候也会安排无领导小组讨论）来筛选人才。

常见的考查学生的维度：专业能力、逻辑、英语、沟通表达、企业文化中的价值观、团队合作等。面试题库中，专业性的问题由用人部门提报，招聘官进行筛选。笔试题目建议难度适中，题目过难会影响筛选结果。

三、招聘实施

校招进校时间的选择很有讲究。

- 赶早场：虽然选择面大，现场效果也更好，但是容易和其他更有竞争力的企业产生冲突，优秀的毕业生不一定会投递简历。

- 不早不晚：虽然竞争力强的企业已经逐渐退场，但是学生们已经挑花了眼，如何凸显企业优势是个挑战。

• 赶晚场：积极找工作的学生基本已经敲定了工作，剩下的学生质量可能让招聘官不太满意。

所以，具体选择什么样的院校、在什么时间段开展校招，要根据具体的岗位和需求决定，校招的重点不在于学生毕业的院校是否是超一流重点大学。

校招启动时，招聘官要与各院校的就业负责人做好沟通，并协商好具体的招聘时间和地点。招聘物料也需要准备好，相关的资料必须携带齐全。

开宣讲会时，宣讲人一定要由经过培训、有一定演讲水平的人担任，最好是公司高管或招聘部门高管。宣讲内容一定要得体，不得有歧视性、反动性等不良言论。PPT中应包含公司特色、娱乐活动、人文关怀、发展路线、福利待遇等，如有视频展示更佳。

宣讲会后尽量安排现场笔试。当然，笔试成绩只能代表学生的面试准备程度，不能代表学习能力。笔试好且学习成绩好，是优选；笔试和学习成绩只有一项好，也要给机会。

校招面试中，初面主要偏向了解学生的知识、技能和基本条件；复面偏向于考查文化价值观和发展潜质，面试评估如表3-14所示。

表3-14 校园招聘结构化面试评估表

姓名		性别	□男 □女	学校		专业	
本人已知悉，录用岗位为_____，岗位代码为_____，如遇特殊情况，本人接受集团内部的工作调配。							
应聘者签字： 　　　　日期：							
注意：以下由面试官填写							面试评价

续表

序号	考核维度	面试问题	考评要点	符合	不符合
1	兴趣	您为什么选择这个专业？您喜欢这个专业吗？ ×××的企业文化您认同吗？是否愿意投身这样的企业？ 您期望从事什么类型的工作？为什么？	●候选人表述清晰 ●确定候选人倾向从事的岗位类型 ●确认公司是否可以提供合适的岗位		
2	专业能力与特长	在所学的课程中，您认为您哪几门课程学得最好？ 您有哪些特长？在校期间取得过哪些荣誉？ 您会将所学的专业作为您潜心耕耘的职业/事业吗？	●对本专业的热衷程度 ●是否有意愿长期从事本行业 ●考查专业素质		
3	与部门主管的风格匹配	主管讲究高效的执行力，像军人服从命令一样，您喜欢这样的管理方式吗？可以适应吗？ 某项工作因为您的失职，主管对您严厉批评，您可以接受吗？ 工作中主管总是将一些琐碎的事情安排给您做，您认为这样合理吗？	●是否适应公司的企业文化 ●是否有正确的工作态度 ●是否有积极乐观的心态		
4	公司产品	您了解公司生产的产品吗？您认为什么产品最流行？ 您有兴趣加入到这些产品的研发制造中来吗？	●对公司的了解程度 ●行业选择的决心		
5	地理位置	公司的地理位置离您的老家远吗？您的家长会要求您回去吗？	考查稳定性		

续表

序号	考核维度	面试问题	考评要点	符合	不符合
5	地理位置	您会选择一个有机遇有挑战的城市工作，还是会选择压力较小、宜居的城市工作？	考查稳定性		
6	薪水	您对公司提供的薪酬福利满意吗？您认为两年后您可以拿到多少薪水？	薪水期待，企图心		
7	其他	自我介绍完整性、面试着装	面试态度、细心程度		
		面试时眼神交汇情况			

注：评定均为"符合"方可录用

面试官确认		招聘专员确认	
□录用　　□不录用		色觉	
录用岗位类型	□×××		
	□×××	学历认定	
	□×××		
面试官签字：		招聘专员签字：	

注：资料由上至下装订顺序：
面试品评表、信息采集表、答题卡、个人简历及其他相关资料、身份证复印件、录取通知书复印件

填表说明：

对校招人才的考核更多是关注对方的领导潜力、专业成就潜力，以及文化适配性。

学生签约也具备一定的跟风性，可以适当借鉴市场营销中的一些小技巧，如宣传师哥师姐的案例、先签一些有代表性的学生或制造危机感来刺激学生签约。优秀的学生会面临很多选择，在签约的各个环节，回答学生提出的问题时要表现出足够的尊重。

校招的后期跟进也非常重要。最简单的做法是宣讲时面对面建微信群，当然，需要有专人管理微信群，及时解答学生的问题；同时，要及时跟进已录用同学的三方协议提交状态，一般收到三方协议招聘才算是真正达成。

另外，招聘官还可以通过以下途径和学生建立情感联系，避免招到的人"飞了"：一是做好人文关怀，注重细节，优化候选人的入职体验；二是让学生提前融入组织，体验企业文化，如让学生加入公司内部的沟通群；三是制造一些互动，如定期邀请一些新员工聚餐或聚会等。

四、招聘总结

招聘结束后，要发信息给学校的招生就业办公室和相关院系辅导员，告知其招聘情况并表示感谢。如果签约率低，可以请学校老师给些建议，必要时可以请老师帮忙做学生的思想工作。

有时候，校园招聘效果可能与预期有差距，要根据招聘的完成率和招聘质量进行总结评估，及时改进以便为之后的校招提供参考依据。

第八节　绘制人才地图

人才地图是指收集人才情报，了解关键人才的整体优劣势，以便制定有针对性的人才招募战略。绘制人才地图一般分为内部和外部两种形式。

- **内部——人才盘点**：对内部的人才数量和质量进行盘点，了解员工的能力差距，便于制订招聘计划、搭建培训体系。
- **外部——人才地图**：通过对目标公司或特定岗位的系统了解，掌握外部关键人才的分布、背景、薪酬等关键信息。

一、人才盘点

人才是企业最重要的资产，不定期的人才盘点非常重要，对组织人才进行盘点，可以使人才与组织更匹配。人才盘点的内容包括明确组织架构与岗位发展的变化，确定员工的能力水平，挖掘员工的潜能，进而将合适的人安排在合适的岗位上。人才盘点的流程如表3-15所示。

表3-15 组织内人才盘点流程表

步骤	内容
盘点组织战略	• 明确企业中长期战略目标，深入理解战略规划并逐项分解战略规划内容 • 分析实现企业发展目标所需要的关键组织能力，盘点所需的知识/技能/特质
定义关键岗位	• 检视组织架构。思考未来的组织架构需要进行怎样的调整，包括岗位设置、人员编制与职责分配 • 定位支撑各项关键组织能力实施所涉及的关键岗位/人才，即定义关键人才
制定人才标准	• 方法：战略分解、标杆研究和管理者访谈 • 建立员工通用胜任力模型、管理者领导力模型、各部门的专业胜任力模型
实施人才盘点	• 从绩效、胜任力和潜力3个维度来评估人才 • 对重点岗位、重点人才进行外部测评，对其他人员进行一般性测评 • 召开从部门到全公司的人才盘点会议 • 识别员工能力差距 • 建立高潜人才库
落实跟进计划	• 制定招聘规划、晋升规则和继任规则 • 优化激励方案 • 建立并跟进人才培养计划 • 跟进相关人才发展计划：内训、外训、海外派遣、负责有挑战性的项目、轮岗、晋升

人才盘点后形成的人才地图通常以九宫格形式呈现，如表3-16所示。将不同的员工放置在不同的九宫格中，然后制定相应的人才管理策略。

表3-16 人才盘点九宫格

潜力			
3. 高潜力/低绩效 ● 刚晋升还没有机会展示更高绩效 ● 制订有效的发展计划提升其绩效 ● 评估是否存在人岗不匹配的问题 （关注/帮助）	6. 高潜力/中绩效 ● 将来可发展的人选 ● 促使其在本岗位上向高绩效发展努力 ● 谨慎规划其下一个岗位，多给予指导 ● 确保薪酬竞争力 （扩展/发展）	9. 高潜力/高绩效 ● 加速晋升 ● 需赋予其新的挑战，调任至重要岗位 ● 采取激励措施，全力保留 （扩展）
2. 中潜力/低绩效 ● 找出低绩效原因，并采取行动改善 ● 如果绩效没有改善，需为其寻找其他合适的岗位或将其淘汰 （观察）	5. 中潜力/中绩效 ● 值得重点关注 ● 投入培训助其发展，将其转化为中坚力量 （发展）	8. 中潜力/高绩效 ● 投入培训并给予其发展机会 ● 适度职责拓展，给予其特殊任务 ● 确保薪酬竞争力 （扩展/发展）
1. 低潜力/低绩效 ● 绩效不达标，能力有限 ● 谈话，给予警告 ● 如无改善，尽快淘汰 （淘汰）	4. 低潜力/中绩效 ● 表现出有限的能力 ● 保持原地原级，尽量减少管理职责 ● 评估其未来发展潜能和更恰当的职位，最大程度提升其绩效 （观察）	7. 低潜力/高绩效 ● 绩效高，但不能胜任更高级别岗位 ● 保持原地原级，给予认可 ● 通过培训提升其能力 ● 用平移等方法保持其工作积极性 （发展）	绩效

二、人才地图

对外的人才地图有以下几类。

- **对标公司人才地图**：绘制目标公司所有岗位的人才地图。了解目标公司的组织架构，如担任重要岗位的人才及其资历、背景、主要工作职责、关键绩效考评状况、薪酬水平及是否有离职意愿等。
- **对标岗位人才地图**：绘制行业中所有公司的目标岗位的人才地图。了解目标岗位的人才群体规模、地理位置分布，以及这些人员的资历和背景、工作职责和绩效状况、薪酬水平、跳槽意愿及对本公司的看法等。
- **对标公司及对标岗位人才地图**：绘制目标公司的目标岗位的人才地图。了解目标公司目标岗位的人才资历背景、工作职责、关键绩效考评状况、薪酬水平及是否有离职意愿。

招聘官可以按照表3-17中的步骤来绘制人才地图。

表3-17 组织外人才地图绘制流程表

步骤	内容	操作建议
职位分析	对目标行业、目标企业、目标职位进行分析	**选择目标公司：** ● 直接竞争对手 ● 与公司产品相关联的公司（上下游或配套） ● 营销方式和渠道与本公司相近的公司 ● 盈利模式与本公司相近的公司 ● 企业文化与本公司相近的公司 ● 同行业中的"万金油"企业 **获取目标公司公开信息的途径：** ● 企业官网/企业招聘页面 ● 天眼查、企查查 ● 上市公司年报/待上市公司招股书/未上市公司国家企业信用信息公示系统 ● 搜索引擎

续表

步骤	内容	操作建议
职位分析	对目标行业、目标企业、目标职位进行分析	**进行目标职位画像** （见前文候选人画像，略）
画出初步地图	列出目标公司、部门、职位、地域等信息，搭建人才地图的初步框架	根据需求，列出人才地图的框架，内容可包括公司名称、组织架构、职位信息、上下级关系；岗位职责、薪酬范围；候选人姓名、私人联系方式、职位、简历、上升通道；关键绩效指标、薪酬发放方式；候选人兴趣点、跳槽动机等
补充地图细节	查找候选人或地图所需相关信息，丰富人才地图	**获取候选人信息的方法：** ● 候选人/同行/高管转介绍 ● Cold Call ● 招聘网站 ● 社交网站（领英、脉脉、微博等） ● 专业网站、论坛 ● 线下活动、行业协会 ● 微信群、QQ群 ● List
检查修正	对信息进行检查修正，避免出错	● 准确性：对信息进行反复核实和取证 ● 全面性：运用大数据搜集候选人的信息 ● 时效性：定期跟踪并及时更新相关信息

人才地图表格没有固定的格式，主要依据企业需要的人才地图的信息而定，常见的人才地图格式如表3-18、表3-19、表3-20所示。

有了人才地图，就像作战时有了一张部署精准、结构缜密的作战图一样，让招聘官对整个行业的人才做到心中有数。它能帮助招聘官洞悉业务布局、快速定位人才、优化职位需求、提升招聘效率。

表3-18 人才地图示例1

序号	公司	所在城市	候选人信息							沟通记录					后续措施
			职位	姓名	电话	性别	出生年月	主要学习经历	有无简历	接触人	最近接触时间	接触方式	记录	分类	

填表说明：

本表是对重点候选人的挖掘与跟踪记录。

（1）记录：记录与候选人专业能力、跳槽动机、最近动向等相关的关键信息。

（2）分类：根据信息的掌握情况对候选人进行分类。一般分为A/B/C/D/E共5类：A表示已面试、跟进中；B表示未面试、匹配、有意向；C表示未面试、匹配、无意向；D表示未面试、不匹配；E表示已面试、不匹配。

（3）后续措施：标注对该人选采取的措施，是持续跟进还是淘汰。

表3-19 人才地图示例2

序号	目标公司						福利待遇			人才竞争战略				备注
	公司名称	行业类型	公司性质	主营产品	组织架构	部门人数	相似度	基本薪酬	福利补贴	年终奖或绩效奖金	其他	S优势	W劣势	O机会	T威胁	

填表说明：

本表是对竞争对手人才竞争战略的分析，可用于协助招聘官挖掘公司/岗位卖点。

表3-20 人才地图的应用——招聘资源卡

招聘资源	公司1	公司2	公司3	公司4	公司5	公司6	公司7	公司8
岗位1								

续表

招聘资源	公司1	公司2	公司3	公司4	公司5	公司6	公司7	公司8
岗位2								
岗位3								
岗位4								
岗位5								
岗位6								
岗位7								
岗位8								

填表说明：

本表主要为精准招聘提供指引。每个竞争对手公司都有其优势的职能或岗位，通过绘制人才地图掌握这些信息后，在未来的招聘工作中，可以有针对性地招募对应的人才。

按照岗位的不同，依次在拥有该岗位出色人才储备的企业下打"√"。

第九节　建设人才库[①]

尽管所有招聘官都在努力通过各种方法加快招聘速度以抢夺更多优质的人才，但最匹配的人才大多并不会主动寻找机会，优秀的人才也不会长期停留在市场上待企业挑选。

这使企业不得不从"守株待兔"转变为"主动出击"，积极寻找候选人，并进行有效的运营，将其储存在人才库中，待招聘需求出现，再吸引其进入招聘流程并录用。

---

① 章节内表格及内容主要参考谷露出品的电子书《制胜未来招聘——企业人才库实践指南》。

作为候选人简历的"蓄水池",人才库是汇总、储存、集中管理并统一处理从各个渠道获得的简历的"枢纽"。如果能够将人才库真正利用起来,可以大幅提高招聘工作的效率,在更短的时间内帮助企业招募到更合适的员工。

一、人才库的简历来源有哪些?

对招聘官而言,简历如同销售人员的客户资源。想让招聘工作更简单,首先就需要拥有海量的简历。招聘官可以通过如表3-21所示的方法获取人才简历。

表3-21 人才库的简历来源

渠道	获取方式	备注
招聘渠道	招聘网站搜索下载	在招聘过程中,有意识地对人才进行积累
	猎头推荐	
	校园招聘收集	
员工渠道	内部员工推荐	通过人脉挖掘潜在人才
	候选人转介绍	
竞争渠道	竞争对手的组织情况	关注竞争对手的各种动态,分析并了解竞争对手的关键人才信息,但要注意合规
	竞争对手所拥有的人才	
	竞争对手对外公布的人才信息	
活动渠道	在活动或会议中接触的人才	积极参与各类活动

二、简历的入库标准

就像销售人员需要对客户资源进行分类和分级管理一样,并不是所有采集到的简历都有资格归入人才库。招聘官可根据公司的具体情况,制定相应的简历入库标准,具体标准如表3-22所示。

表3-22 人才库简历的入库标准示例

重要性	比例	入库标准
核心人才	10%	【必要条件】技术精湛，业务能力过硬，在国内同行业具有影响力；主持过大型重点项目和经理管理课题，成果达到国内先进水平；提出并实施经企业确定对企业有重大影响的合理化建议项目，年创效益显著 【可选条件】集团高级经理以上级别
关键人才	30%	【必要条件】正规高等院校本科及以上学历，从事本专业工作超过5年，具有高级及以上专业技术职务任职资格，上一份工作满3年 【可选条件】企业部门经理以上级别、具有高级技师或高级工程师资格证书
后备人才	50%	【必要条件】正规高等院校本科及以上学历，具有中级及以上专业技术职务任职资格，从事本岗位工作至少3年 【可选条件】非常优秀的人才从事本岗位工作至少2年
外部顾问	10%	【必要条件】对企业技术改造、新产品研发提供技术支持的专家学者；为企业发展献计献策，并取得显著效益的社会人士 【可选条件】企业需要的外部专家、顾问人员等

三、如何获得更多简历？

对于尚未拥有人才库的企业来说，从零开始搭建人才库首先需要解决简历"量"的问题。想要快速积累人才库中的原始简历，首先要建立完善的简历入库标准和入库流程，并确保每位招聘官都能形成随手积累资源的好习惯。除此之外，还可以通过以下方式拓展简历的获取渠道。

● 简历分阶段多次利用

要以发展的眼光看待候选人的职业生涯——候选人是在不断成长的。在不同阶段，候选人的职业诉求或专业能力会与企业不同的岗位相匹配。如果企业暂时没有庞大的人才库，可以将简历分阶段多次利用。

● 提升内部推荐积极性

关于内推,前文已有提及,在此不再赘述。通过内推获得的简历的平均质量通常高于招聘官从外部获取的简历质量。

● 外部搜索技能的进阶

想要获取更多简历,主要依赖在外部招聘网站或平台上进行搜索。因此,招聘官需要持续提升外部搜索能力。

此外,招聘官还可以学习绘制人才地图的技巧,通过绘制人才地图来丰富企业的人才库。

当然,无论采用哪种形式,人才库资源的积累都不是一蹴而就的,需要招聘官进行长期的坚持和积累。

四、如何运营和优化人才库?

对于所采集到的人才库资源,如不加以利用,它就是一堆沉默的数据,没有任何价值。要想发挥人才库的作用,就必须对简历进行运营和优化,确保人才资源的有效性和最终转化率。人才库模板如表3-23所示。

表3-23 人才库模板

序号	信息收集			个人资料										备注		
	收集时间	收集渠道	应聘部门	应聘岗位	姓名	性别	出生年月	户籍	毕业院校	最高学历	职业资格	职称	主要工作经历	联系方式	邮箱	人才类型	储备理由	沟通记录

填表说明：

本表格仅供参考，建议购买专业的招聘管理系统进行人才库的记录、管理与运营维护。

● 关注数据质量

在收集简历的过程中，有些简历可能重复，有些简历的数据可能随着时间的推移而过时，因此需要及时对简历进行适当的优化和更新。

重复的简历可以删除，过时的简历可以鼓励候选人投递新简历以覆盖旧简历。

● 进行分类并添加标签

为了便于人才库的搜索和利用，招聘官可以按照职位类别、职位层级，以及年龄、学历、院校等基本信息，对简历进行分类并添加标签。如同客户关系管理一样，不同类别的简历，要采取不同的运营策略。

● 完善人才备注

人才库的运营维护可以参照CRM（客户关系管理系统）进行，清晰地记录人才与公司的互动痕迹。当有新的工作机会想再次联系该候选人时，就可以通过这些记录了解候选人的历史状态，避免招聘官重复工作。

记录的内容主要有候选人行为记录（候选人何时投递过什么职位、是否多次投递无相关职位、是否拒绝过录用邀请及拒绝原因等）、招聘流程记录（候选人何时参加过面试、已进入哪一轮面试、是否收到了录用邀请、是否入职等）、反馈评价记录（简历筛选时招聘官的备注、评审时面试官的备注、面试反馈等，如果候选人曾经入职过还要有入职表现评语）。

● 进行邮件营销

对于重点人才，特别是被动的优秀人才，招聘官需要尽量与之保持长期的互动，如通过电话、微信等途径与优秀人才进行关系保温，也可以通过频次更可控的 EDM 邮件将原本对企业关注度较低的人才吸引过来。

第十节 猎头渠道管理

一、为什么要使用猎头？

老板总是期望人招得又快速又优质，同时也希望资金投入更少，最好不要使用猎头。但是遇到以下情况时，企业就需要借助猎头的专业服务来提升招聘质量和效率。

- 在人才市场找不到合适的候选人。
- 高端人才的招聘需求比较紧急。
- 招聘需求定位比较高级（如资深高管）。
- 不能公开招聘的职位。
- 要在一个不熟悉的人才市场挖掘人才。
- 公司处于行业中下游，却期望从行业中上游公司挖人。

猎头渠道可以弥补企业自有招聘渠道能力的不足，增加人才供应链的弹性，在优质人才的猎取上快人一步。招聘官在选择猎头渠道进行招聘时，要清楚猎头渠道能给公司带来什么样的附加价值，并以此来说服老板批准猎头招聘渠道预算提案。

二、如何选择猎头渠道？

猎头服务自 20 世纪 90 年代随着外资企业在中国的迅速发展而进入

中国,经历了近20年的发展仍然鱼龙混杂。

挑选猎头公司的步骤如下。

• **广泛了解**:搜集可提供服务的猎头公司名单,然后根据猎头公司所专注的行业领域、专长岗位、业内口碑,以及是否服务过本企业的直接竞争对手进行筛选,缩小选择范围。

• **电话筛选**:绝大部分接到招聘官电话的猎头公司都期望能够承接业务。如果无法与猎头公司面谈,可以先进行简单的电话沟通,了解以下内容。

——请其介绍团队规模、首席顾问的资历、公司过往业绩、客户情况。

——招聘官简单描述岗位要求后,请教对方目标候选人可以从哪些目标公司猎取。

——询问猎头顾问对本公司所处行业近况的了解情况,以及猎取目标候选人的难点是什么。

——需要多长时间可以提交目标市场的简略人才地图,如竞争公司中的目标人才数量和分布情况。

• **会面交谈**:面谈的目的是对双方的意愿、能力和运营模式的匹配度进行筛选,面谈需要了解的内容如表3-24所示。

• **公开竞标**:如果要进行大额的人力资源服务采购,可能还会采取公开竞标的方式确定合作的猎头公司。

表3-24 猎头公司的观察维度

观察维度	具体内容
猎头公司的竞争战略	是致力于长期持续的事业,还是只为了赚取一笔佣金?是致力于与客户建立战略伙伴关系,还是只做一锤子买卖?

续表

观察维度	具体内容
猎头顾问的水平	• 优秀的人格品性：优秀的人品是提供优质服务最基本的前提 • 资深的行业背景：对其从事的行业有深刻的理解，与客户所需的人才具有共同语言 • 丰富的社会阅历：能准确地洞察人性、理解人性 • 娴熟的沟通技巧：善于接收和传递信息，善于说服客户和候选人达成一致从而实现完美的合作 • 深厚的文化底蕴：擅长把收集、发现和积累的信息进行整合、提炼，形成有价值的观点
猎头顾问的咨询价值	能根据公司战略需求分析空缺职位，确定任职资格和候选人的来源分布，确定合适的人选；能为企业寻访到真正需要的人才，而不仅是企业"喜欢"的人才
公司寻访评估体系	专业的猎头公司寻访人才应该包括以下基本流程：客户访谈——需求界定——寻访甄选——评价推荐——协助面试——背景调查——录用上岗——跟踪反馈，缺少任一环节，其服务质量都有可能大打折扣
公司的成功案例	了解猎头公司的成功案例，不仅要看其客户的层次和名气，更要考量其客户在行业中的地位、招聘职位的层次、所需人才的稀缺性、职位的待遇水平等综合因素，全面评估招聘难度，以及在这种情况下猎头公司采用哪些手段和策略帮助客户扬长避短，从而获得良好的招聘效果。

三、猎头公司是如何收费的？

猎头公司的收费标准分为统一收费和分层级收费两类。统一收费即无论所招聘岗位是中层还是高层，收费的比例都是统一的。分层级收费则是按招聘岗位是中层或高层来划分收费区间。选择何种收费标准，主要看招聘官与猎头机构谈判的结果。

猎头收费标准大概是收取本岗位税前 12 个月基本工资的 20%～25%，费用支付方式大概有以下几种。

- 合同签订后支付预付款（项目启动金），人选到岗 7 个工作日后支付 50%（预付款在本次支付金额中予以抵充），人选保证期届满或员工转正后支付剩余的 50%。
- 不支付预付款，待人选到岗后一定时间（通常 5 个工作日后）支付 50%，余款待人选保证期届满后结清。
- 预先支付预付款，待人选到岗后一定时间（通常 5 个工作日后）一次性付清全款（预付款在本次支付金额中予以抵充）。
- 人选转正后一次性付清全款。

在商谈支付方式时，一般不用预先支付预付金或项目启动金，分批付款的比例基本各 50%，也可视实际情况有所调整。另外，人选保证期一般情况下会约定为 3～6 个月，与公司的试用期规定基本一致。

四、如何与猎头公司进行有效合作？

挑选到合适的猎头公司，并不意味着招聘官就一身轻松，万事大吉。要想尽快完成招聘任务，招聘官还需要和猎头顾问保持沟通，尽量避免因沟通不畅而导致工作无效。

项目启动后，招聘官必须向猎头顾问详细、耐心且用对方能听得懂的语言去解释、说明该岗位的相关信息（包括该岗位上司的用人要求、管理风格、沟通风格及岗位说明书等）、该岗位所在部门的职能、企业相关信息（如企业的行业地位、企业实力、企业资质和企业文化等内容），以便猎头顾问能够准确理解招聘需求。

筛选简历时，如果发现猎头顾问所推荐的人选与招聘要求相差较远，招聘官必须主动与猎头顾问沟通，及时纠偏。

如果发现猎头公司未按合同规定，在一定时间内未推荐足额人选，招聘官要主动了解猎头的工作进展，及时向相关人员汇报，做好合同履行的风险管控。

五、如何开发猎头公司的附加价值？

让猎头公司帮助企业招人，招聘部门就转变成了"用人部门"。

招聘官可参照表3-25中的内容对猎头公司进行评估考核。

表3-25 猎头公司考核表

猎头公司名称	招聘能力				推荐效率				服务质量				总体评价
	招聘岗位	岗位职级	分值	录用人数	总分值	简历匹配度	录用成功率	试用期流失率	时间周期	合作模式	服务规范性	顾问水平	附加值	

填表说明：

从猎头公司的招聘能力、推荐效率及服务质量3个维度综合考虑猎头公司的服务能力。

（1）招聘能力：根据不同的岗位职级设定不同的分值，乘以录用人数，计算总分值。

（2）简历匹配度：推荐人选通过简历初审的比例。

（3）录用成功率：推荐人选最终被企业录用的比例。

（4）试用期流失率：推荐并录用的人选在试用期的流失率。

（5）时间周期：从职位委托到候选人录用的时间长短。

（6）合作模式：收费标准与收费方式。

（7）服务规范性：所有服务和步骤是否合乎规范。

（8）顾问水平：猎头顾问对行业和职位的理解及顾问服务的专业度与配合度（包含诚信度）。

（9）附加值：提供其他的人力资源服务（包含绘制人才地图、人选背景调查、岗位胜任素质分析等）。

（10）总体评价：以招聘能力的分值为基础，推荐效率的整体或其中某一项作为权重，服务质量作为参考项，对猎头公司进行整体评价，按照S、A、B、C划分等级，根据不同等级提出不同的合作要求。

好的猎头公司能带来的附加价值如下。

- **行业信息**：猎头顾问可以帮助招聘官了解行业情况，告知招聘官一些最新的行业动态和新闻。在交流时，招聘官不妨问问猎头顾问："最近行业里有什么新闻？有没有公司有大的人员变动？"与猎头保持紧密关系。

- **人才地图**：猎头帮助企业绘制行业人才图，一般是要收费的，但是企业可以通过一些互惠互利的方式（如独家职位、大单等）来与猎头进行交换，以获取价格更低甚至免费的人才地图。

- **背景调查**：在国外，猎头提供的背景调查服务大多是单独收费的，国内猎头目前大多没有额外进行收费。对于即将录用的候选人，企业可以找到猎头对其进行背景调查，以核实候选人的真实情况。

- **合作伙伴**：以寻找企业战略合作伙伴的心态来对待合作的猎头公司，用真诚的认可和鼓励，换取更高效更用心的服务。

> **范例**　猎头简历推荐模板

××猎头公司　推荐　××区域××（岗位名称）

推荐人：×××

推荐时间：××年××月××日

人选概况及评价：

清华大学建筑学硕士，15年工作经验，其中有7年中海经验，3年万科经验；专业技术扎实；熟悉大型项目的开发管理工作；具有房地产项目产品设计综合把控能力和操盘能力。候选人意向较强，倾向工作区域为北京或北京周边地区。

简历信息：

个人信息

人选姓名：×××　性别：男　出生日期：××年××月××日

工作所在地：北京　　　家庭所在地：北京

婚育情况：已婚已育

目前薪酬：税后年薪约150万（月薪8万，年终奖30万，超额利润奖金22万）

教育背景

1998~2001年　清华大学/建筑学/硕士

1993~1998年　清华大学/建筑学/本科(第一学历)

工作经历

2012年8月至今　北京万科企业有限公司　总经理（职级V6）

公司业绩：万科集团2016年签约额××××亿，北京万科2016年签约额××××亿，×个片区，××个项目。

上级岗位：

下级人数：

主要职责：

模板说明：

（1）推荐信息：呈现猎头公司名称及推荐岗位。

（2）推荐概况：简述候选人工作概况、优劣势及评价。

（3）个人信息：婚育信息及目前薪酬结构，尽可能详细。

（4）教育背景：填写高中以后的教育经历，要明确年份、学校、专业及学历，标注第一学历。

（5）工作经历：重点描述候选人在各公司的主要工作业绩，以量化指标呈现；上级岗位及下级人数务必清晰准确；主要职责分条目准确描述。

第四章 筛选合适简历

当招聘官通过各种渠道获得足够多的候选人简历后,就可以开展人才甄选,寻找最合适的人选。

简历筛选是进行人才甄选的第一步,主要考查候选人在专业技能及过往经历上与目标岗位的匹配程度,它就像一个"筛眼"很大的筛子,筛掉不匹配的候选人,尽可能缩小选择范围。

通过本章的内容,你将了解:

- 筛选简历时要看些什么?
- 简历筛选的检查清单

第一节 筛选简历时要看些什么？

假设某一岗位有100位申请者，招聘官没必要将这100人都约来面试，因为如果15份有效简历就可以帮助企业招聘到合适的人选，那么只要挑选出这15个更贴近需求的人选的简历即可。

这就是简历筛选的价值——在收到的简历中，可能80%以上的简历都是不合格的。正确筛选简历，可以帮助招聘官节省大量的时间，用最短的时间找到最合适的候选人。

一、简历筛选的常规步骤

简历筛选前先回顾JD，明确关键筛选标准很重要——这是快速开展简历筛选工作的基础。低效的简历筛选在很大程度上是因为关键筛选标准不确定。与此同时，招聘官还要了解候选人的"加分项"——候选人具备哪些能力素质会更好，以便挑选出优秀的候选人。

一般来说，简历筛选要做好两步：先基于关键筛选标准和文化适配性进行简历的初筛，选出一定数量的有效简历；之后再基于细节寻找疑问点，辨别简历信息的真假。

如果基于关键筛选标准进行筛选后，挑选出的简历数量依然超出企业预期，就需要按照"加分项"的优先级顺序，进一步缩小选择范围。

筛选完简历后，建议将筛选后的简历分为优秀候选人、合格候选人和不合格候选人3类进行归档，以便在后续的招聘流程中，可以运用有针对性的策略去跟进和处理这些简历。

二、初筛简历时，要看些什么？

通常初筛简历时，需要着重关注以下内容。

• **能力匹配**：在筛选简历时，首先看候选人的经历、经验及相关的能力素质是否达到岗位需求的最低标准，建议最低标准不超过 3 项。如果候选人比较多，或是岗位要求严格，可适当增加最低标准的数量。

• **忠诚度**：在筛选简历时，要看候选人最近几份工作的在职时间长短和当时的行业环境，不能因为候选人频繁跳槽就草率给其扣分，而是要在筛选环节着重了解细节，了解候选人工作变动背后的原因。

• **文化匹配**：在筛选简历时，要了解候选人都服务过哪些公司，比较这些公司的规模及文化与本公司的相似性和差异性。如果差别实在太大，就要考虑候选人与公司文化匹配的问题。

• **成长轨迹**：在筛选简历时，要了解候选人的职业发展轨迹。了解候选人目前的职业生涯是处于停滞期还是上升期，有助于了解他以什么样的心态来看待本公司给他提供的工作机会，也有助于招聘官推进招聘工作。

一般高绩效人才的简历会具备以下特征。

• **履历完整**：如果候选人愿意花时间整理简历，并且关注细节，那他一定是个认真的求职者。

• **结果导向/数据驱动**：如果候选人在进行工作描述时，不是单纯描述岗位职责,也比较少用描述性的字眼,而更多使用数字(如百分比、数字、金额等),表明他非常注重分析且是结果导向型人才。

• **团队和沟通**:如果候选人在简历中不仅展现了自己的能力,也表达了通过团队协作达到目标,表明他是一个注重团队协作的人。

三、出现这些情况,要特别标注

再优秀的候选人,其简历都难免掺水。有关调研表明,有40%的候选人会在薪资上作假,30%的候选人会在职位名称上作假,30%的候选人会在在职时间上作假。为了辨明真伪,在筛选简历的过程中,如果出现以下情况,招聘官要加以留意并标注出来,以便在后续的面试流程中加以验证。

• **不同平台呈现的信息存在差异**:候选人可能注册了多个招聘平台的账号,如果发现候选人在不同平台发布的简历信息不一致,招聘官要了解清楚究竟是这些信息不真实,还是候选人缺乏专业意识填错信息。

• **发现异常信息**:筛选简历的关键在于发现异常信息,比如年龄与毕业时间不符、工作时间与工作业绩不符、职位与工作内容等不符。当招聘官发现简历中有明显不合乎常理的地方,就需要好好甄别简历是否存在作假情况。

• **短暂的工作任期**:如果候选人的某一份工作只做了短短一段时间,招聘官要了解一下背后的原因,是职业定位的问题,还是工作能力的问题?抑或是人际关系的问题?

• **模糊的字眼**:"负责"与"参与""辅助""指导"的差别是非常

大的。后面这些词汇可能意味着候选人并没有真正参与项目,只是以某种方式为项目提供了帮助。

• **存在错别字**:如果简历中存在错别字、表述不通顺的语句,或是提供了打不开(或打开后是乱码)的附件,则表明候选人对细节缺乏关注。

第二节 简历筛选的检查清单

招聘官筛选简历时,可以参照表4-1逐一检查简历情况,然后参考表4-2对简历进行评分,挑选出合适的简历。

表4-1 简历筛选检查清单

维度	观察项	是	否	备注
整体印象	简历是否易于阅读(排版是否专业,内容是否有逻辑有条理,是否拥有清晰的职责描述及工作业绩描述)?			
	简历的排版、篇幅、字体、语言风格及个人信息是否与目前的职位等级及岗位要求相匹配?			
	简历中是否应用了加粗或下划线,引导浏览者关注重点信息?			
	简历中是否存在错别字或语法错误?			
个人简介	在个人简介中,申请者的求职意向是否包含目前应聘的岗位?			
	在个人简介中,申请者职业生涯的最高成就是否在简历中得以体现?			
	如果申请者当前求职目标与过往经历存在较大的差异,是否有足够的理由或细节说明他胜任新的工作?			

续表

维度	观察项	是	否	备注
教育经历	该申请者的教育程度（学历/毕业院校等）是否满足岗位需求？			
	该申请者各段学习经历的开始和结束时间是否符合基本逻辑？			
工作技能	该申请者所具备的工作技能能否满足应聘岗位的最低需求？			
	该申请者是否具备应聘岗位所需的加分项？该项能力的优先顺序如何？			
工作经历	该申请者是否有频繁跳槽（如每年跳槽1次）或长时间在同一家企业工作的经历（如工作8年以上）？			
	该申请者每段工作经历的衔接是否顺畅？如果存在断档，是否拥有合理的理由？			
	过往的工作业绩能否用量化的指标（数据、百分比或金额等）加以呈现？			
	岗位职责的表述是否清晰明确？职责表述中是否有主导性的行为动词？			
	过往的工作业绩是否与其当时的岗位职责相符？			
	该申请者的职业生涯发展是否有清晰的走势？是上升、停滞还是下滑？			
匹配度	住所与工作地点之间的交通是否方便？通勤时间是否过长？			
	过往工作企业的性质或体量是否与所应聘的岗位相似？			
	过往的工作职责与所应聘岗位是否具备重合度？申请者是否接触过与应聘岗位相关的工作？			

续表

维度	观察项	是	否	备注
匹配度	该申请者所应聘岗位的薪资待遇与过往的薪资待遇是否匹配？			
个人信息	该申请者是否有所应聘岗位不考虑的条件（如年龄、地域等）？			
	从该申请者的个人爱好或其他信息来看，他是否符合所应聘岗位的需求？			

填表说明：

本表提供了简历筛选的观察点。熟练的招聘官只需要依据这些观察点来进行简历筛选即可，实操时无须逐一与本表对应。

表4-2 简历评分表

关键筛选指标	指标1	指标2	指标3	指标4	评价	
					合计	是否约面
最低录用标准	3	3	3	3	12	
候选人1	2	1	3	2	8	×
候选人2	3	4	3	3	13	√
候选人3	4	5	5	2	16	√
候选人4	1	5	2	1	9	×

填表说明：

在进行简历评分之前，招聘官要先设定关键筛选指标的量化标准。将最优选择视为满分5分，然后对照最低标准，设置一个分值。参照这一比例来对候选人进行打分。例如，其中一个关键筛选指标要求候选人的工作经验最好是5年以上,最低也要有3年工作经验,如果满分是5分,最低条件是3分,某候选人有2年工作经验,则计2分,依此类推。

第五章

邀约候选人面试

获取到候选人的简历,只是招聘工作迈出的一小步。当我们筛选出一些看起来很合适的候选人后,还需要通过电话邀约,让候选人真正进入企业的招聘流程中来。只要候选人前来面试,他就有了加入本企业的可能性。

随着人才竞争日益激烈,优质候选人通常都会面临诸多选择。如何从众多竞争公司中脱颖而出,让彼此愿意花时间深入了解,是招聘官面临的一大挑战。

通过本章的内容,你将了解:

- 像销售一样展开面试邀约
- 面试邀约的常规话术及套路

第一节　像销售一样展开面试邀约

获取到候选人的简历后，接下来的工作就是邀请他们进入招聘流程。

无论获取的是主动投递的简历，还是被动搜索的简历，当招聘官拨通邀约电话后，都是在和一个"陌生人"对话。如何激发候选人对公司/职位的兴趣，如期前来面试，这是门学问——要知道，招聘官在招聘过程中被候选人爽约，大部分都集中在面试邀约阶段。

招聘官可以向销售业务员学习面试邀约的技巧——销售业务员通过电话向陌生客户预约，继而开展陌拜的难度，要远超招聘官的面试邀约难度，销售业务员的经验值得每一位招聘官借鉴。

一、了解即将邀约的候选人

陌拜是销售业务员必备的基本功。业务员并非是盲目选择拜访的对象，他们一般会根据客户的背景及购买能力进行筛选，研究客户需求，设定预约的优先级，然后再拨通预约电话。每位客户都存在需求，业务员要做的就是寻找需求，制造需求并解决需求。

面试邀约也是如此。不同性别、年龄、职业、职级的候选人的跳槽/求职动机是不同的，面对不同的工作机会，其意愿也有强有弱。成功的面试邀约，就是发现候选人的需求，进行有针对性的沟通，从而强化候选人接受面试的意愿。

所以即便筛选出一批合适的简历，也要根据候选人的不同属性（如年龄、职业、职级及简历来源等）进行分类或优先级排序，制定不同的沟通策略（如话术、沟通时间、沟通方式及频率等），以便更好地满足目标候选人的需求，推动他们进入招聘流程。

二、邀约话术的起承转合

很多成功的公司都形成了一套标准的销售流程及话术，这些经验也可为招聘官进行面试邀约提供借鉴。

- **破冰**：与候选人建立良好的关系，令其敞开心扉。
- **介绍**：简明扼要地介绍岗位及公司的情况。
- **探寻**：了解候选人目前状态和基本需求，探索其跳槽/求职动机。
- **过渡**：通过寻找共鸣点或者夸赞候选人，拉近彼此的距离，并唤起候选人的需求。
- **营销**：围绕候选人跳槽/求职动机，有针对性地推销公司/岗位，并及时处理候选人的反对意见。
- **截杀**：向候选人发起邀约，并运用特定的情境和话术，令候选人不好意思拒绝邀约。

在整个面试邀约的过程中，要时刻注意招聘官不是在推销一个工作机会，而是在满足候选人的需求。所以，面试邀约不是只通知候选人"某月某日某时到某地面试"，还要和候选人多沟通，获取更多有用的信息，把每一个接触点都变成信任点。

三、面试邀约前的准备

为了确保面试邀约工作顺利推进，在正式进行电话邀约之前，还需要做好相应的准备工作。

- **确定电话邀约的时间**：对待在职人群或待业人群，电话邀约的时间要因人而异。在正式谈话前，建议询问一句："请问现在您讲话方便吗？"以示对候选人的尊重。
- **熟悉候选人简历**：将即将邀约的候选人简历打印出来，认真阅读并熟悉简历，标注疑问点，以便邀约时核实并及时记录。

• **准备公司/职位介绍话术**：用简短的一段话，充分呈现职位的卖点和需求。举个例子："我们是一家工作地点设在北京（地点）的欧洲公司（外资），目前提供 Production Mgr（职位）机会，公司是行业内的 No.1（平台），职位是未来的 Factory Director 的 backup（职业发展），期望人选沟通能力强、干练、领导能力强、英文好（要求重在软能力）"。

• **准备反对意见的应对话术**：在面试邀约的过程中，候选人会提出各种各样的疑问，针对这些可能出现的疑问，事先要准备好应对话术，对候选人进行有效引导。

当然，面试邀约前最重要的是招聘官的心理建设。在面试邀约的过程中，可能会遇到各种意想不到的状况，招聘官要保持平和的心态，通过电话，时时刻刻向候选人展现真诚、自信和友善的一面。

电话邀约是一项熟能生巧的工作。通过大量的电话邀约，招聘官可以在成功和失败中总结经验，持续成长。就算没有邀约对象，招聘官也可以通过手机录音的方式练习邀约时的语速、语调及话术，通过反复练习找到问题，并及时解决问题。

四、让候选人无法拒绝的小技巧

为了提升面试邀约的成功率，招聘官还可以向销售业务员学习以下技巧。

• **以平等的姿态进行沟通**：在称呼候选人时，最好称呼他的职位名（如"×总"或"×先生/小姐"），在具体的沟通过程中，要将彼此摆在对等的位置上，平等地交流。招聘是双向选择，没有谁高人一等。

• **善用影响力中心**：在与客户第一次接触或进行产品推荐的过程中，销售业务员会借用对客户有影响力的人群的名义来拉近与客户的距离，增强说服力，让客户不好意思中断谈话或拒绝购买产品。在面试邀约的过程中，招聘官也可以活用这些技巧。例如，"你的老同事××非常推崇你的能力，认为这个机会能给你带来更大的发展空间，所以再三推荐我和你联络。"

●**保持真诚**：当候选人提出的问题比较尖锐时，招聘官无须纠缠和辩解，可以运用技巧性的回答将对话引导回邀约的主线上。记住，千万不可以撒谎，因为企业与候选人的互动是长期的，谎言总会有一天被揭穿。

●**面试时间二选一**：约定面试时间时，最好提供两个面试时间供候选人选择。如果两者都不合适，再征询候选人的意见。确定面试时间后，还要重复确认一次，并提醒候选人："如果行程有变动，请提前通知我。"

●**打造一个无法爽约的理由**：如果职位的吸引力不够，当面试时间与其他事项产生冲突时，候选人极有可能会爽约。为了避免发生这种情况，在邀约快要结束时，招聘官还要打造一个让候选人无法爽约的理由，如告诉他："我们总经理非常重视这个职位，为了和你见面，他专程从北京飞过来，所以请你务必在明天下午2点准时前来。"

●**持续跟进，拒绝意外**：电话沟通后，还需要给候选人发送一份正式的面试邀约短信或邮件。在面试的前一天及面试开始前，也要通过电话或短信的形式进行提醒，有必要的话，还可以加候选人的微信，保持联络。

●**进行复盘与统计分析**：挂断电话后，可以就候选人的基本情况及电话沟通中对方比较关注的问题，与用人部门进行沟通，以便后续进行更合理的面试安排。招聘官也可以制作一份面试邀约统计表，记录候选人的姓名、联系方式、沟通内容、是否参加面试等情况，对缺席的候选人还要做好回访工作，询问原因。长此以往，会积累一些数据，通过数据分析发现规律、总结经验，帮助招聘官进一步提高面试邀约的效率和成功率。

对于每个招聘官来说,面试邀约都是招聘工作必须经历的过程,是招聘官与候选人的第一次接触。是否能够成功邀请候选人前来面试,很大程度上取决于招聘官在这项工作上倾注了多少热情和心血。我们所付出的努力,候选人都能够感知到。

第二节 面试邀约的常规话术及套路

招聘官可利用以下沟通话术对候选人展开邀约,从而更容易达到成功邀约候选人面试的目的。

一、了解

了解候选人目前的状态,获取候选人的基本需求,探索其跳槽/求职动机。

- 职位级别:您现在是什么职位?您倾向获得什么职位的工作?
- 薪酬要求:您现在薪酬是多少?期望薪酬是多少?
- 地域/交通要求: 您住哪里?期望在哪个城市或哪个区域工作?您一般怎么上下班(公共交通还是自驾)?
- 环境要求:您对办公环境有要求吗?
- 离职原因:什么原因让您决定寻找新的机会呢?
- 能力方向:您在现有职位上的主要竞争优势是什么?

二、过渡

通过寻找共鸣点或者夸赞候选人,拉近彼此的距离,并唤起候选人的需求。

- **物质要素认知**

例如：

• 您这样做是对的，薪酬是反映企业规模或企业对岗位重视程度的关键指标。

• 确实，您工作了这么多年，职位还一直在这个维度上，有必要给自己找一个提升的机会。

• 这是没错的，总是在一个单一的领域工作，见识会越来越窄的。

- **文化要素认知**

例如：

• 您能忍耐到现在，也确实是不容易的。

• 您的选择是对的，上下级的关系，对工作绩效的影响真的很大。

• 不不，这不是您的问题，在我看来确实是文化和价值观匹配度的问题。

三、营销

围绕候选人跳槽/求职动机，有针对性地推销公司/岗位，并及时处理候选人的反对意见。

例如：

• 您住在××小区太合适了，与我们公司只隔两条马路。

• 我们这个岗位最大的优势就是没有领导，项目独立操作，直接向甲方交付，在项目里，您就是自己的老板。

• 我们这个岗位的薪酬标准是在您的期望之上的。

• 这个岗位是T8级别的，相当于副总监，属于高层管理职位，现在有4个下属，未来最多能增加到8人。

• 我们公司最大的优势就是权力下放，您知道海底捞吧？我们对员工的授权仅比他们差一点点而已。

四、截杀

向候选人发起面试邀请,并运用特定的情境和话术,令其不好意思拒绝邀约。

例如:

- 我们的总监基本都在总部,本周三到周五刚好会来××城市,我想跟您约在这个时间段面试,因为不知道总监下次要什么时候才能再到这里。
- 我们约了一个候选人明天上午来面试,但是他的履历可能跟您比还差一点,如果您时间允许,我们也约在明天上午?
- 这个项目组的岗位空缺仅剩这一个了,如果您有意向请务必明天来面试。

邀约完成后,要将邀约信息记录在案,记录方式如表5-1所示,以便了解候选人在招聘流程中的进度。

表5-1 面试邀约统计表

候选人信息				应聘岗位		邀约情况			备注	面试情况				
姓名	联系方式	邮箱	来源	岗位名称	所属部门	沟通时间	约面时间	是否到面		是否一面	是否二面	是否终面	是否录用	评价

填表说明：

此表可作为后续招聘数据分析的依据。

在正式面试之前，要按照以下步骤持续跟进候选人，确保面试邀约的成功率。

1.了解面试官和候选人的时间安排规律

了解面试官和候选人的时间安排规律，有助于协调面试时间，确保面试顺利进行。

2.提供两个时间段以供选择

为面试的时间多提供一个选择，避免与候选人的其他事务冲突。

3.获取除手机号码之外的其他联系方式

当打不通电话时，可以通过短信、邮件等方式通知候选人。

4.至少提前一天通知

根据候选人的工作规律，选择合适的时间拨打邀约电话。一般建议在 9:30～11:30、15:00～17:00 或是 18:00～20:00 进行邀约。电话邀约完，还要给候选人发送正式的邀约短信或邀约邮件。

5.提前 4 小时追踪

提醒候选人即将有面试，关心候选人的出行，并提供适当的建议。

6.提前 15 分钟确认

确认候选人是否已经前来面试，并做好相应的面试准备工作。

范例	邀约邮件

××先生/女士，根据我们的约定，面试信息如下，请回复确认。

- 职位：××化学贸易市场分析专员
- 面试时间：2020 年 10 月 12 日（周一），上午 10:00

- 地址：上海市徐汇区中山南二路××号，徐汇苑大厦（在内环高架的东南侧，万体馆对面，28层的大楼）××层××室。地铁11号线上海游泳馆站2号出口，向东北方向步行100米
- 面试人：××女士，市场总监；××先生，高级销售经理。两位分开单独面试
- 流程：60分钟笔试/测试，两轮面试约100分钟，参观办公室20分钟，总计约3小时

着装请稍正式，如果有事不能参加面试，请务必提前通知我，谢谢！

××，招聘专员

第六章 面试前用心准备

当候选人进入面试流程，就开启了双方的深度接触和互相了解之旅。面试的过程就是挖掘候选人信息的过程，只有对候选人的了解更加全面，才能作出更加精准的录用决策。

当然，要在短短几轮面试中掌握到很多有价值的信息并不是件容易的事情。高效的面试流程建立在招聘官对岗位及招聘标准充分了解的基础之上。

此外，在面试前做好准备，为候选人提供良好的面试体验，同样至关重要。大部分的候选人会因为面试体验不佳而放弃工作机会。

通过本章的内容，你将了解：

- 重新认识面试
- 选择面试方法
- 组建面试团队
- 设计面试流程
- 开发面试问题
- 面试前的准备清单

第一节 重新认识面试

所有公司的招聘流程中，面试都是不可或缺的环节。很难想象，没有经过面试就轻易录用一个人——这要冒多大风险！

身处招聘流程末端，面试是招聘决策最重要的参考依据之一。招聘官都期望通过面试作出正确的招聘决策，帮助公司招聘到合适的人才。可是，在招聘流程中，面试也是最容易被忽视的一环——好像谁都懂面试，谁都可以做面试官，谁都有能力挑选到对的人。

招聘官总是将更多的精力和资源投入在渠道或技术上，却没有用心提高面试能力。无论在招聘流程的其他方面投入多大，如果招聘的人不适合公司岗位，不仅之前所付出的时间和金钱都"打水漂了"，还会令企业的业务停滞，对整个团队的氛围造成负面影响。

因此，要想招聘更高效，面试必须精准有效。无论从意识上，还是行动上，招聘官都要把面试放在最重要的位置——它是整个招聘流程中最值得投入，也是投入产出比最高的环节。

一、为什么要组织面试？

那么，该如何进行一场精准而有效的面试呢？在回答这个问题之前，招聘官要先弄清楚组织面试要达成什么样的目的。

通俗地说，组织面试是为了深入地收集目标候选人的信息，以此来解决企业和用人部门心中的几大疑惑。

- 候选人是否胜任这份工作？
- 候选人愿不愿意接受这份工作？
- 候选人能在这里工作多久？

换言之，企业期望通过面试来了解候选人的能力匹配、动机匹配和文化匹配，从而预测他是否能在新的环境下取得成功。

要想做到这一点，关键不在于候选人以前的工作成绩，而在于企业是否有清晰的招聘标准，并且能否准确深入地了解到候选人过去/现在的真实表现。

所以，在面试开始之前，必须了解岗位是为了解决业务上的哪些问题，并确定岗位的录用标准，明确候选人胜任的必备项和加分项。从这些条件中，挑选出需要了解和考核的项，然后选择最合适的方式，让候选人证明他具备岗位所需的能力和素质——面试就是测评和考核的手段之一。

面试时，建议尽量少考核一般项（比如团队合作精神、自我管理能力等），更多关注在特定环境下能影响业务的要素，这样可提高面试的效率，更好地预测候选人在未来的工作中能否获得成功。

二、如何让面试更成功？

以往进行面试，招聘部门更关注候选人是否胜任这份工作，也就是候选人的能力匹配。考查能力匹配，更多是通过候选人过往的业绩来判断。但是候选人换了一个新的工作环境，过往成绩不一定能随之迁移。所以，要想招聘到合适的候选人，还需要考查他的文化匹配——一方面要客观审视企业的工作环境，另一方面要了解候选人在过去是如何获得成功的，通过探索候选人的偏好及价值观，判断他能否适应新环境。

除此之外，如果候选人对企业提供的工作机会不感兴趣，招聘也会有失败的风险。面试提供了双方相互了解的机会，招聘官一方面要挖掘候选人的求职动机，另一方面也要利用面试进行企业/岗位的营销，提升候选人对此工作机会的兴趣，最终促成双方的合作。

成功的面试至少要做好以下两件事情。

- 找对面试方法，验证候选人提供的信息的真实性，找到理想的候选人。

- 提供良好的面试体验,做好公司/岗位的"面销",激发目标候选人对工作机会的兴趣。

所以,面试形式虽然只是聊聊天,但是想要做好却没那么简单。尤其当企业所面对的候选人越来越精明且挑剔,留给企业获取信息并作出判断的时间有限时,想要做好面试更是难上加难。

对于面试,招聘官不能懈怠或心存侥幸,只有做到精心设计、充分准备,并让最适合的人去执行,才有可能收获满意的结果。

第二节 选择面试方法

工作分析是人才测评的基础。只有清楚招聘候选人是为了完成哪些关键任务,完成这些关键任务需要具备哪些核心胜任能力,才知道如何去评估并筛选候选人。

基于这一点,市面上有两类测评工具,一类是以能力为导向的测评工具,主要评估候选人的核心胜任能力(知识、技能和素质),比如笔试、面试、人格测验、体检等;另一类是以任务为导向的测评工具,将候选人置于某种特定的情境中,观察其是否具备解决问题的能力,比如评价中心技术、工作样本测试、管理游戏等常见的人才测评工具,如表6-1所示。

表6-1 常见人才测评工具

维度	测评方法	有效性	负面影响	开发成本	管理成本	人选反应
能力导向	认知能力测验	高	高	低	低	有点认同

续表

维度	测评方法	有效性	负面影响	开发成本	管理成本	人选反应
能力导向	工作知识测验	高	高	低	低	很认同
	人格测验	低-中	低	低	低	不太认同
	个人经历数据	中	低-高	高	低	不太认同
	诚信测验	中-高	低	低	低	不太认同
	结构化面试	高	低	高	高	很认同
	体质测试	中-高	高	高	高	很认同
任务导向	情境测试	中	中	高	低	很认同
	工作样本测试	高	低	高	高	很认同
	评价中心	中-高	低-中	高	高	很认同
	体能测试	中-高	高	高	高	很认同

面试的测评手段，根据参与人数、面试规划、测评的能力类型、面试场景/工具及面试目的的不同，可以划分出很多不同的类型，具体如表6-2所示。

表6-2 常见面试类型

维度	类型	描述	适用岗位
基于面试参与人数	一对一面试	最常见的面试形式。面试官提问，候选人针对问题进行回答，招聘官要根据回答来判断候选人是否胜任该岗位	均可
	小组面试	多个候选人围绕一个主题进行讨论，招聘官通过观察候选人在讨论中的表现，综合评价各候选人	校园招聘
	多对一面试	由不同专业的人士组成面试小组，共同对候选人进行考核，以此降低错误招聘的风险	中高管
基于对面试的规划	结构化面试	面试官提出的问题都设置好了评价标准，以便能公正地评估候选人的能力	均可
	非结构化面试	面试官问的问题不局限于固定的规则和框架，可以与候选人讨论各种话题	中高管

续表

维度	类型	描述	适用岗位
基于对候选人能力的判断	行为面试	面试官会询问候选人的工作经历，以及面对特定情况是如何处理的，通过候选人过去的经验来预测他未来的表现	管理岗位
	任务导向面试	要求候选人去解决问题，以展示其分析能力、创造力及解决问题的能力	IT工程师
	压力面试	观察候选人在压力环境下的反应，评估他是否能在工作中处理紧急事件	银行岗位
基于面试的工具	电话面试	在面试前，通过电话对候选人进行筛选	初级岗位
	视频面试	对于异地或时间无法协调一致的候选人，通过在线视频的方式进行面试	中级岗位
	现场面试	在招聘会现场，与候选人进行简短聊天，判断是否需要进行下一步面试	校园招聘
	午餐面试	在午餐或茶会等非正式的环境中面试候选人	时尚职位

在招聘过程中，招聘官一般会基于以下几点，来决定选择何种测评工具或面试方法。

- 岗位的层级。
- 某项能力素质对完成工作的重要程度。
- 采用该项测评方法所需投入的时间和精力。
- 当下可以利用的资源。
- 预算。
- 测评人员所需要具备的知识、技能和素质。
- 公平性的问题，是否会歧视某些特殊群体。
- 公司的风格。

例如，招募高管或公司文化比较开放自由，就不太适合采用结构化面试；招募大批量人员，就不太适合采用一对一面试；资源和体量都比较小的公司就不太适合运用评价中心技术。

常见人才测评工具及应用场景如表 6-3 所示。

表6-3 常见的人才测评工具及应用场景

类别	测评方式	说明	测评内容	应用场景
笔试	传统笔试	以填写试题问卷的方法考核候选人的知识水平	专业知识、综合知识、社会知识、外语水平	大规模员工招聘
心理测验	人格测验	对候选人对待客观事物的态度及习惯化的行为进行测试	性格特征、心理健康	均可
心理测验	能力倾向测验	对候选人完成特定任务的能力进行测试	一般能力、创造力、行政职业能力、管理能力	均可
心理测验	工作动机测验	对候选人的价值理念与驱动其产生各种行为的因素进行测试	内在动机、外在动机	均可
心理测验	职业兴趣测验	对候选人的兴趣、职业适应性进行测验，以判断其对某种类型工作的适应程度	职业兴趣、适应性	均可
心理测验	情商测验	测试候选人对自我情绪的识别、理解和调节能力及处理人际关系的能力	自我意识、自我管理、社会意识、关系管理	均可
面试	行为面试	通过要求候选人描述其过去某个工作或生活经历的具体情况，来了解候选人各方面的素质特征	知识、经验、个性、能力、价值观、求职动机、胜任力素质	对外部人才的招聘测评
面试	情景面试	通过对岗位进行分析，确定工作情景，以此为依据设计一系列的问题，要求候选人给出问题的答案	知识、经验、个性、能力、价值观、求职动机、胜任力素质	对内部人才的选拔测评
面试	压力面试	有意制造紧张氛围，了解候选人如何面对工作压力	应变能力、人际交往能力	中高管、销售招聘

续表

类别	测评方式	说明	测评内容	应用场景
评价中心	无领导小组讨论	将多名候选人组成临时小组，围绕某一特定主题展开讨论，以此观察候选人各方面的能力	组织协调能力、语言表达能力、情绪稳定性、人际关系处理能力	校园招聘
	角色扮演	将候选人安排在模拟的、逼真的工作环境中，要求其处理可能出现的各种问题	心理素质、决策能力、领导能力	中高管、销售招聘
	公文筐测试	将候选人置于特定的职位或模拟环境中，要求候选人在规定的时间和条件下处理完相关公文，并陈述理由	计划、组织、授权、决策及问题解决能力	中高管招聘
	管理游戏	模拟公司经营，提出一些管理中常遇到的现实问题，要求候选人想方设法加以解决	问题解决能力、应变能力、人际交往能力	中高管招聘
其他形式	360度评估	由与候选人有密切工作关系的人（如上级、下级、平级等）对其进行评价	核心素质、领导能力和领导风格	中高管招聘
	工作样本测试	要求候选人在实际工作岗位上处理该项工作涉及的事务，根据其工作表现给出评价	动手操作能力、口头表达能力	偏操作性岗位招聘

每种测评工具都各有优势，单独使用某一种测评工具未必能够完全满足企业需求。因此，测评工具和面试方法要根据公司的实际情况选择，实现优势互补、灵活组合。不同类型人员适用的测评工具可参考表6-4。

表6-4 不同类型人员的测评组合

测评对象	测评方法	测评内容
高级管理人员	非结构化面试、演讲	工作态度和工作动机、控制能力与情绪稳定性、综合分析能力与组织协调能力、兴趣与爱好、专业知识技能、价值观和责任感

续表

测评对象	测评方法	测评内容
中级管理人员	笔试、公文筐、无领导小组讨论、结构化面试	逻辑严密性、工作态度和工作动机、人际交往能力、控制能力与情绪稳定性、综合分析能力和组织协调能力、兴趣与爱好、专业知识技能、理想抱负、价值观念、群体观念、责任感和判断推理能力
营销人员	结构化面试、笔试、无领导小组讨论、案例分析、角色扮演、演讲	语言表达能力、反应能力、思维敏捷性、逻辑严密性、想象力、工作态度和工作动机、人际交往能力、社会适应能力、控制能力与情绪稳定性、兴趣爱好、专业知识技能、理想和抱负、价值观念、群体观念、责任感和判断推理能力
技术人员	结构化面试、笔试、案例分析法、角色扮演	逻辑严密性、工作态度和工作动机、控制能力与情绪稳定性、专业知识技能、价值观念、责任感和判断推理能力
专业人员	结构化面试、笔试、角色扮演	语言表达能力、逻辑严密性、工作态度和工作动机、人际交往能力、兴趣与爱好、专业知识技能、理想抱负、价值观念、群体观念、责任感和判断推理能力
工勤人员	结构化面试、笔试、角色扮演	工作态度和工作动机、专业知识技能和责任感

测评工具的选择，也影响着招聘官对面试流程的设计。在筛选简历时，招聘官已经根据胜任岗位的必备项（关键筛选标准）进行了初步筛选。当候选人进入面试流程后，招聘官一方面需要对胜任岗位的必备项进行验证，另一方面也要考查一下候选人的其他加分项（如胜任力），以便选拔出最优秀的候选人。

在这里要提一下胜任力。胜任力一般用于区分绩效好的员工和绩效一般的员工。在设计面试流程时，对胜任力的考核通常会置于对专业知识、专业技能的考核之后，但是本书建议将胜任力的测评前置，这样才有可能"优中选优"。如果候选人的专业能力都过关，但是最终胜任力测评不合格，也很难说企业是否招到了对的人。

第三节 组建面试团队

确定了测评的内容及方法后,接下来就要确定进行测评的人——面试官。

一、招对人的关键在于面试官

很多公司并不太在乎面试官是谁——似乎公司里的每一个人都可以做面试官。其实面试官比测评工具重要得多,选择的测评工具再好,如果缺少专业的面试官,这些测评工具也无法发挥其应有的作用。

以前招聘通常要经过很多轮面试,因为招聘决策者众多,所以某个面试官是否专业就显得不那么重要。但是如今,人才竞争越发激烈,每个公司的招聘工作都在求快,面试流程也都在"做减法"。有些岗位要求在1天内完成面试,这一天中可能要面试2~3轮。在这种情况下,整个面试流程往往只需要3~4名面试官,每个面试官都把守着候选人能力测评的一道关卡,不容有失。

不专业的面试官,轻则会招错人,重则会损害公司的雇主品牌形象。有太多的面试官过度依赖第一印象,或通过某一技能狭隘地判断候选人的整体能力,而将更优秀的候选人拒之门外。所以在挑选这些面试"把关者"时,要慎之又慎。

二、不是所有人都能胜任面试官

通常,面试官需要从以下人群中挑选。

- **招聘官**:招聘官与候选人接触最多,也是候选人在公司里最为信任的人。招聘官通常很了解候选人的工作经历、对本公司的了解及对薪酬的期望,以确保候选人是否就是公司想找的目标候选人。

- **用人部门经理**：用人部门经理更了解为什么要招聘这个岗位，以及这个岗位要做什么。用人部门经理可以利用自己的专业知识，更深入地了解候选人是否具备岗位所需的知识、技能、素质。
- **未来团队的成员**：相对而言，团队成员没有用人部门经理那么了解空缺岗位，如果他们担任面试官，招聘官有必要为他们提供面试问题列表及评价标准，避免他们被一些不重要的信息吸引，从而作出错误的评估。
- **其他团队的同事**：团队的文化与整个公司的文化可能会有些差异，安排候选人与相关团队的同事共进午餐，以此来了解候选人的个性、团队协作能力及是否拥有共同的价值观。
- **高管**：对于特别优秀的候选人，公司会期望他做出超出岗位需求的贡献。安排高管面试，问题不一定要聚焦在岗位需求上，也可以谈谈公司的愿景，同时了解候选人的职业抱负，为他提供与公司发展需求相符的职业规划。

具体选择什么样的人来担任面试官，要视测评的内容及面试流程而定。

要建立好面试官的筛选标准及回避原则（筛选标准见表6-5），让真正合适的面试官进入面试流程。通常建议选择公司里最优秀的员工代表来担任面试官——他们善于表达，专注于自己的角色，做出了成绩且热爱自己的工作。

表6-5 面试官筛选标准

维度	要求
职级级别	●高级主管及以上职位 ●核心技术骨干

续表

维度	要求
工作经验	• 总监及以上：试用期结束后 • 高级经理级别：工作满半年 • 高级主管及经理级别：工作满一年 • 专业技术骨干：工作满半年
专业/管理水平	• 具备项目核心成员/领导者相当专业水平 • 具备高级经理及以上管理水平
其他	• 了解公司人力资源战略及基本人力资源政策 • 熟悉公司相关制度 • 熟悉企业文化，认同企业使命和价值观 • 较好的职业素养，尊重人才，公平公正

填表说明：

面试官的选择主要考虑职级职别、工作经验、专业/管理水平及对企业文化的认同度等维度。

在面试流程中，面试官代表着公司的形象。通过面试官所传递出来的信息，候选人能窥探出公司的企业文化、价值观及员工素质。而这些信息，将会增强或削弱候选人的求职意愿。如果想要吸引并转化优秀的人才，最好选择同样优秀的面试官来面试他们。

三、建立专业化的面试团队

如果有条件，建议多储备面试官人选。填补一个空缺岗位常需要面试很多候选人，在这个过程中，难免会出现时间冲突的问题。如果候选人如期到访，但是面试官却因故无法开展面试，将会为候选人带来非常糟糕的面试体验。

不同的面试官对候选人能力的判断很容易出现差异。为了让所有面试官都能够在一致的标准下进行面试，建议将面试流程及面试问题结构化，也就是让每轮面试都有各自测评的重心、面试问题和评分标准。如果按照一致的规范来开展面试，不仅可以避免评估上出现过大的差异，也可以避免不同轮次的面试官问重复或无效的问题。

不过，要在短短几十分钟内，通过候选人对过往业绩的陈述，挖掘出他的真实工作能力，并不是一件容易的事情。并不是该领域的行家里手就一定能够胜任面试官并能够作出科学且精准的判断。

为此，建议在公司内部搭建面试官的培训体系和评估体系，提升面试官的专业化水平，确保每一个面试官在面试时都知道该谈什么、不该谈什么、怎么谈、如何避免偏见、如何作出客观评价及相关注意事项，让面试始终走在正确的轨道上，面试官的考核评分如表6-6所示。

表6-6 面试官考核评分表

姓名			部门		岗位		
维度	权重	描述				评分	合计
控场能力	20%	面试时间和氛围掌控良好，具有亲和力，逻辑严谨，职业性强	能按照标准话术开场且无重大遗漏，结束时感谢候选人，并详尽告知候选人后续安排				
			引导或礼貌地适时打断候选人，以保证谈话聚焦在工作相关的信息上				
提问能力	20%	能够依据素质项进行精准清晰的发问	能够根据候选人简历并结合能力素质模型（或关键筛选标准）提出有针对性的问题，避免提出与能力维度无关的或假设性的问题				
			完成所有能力素质（至少是关键能力素质）的信息收集				
追问能力	30%	能够把握好追问深度，挖掘到面试者真实、有价值的信息	能针对候选人给出的不完整的表述进行更具体的追问，收集到足够完整的信息				
			能够将所收集到的信息进行归纳总结，对候选人是否胜任作出准确判断				

续表

职业化	10%	展示面试官的职业形象及沟通影响力	着职业装，干净整洁，给人干练的感觉	
			口齿清晰，语速自然，肢体语言不夸张，待人彬彬有礼	
			在面试过程中，不对候选人的观点和表现作出负面评价	
			在面试过程中，不接电话，不看电脑，无其他不职业的表现	
面试体验	10%	构建良好的面试氛围，引导候选人积极地参与面试沟通	通过寒暄建立良好的开场氛围	
			对候选人表达出来的感受，无论正面负面，都给予善意的回应	
			询问负面信息时，要将对候选人的影响降到最低	
			仔细聆听，避免生硬地打断候选人说话	
品牌宣传	10%	有意识地在面试的过程中宣传公司或职位的优势/竞争力	针对候选人提出的问题或关注的问题，适时抓住关键环节，进行公司/职位的宣传	
总结评价				
认证结果	□ 通过 □ 不通过 认证官签名： 日期：			

填表说明：

面试官认证通常需要组织一场面试演练，根据面试官的实际表现进行考评打分。建议从面试能力（控场／提问／追问）、职业化、面试体验和品牌宣传等维度对面试官进行考核，单项5分为满分，评分标准：优秀5分；良好4分；合格3分；一般2分；差1分。

第四节　设计面试流程

大多数公司的招聘会通过简历筛选、面试和背景调查3个环节来评估候选人。其中，面试占据了非常重要的地位。

企业都期望通过面试去挖掘候选人在简历上无法体现的信息，甄别出合适的人选，但是经常事与愿违。

为什么会这样？抛开面试工具本身的信度和效度及面试官的识人能力不谈，在面试过程中还经常存在以下问题。

- **面试官自身的偏见**。面试官自身的阅历、年龄、性别及接受面试培训的程度，都会影响他对候选人能力的判断。
- **面试问题的可预测性**。一般性的面试问题都能在书上或网上找到标准答案，但这些答案是否与候选人的真实情况一致，却不得而知。
- **没有书面记录**。很多面试官在面试时不喜欢记录重点信息，在面试评价时全凭个人印象。
- **主观上的淘汰因素**。当候选人的某一方面不符合面试官心目中的某项标准时，就会过早地被面试官划进淘汰名单中。
- **其他的外部因素**。面试的时间、面试的场所、参与面试的顺序都会影响到面试官对候选人的判断。

很多人都说"面试是随机的艺术"，我们不能总是将识人的精准度寄托在面试官个人的经验和直觉之上，面试必须更加客观、更加科学。

做到这一点的关键是尽可能将面试流程和面试问题结构化。在面试流程中，如果每个候选人都面对相似的问题和评价标准，企业就可以得到全部候选人的相关数据。基于这些数据，就能作出相对客观科学的判断，从而避免从主观上认定高分候选人。

一、将面试流程结构化

招聘官可以按照以下步骤,来构建一个结构化的面试流程。

- **明确录用标准**。明确招募这名新员工是为了解决什么问题,公司对他的预期和目标是什么,他需要具备哪些能力和素质,这些能力和素质的优先次序是怎样的。

- **基于录用标准,选择测评工具和面试团队**。面试并非唯一的测评手段,不同的能力和素质的验证方法也各不相同。招聘官可以和用人部门经理一起协商,确定测评的工具及面试官人选。

- **基于录用标准和面试方法,开发面试问题**。建议尽可能采用结构化面试法,以便设计统一的评价标准来评估候选人的表现。开发面试问题的同时,最好也设定每个问题的评分标准。

- **规划面试流程、面试团队及面试问题**。常见的面试流程参见表6-7。一般最先进行笔试(知识/技能测验或人格测验),再进行文化匹配和胜任素质的评估(由招聘官执行),然后进行专业技能及问题解决能力的评估(由用人部门执行)。高端职位或特别优秀的候选人可安排高管进行面试。考查候选人不同的能力素质时需要由不同的面试官来负责,可以剔除不必要的面试环节,缩短面试时间,扩大面试的覆盖面,提升候选人的面试体验。

- **按照面试流程规划展开面试**。在进行面试前,面试官要仔细阅读候选人的简历,面试开始时,面试官要明确告知候选人面试的目的及内容,先询问阅读简历时的疑问,然后询问准备好的结构化问题。在此过程中,面试官要注意倾听并记录下候选人提供的重要信息,问题问完就结束面试。面试结束前,允许候选人提出其他问题,并告知其招聘流程的下一步内容。

- **基于评分标准，对候选人进行客观的评价。**建议面试官要及时记录候选人的重要信息，并根据录用标准对候选人进行打分。
- **整理面试评价，做出录用决策。**一般会将综合分值最高的 2~3 位候选人纳入最终候选人名单，与候选人协商薪酬福利，并对候选人进行背景调查，录用和公司岗位要求最接近的候选人。

表6-7 常见的招聘甄选流程

步骤	内容	责任人
简历初筛	根据岗位关键筛选标准筛选合适的简历	招聘部门
名单确认	根据岗位关键筛选标准对挑选出来的简历进行进一步确认	用人部门
面试邀约	对确认后的名单展开邀约，在邀约的过程中可确认候选人简历中的相关信息，明确求职意向	招聘部门
笔试（如有）	围绕岗位所需的知识、技能对候选人进行测试	用人部门
文化匹配	对候选人简历中的相关信息进行确认，同时了解候选人的个性特征、价值观及求职动机是否与企业文化和岗位需求相匹配	招聘部门
小组面试（如有）	组织部门同事和利益相关方对候选人展开小组面试，考查候选人是否适合团队工作，以及候选人的能力是否能满足团队需求	用人部门
用人部门1对1面试	用人部门经理对候选人的关键筛选条件及胜任力进行进一步的评估，了解其特点及工作风格，评估其未来的职业发展。在这个过程中候选人也会对用人部门经理的管理风格及未来工作的期望有初步了解	用人部门
高管面试	分管领导对候选人的综合能力进行评估，并作出最终的录用决策。在这个过程中，高管也会从企业发展战略层面与候选人沟通对岗位的预期	高管
薪酬谈判	告知候选人录用意向，了解候选人的薪酬预期，进行讨价还价	招聘部门

续表

步骤	内容	责任人
背景调查	在候选人授权的前提下,对其学习经历、工作经历等关键信息进行核实	招聘部门
发送录用通知	向候选人发送录用通知,明确录用意向	招聘部门

二、以候选人为本优化面试体验

公司通过面试来甄选合适的候选人,候选人也同样通过面试近距离观察该公司是不是他未来想要加入的。要想赢得目标候选人的肯定,面试流程中的候选人体验相当关键。

在面试流程中,经常会出现以下问题。

• **面试安排效率低下**。面试安排或面试时间变来变去,或者候选人要等好久才能轮到面试。

• **缺乏足够人性化的互动**。整场面试下来,让候选人觉得有距离感,没温度。

• **通用的信息**。一个消息模板发给所有候选人。

• **两轮面试之间间隔时间太长**。两轮面试间隔1~2个星期,并且很少向候选人提供面试反馈。

• **用人部门经理面试经验不足**。面试官没有掌握任何面试技巧,或是面试前无任何准备,整场面试就是漫无目的地聊天。

• **招聘决策太慢**。等公司发出录用通知,候选人已经接受了其他公司的录用邀请。

如果面试流程出现了以上这些问题,就很难收获到好的面试效果。

故而在设计面试流程的时候,招聘官还要从候选人的角度出发,考虑以下几个问题。

- 企业招募的目标候选人是谁？
- 目标候选人有什么样的需求？
- 企业期望目标候选人在面试流程中有什么样的体验？
- 企业有哪些资源/系统可以打动目标候选人？
- 哪些面试流程/环节可以更有效率？
- 是否有能力/资源可以为面试流程中的每一个人提供良好的面试体验？

例如，如果面试团队的反馈时间比较长，是否可以在面试结束后安排一个5~10分钟的决策会议，让所有参与的面试官讨论汇总面试评价？

绘制好候选人面试流程图后，要让所有的面试参与者（招聘官、用人部门经理、面试团队、前台接待人员等）都能一起来讨论这一流程是否合理，确保大家可以达成共识，使面试流程能够真正落地。

三、持续跟踪，实现流程迭代

理想中的面试，是让面试官和候选人都感到放松舒适。虽然面试甄选是严肃的，但是双方的互动过程是轻松愉悦的。一方面，候选人可以在没有压力的环境下尽情地展示自己；另一方面，候选人也可以通过面试互动，感受到公司的文化魅力。

理想中的面试，也是个性化的、透明公开的。无论候选人是否足够出色，他都是一个独特的个体，理应被重视、被尊重。我们要尊重候选人的时间，提前沟通流程，并提醒他们可能或已经出现的任何变化。如果企业给予候选人足够的重视和尊重，候选人也会增加对企业的好感。

面试是企业与候选人的一次近距离接触，即便最终没有成为同事，也并不意味着双方关系终结：候选人有可能成为公司的客户、未来空缺职位的候选人、未来空缺职位的推荐者……总之，良好的面试流程和体验，会带来很多的可能性，这也是招聘官需要努力去设计最有效、最有温度的面试流程的原因之一。

面试流程是否有缺点是要经过实践检验的。在面试结束时，一定要为候选人提供一份匿名的《面试体验在线调研表》，如表6-8所示，收集他们的意见，以便持续优化面试流程。

表6-8 面试体验在线调研表

1	您应聘的职位是_____
2	您对招聘人员为您提供的面试邀请和指引（电话、短信/邮件）是否满意？ □满意 □一般 □不满意 请说明：_____
3	您对接待人员的接待过程是否满意？ □满意 □一般 □不满意 请说明：_____
4	您对本次面试时间及面试环境的安排是否满意？ □满意 □一般 □不满意 请说明：_____
5	在面试邀请和接待的过程中，您是否感受到了被尊重？ □是 □一般 □否 请说明：_____
6	面试官是否准时到达面试室？ □是 □否，有合理解释 □否，无合理解释
7	您对与面试官的互动（面试官仪容仪表、专业度、解答问题的清晰度等）是否满意？ □满意 □一般 □不满意 请说明：_____
8	您认为本场面试的时长是否合理？ □合理 □一般 □不合理 请说明：_____
9	经过面试，您是否更加了解所应聘的岗位的职责及我公司情况？ □是 □一般 □否 请说明：_____
10	面试过程中让您觉得最满意或最喜欢的地方是什么？ _____
11	您认为我公司的面试还有哪些地方需要改善？ _____ _____

续表

12	经过面试,您是否愿意以后重新申请我公司职位? □ 愿意 □ 一般 □ 不愿意 请说明:＿＿＿＿＿
13	经过面试,您是否愿意推荐朋友申请我公司职位? □ 愿意 □ 一般 □ 不愿意 请说明:＿＿＿＿＿
14	如果用10分制进行评分,10分为满意,0分为不满意,您给此次面试的体验打多少分?

第五节 开发面试问题

一、面试问题开发的依据

经过工作分析,我们了解到胜任一项工作需要很多条件,包含行业和专业的经验、技术和能力、知识结构、个性素质及特别要求等。在短短40分钟左右的面试里,很难对所有的条件都一一进行甄别,故而必须进一步缩小范围,挑选出核心的能力素质作为面试评测的重点。

这时候,招聘官需要问自己以下两个问题。

● 哪些项是入职后可以培训学习的?哪些项是入职后开展工作必不可少的?

● 这些项目是偏技术性的知识多一些,还是偏胜任素质多一些?

并不是候选人的所有条件都需要利用面试来进行甄别。例如,岗位要求候选人"精通Photoshop、Dreamweaver等软件",这些能力可以通过简历中的描述及候选人所提供的案例进行了解,也可以安排候选人上机实操,了解他们的技能熟练程度。但是,如果岗位要求候选人"执行力强,有极强的责任心和服务意识",招聘官就很难通过简历或案例来进行甄别了,这时候就需要进行面试。

所以,面试中测评的内容必须是入职后开展工作必不可少的,且是偏胜任素质多一些的条件。把这些能力素质罗列出来,然后按照重要性进行优先级排序,并依据这些内容进行面试问题的开发。

二、面试问题的种类

依据问题的价值及通过面试获取到的信息,面试问题可以分为以下类别。

1. 经验/活动类问题

这类问题主要是了解候选人过往有过什么经验或做过什么事情,它的假设前提是"经验等于优秀"——候选人过去做过这些事情,现在也能做得很好。显然,用这种问题来预测候选人未来的工作表现是没有说服力的。

举例如下。

"你过去在这个岗位上是怎么做的?"

"你最近一份工作管理过多少名员工?"

2. 自我评估类问题

这类问题要求候选人进行自我评价/反思。比如阐述自己喜欢什么/不喜欢什么、优点/缺点、目标、对工作的态度和人生哲学等。它要求候选人在回答问题前认真思考,并且在回答时能够如实作答。

举例如下。

"关于最近这份工作,你最喜欢它哪一点?"

"你有什么优点?有哪些缺点?"

"为什么你比其他应聘者更适合这个岗位?"

"你理想中的工作是什么样子的？"

"你会用哪几个词来描述你自己？为什么？"

"5年之后，你期望达到什么位置？"

为了取悦面试官，应聘者很可能会事先演练这类问题，虚假和捏造的成分很多，同样很难预测候选人未来的工作表现。

3. 情景类问题

这类问题通常是假设性的问题，如先提出与工作相关的场景类问题，然后询问候选人如何处理它。这个问题的假设前提是"一个人的未来行为会在很大程度上受到他的目标或行为意向的影响"。

举例如下。

"如果你和同事一起负责一项工作，但是你发现他并没有很好地完成属于他的那一部分工作，你会怎么处理？"

"如果你的下属连续三个周一都请病假，你会怎么处理？"

"你发现有个同事很难合作，他总是喜欢在老板面前邀功，功劳都是他的，责任都是你的。面对这种情况，你会怎么办？"

如果候选人之前没有遇到过这类题目，那么这样的问题在一定程度上是可以预测候选人未来的工作表现的，但这类问题也并不十分可靠——可能候选人说得头头是道，但是真需要动手解决问题就是另一回事了。

4. 行为描述类问题

这类问题要求候选人提供过去与工作岗位要求相关的行为事例，回答时要求提供细节信息，包括当时的背景、行动及结果。这个问题的假设前提是"一个人过去的行为能预示他未来的行为"。

举例如下。

"谈谈你作为领导者是如何激励团队成员的？"

"请举例说明，当你的客户联系人发生变化时，你花了多长时间和新的联系人建立有效的工作关系？你为此采取了哪些行动？"

"你是如何挖掘潜在客户的？请举例说明。"

"你曾作出的考虑时间最长的决定是什么？为什么？"

行为描述类问题是基于行为的连贯性原理提出的，相对而言，它是最能有效预测候选人未来工作表现的一类问题。在询问这类问题的过程中，面试官会深入挖掘细节，因此它也是最难被夸大或捏造的一类面试问题。

另外，行为描述类问题通常伴随着最高级的形容词，比如"最好的""最差的""最难的"等，让候选人能够聚焦在某一个具体的事例上。这些形容词实际上也给出了一个标准——所有候选人都要提供他们最极致的表现，在这个标准下，方便招聘官对候选人进行比较。比如两个候选人的不同表述："我曾连续2周每天加班1小时"和"我曾连续1周每天工作12小时"，这两种不同的表述表明这两位候选人对加班的接受度显然是不一样的。

三、如何开发面试问题

再来看看该如何开发面试问题。例如，岗位要求候选人"对客户友好、乐于助人且彬彬有礼"，那招聘官就要考虑具备或缺少这一条件是否会对工作绩效造成很严重的影响。招聘官可以找出岗位工作中的关键事件，比如"有效处理一个没有收到快递的客户的投诉，她之前联系过我们很多次，但是无人理会，她很生气"。

如果要设计行为描述类问题，则要求候选人提供一个过去与此问题相似的行为事例。比如，"一个你过去曾经接待过的最生气的客户的案例"。

如果要设计情景类问题，则可以将这个关键事件搬出来，考查候选人是如何处理的。例如,"有个客户给你打来电话,说她订购的货品本来 5 天前就应该收到,但是一直没有消息,联系了快递及其他客服人员,但都没有结果,她非常生气。请问,这时你会如何处理?"

开发面试问题时,建议尽量多准备一些有效的面试问题(情景类或行为描述类),少准备一些低效的面试问题(经验/活动类或自我评估类)。

四、准备面试问题题本

为了确保面试高效、顺利地推进,招聘官最好事先准备好面试问题题本,具体问题如表 6-9 所示,将需要考核的素质项及相关的面试问题都罗列进去。

表6-9 面试问题题本

考核项	面试问题
开场问题	●请您简单介绍一下自己的工作经历 ●您目前岗位的工作职责是什么? ●从您的简历中,我们可以看到……
工作要求1:有良好的人际交往能力	●我们非常重视与客户的关系,请问您具备哪些沟通上的优势,确保您胜任这份工作? ●可否通过具体事例,说明您是如何运用沟通技巧去和一位愤怒的或难以沟通的客户交流的?
工作要求2:有效管理时间	●我们部门经常要处理大量的工作,可否谈谈您在处理繁重工作方面的经验? ●可否结合具体例子,谈谈您在当前的工作中是如何进行自我管理的? ●当您发现自己面临着很繁重的工作任务,您会采用什么样的方法,确保每一项工作都能够顾及? ●有时,我们会发现有些工作进度有一点点滞后,可否谈谈您最滞后的工作是哪一次?

续表

考核项	面试问题
工作要求3：收集、分析信息，并有效地解决问题	● 请举例说明当您在解决某一问题时，是如何进行思考和分析的 ● 公司经常与外部公司有公文上的往来，假设您主要负责对公文进行审核，在上班的第一天，您接到了两个客户的电话，客户向您抱怨流程缓慢，要求马上发送公文。您的同事告诉您，您的前任设置了一个公文提交审批的流程，因为她认为公文提交的信息收集也很重要。您现在正在和第三个沮丧的客户通电话，对方甚至不知道流程登记的表格该如何填写，抱怨审批流程完全多此一举，浪费时间。面对这种情况，您会如何处理？ ● 告诉我您对一个问题提出了创造性解决方案的具体事例
结束问题	● 我们要问的问题已经问完了，后面的时间留给您，您可以问1～2个感兴趣的问题

填表说明：

面试问题题本要先设定好需要考核的项，每个考核项安排3～5个不同类型的问题，以备面试官在面试的过程中进行挑选。

面试提问通常需要"由易到难"——先从简单的问题问起，验证一下与候选人工作经历、教育培训相关的信息。比如，"请简要说明你最近这份工作的岗位职责"。

接下来，再根据工作需求，每个考核项准备几个关联的问题，确保有70%的行为描述类问题，20%的情景类问题，10%左右的经验/活动类问题或自我评估类问题。

如果面试超过1个小时，候选人会感觉到疲倦；时间过短，又很难了解候选人的真实能力。面试时间通常要求控制在45～60分钟，面试官要根据时长，准备足够的问题。

当然，在面试的过程中，要根据候选人的类型灵活选择面试问题。比如对于有工作经验的人，可以问行为描述类问题，了解他们的经验；

对于没有工作经验的人,可以问情景类问题,了解他们解决问题的思路。

有时候,也要穿插一些反面的问题。比如可以问"可否举一个你设定了很难的目标并且完成的事例",也可以问"可否举一个你设定了很难的目标但是没有完成的事例"。

五、设定面试问题的评估标准

确定面试问题后,还要设计一个面试问题的评估标准,使面试官可以按照统一的标准对候选人的回答进行评估。

评估标准可以参照能力素质模型,绘制岗位所需的能力画像,如表6-10所示;参照素质词典,设定评分标准,如表6-11、表6-12所示;根据岗位工作需求,划分能力层级,设置评分标准。能力层级一般建议划分出4~5个等级(新手/熟手/骨干/专家/权威,优秀/良好/合格/一般/差),并设定相应的分值,每一个等级都要有具体的标准说明——候选人要有什么样的表现才可以评为这一等级,为面试官评价应聘者提供参考。

表6-10 岗位能力画像

评估维度		总监		经理		主管		专员	
项目	细项	任职要求	重要性	任职要求	重要性	任职要求	重要性	任职要求	重要性
基本信息	年龄								
	性别								
	地区								
教育程度	毕业院校								
	学历程度								

续表

评估维度		总监		经理		主管		专员	
项目	细项	任职要求	重要性	任职要求	重要性	任职要求	重要性	任职要求	重要性
工作经历	工作经验								
	相关从业经历								
	相关项目经验								
专业知识	所学专业								
	外语水平								
	行业资格								
技能要求	专业技能1								
	专业技能2								
领导力	领导力1								
	领导力2								
素质要求	胜任素质1								
	胜任素质2								
特别要求	特别要求1								
	特别要求2								

填表说明：

将岗位的录用标准量化。

能力素质按照1~5分进行打分：权威5分，专家4分，骨干3分，熟手2分，新手1分。

重要性按照1~4分进行打分：非常重要4分，重要3分，一般2分，不重要1分。

表6-11 能力层级/评分标准

能力层级	分值	通用素质	技能水平
权威	5	●在极端困难的情况下，能够运用这项能力 ●属于关键资源，能够指导他人	●在极端困难的情况下，能够运用这项能力 ●属于关键资源，能够指导他人 ●对工作有非常专业的理解
专家	4	●在很困难的情况下，能够运用这项能力 ●很少或从不需要他人的指导	●在很困难的情况下，能够运用这项能力 ●很少或从不需要他人的指导 ●对工作有很深刻的理解
骨干	3	●在困难的情况下，能运用这项能力 ●偶尔需要他人的指导	●在困难的情况下，能运用这项能力 ●偶尔需要他人的指导 ●对工作有良好理解
熟手	2	●在有些困难的情况下，能够运用这项能力 ●经常需要他人的指导	●在有些困难的情况下，能够运用这项能力 ●经常需要他人的指导 ●对工作十分熟悉
新手	1	●在最简单的情况下，能够运用这项能力 ●需要密切指导	●在最简单的情况下，能够运用这项能力 ●需要密切的指导 ●对工作了解

填表说明：

每个考核项的评分标准都可以按照这5个等级进行界定。

表6-12 行为描述类问题的评分标准

考核项	人际交往能力
定义	●对他人礼貌、友善，行为得体，关切他人，理解他人 ●能够开发并保持与他人的有效关系 ●能够应对难以沟通的、带着敌意或十分焦虑的人 ●与来自不同背景和不同环境下的人都能保持良好的关系 ●对文化多样性，人的种族、性别、是否残疾和其他个人差异敏感

续表

考核项	人际交往能力	
面试问题	• 描述一个您应对难以沟通的、带着敌意或非常焦虑的人的例子 • 这个项目有什么人参与？您采取了哪些行动？收获了什么样的结果？	
能力层级	定义	行为事例举例
权威	• 在极端困难的情况下，能够运用这项能力 • 属于关键资源，能够指导他人	• 在公司的公开会议上，向心烦意乱的员工解释争议政策实施后的好处 • 用一种巧妙的方式指出新安装的自动化招聘系统的缺点，在避免激怒相关负责人的基础上，引起公司的重视
专家	• 在很困难的情况下，能够运用这项能力 • 很少或从不需要他人的指导	• 组织一场公开会议，讨论员工关心的全新薪酬体系 • 开发了一套全新的招聘系统，缓解了团队的压力 • 制定共同目标，促进了招聘官团队与一线员工的协作
骨干	• 在困难的情况下，能运用这项能力 • 偶尔需要他人的指导	• 修复了与不和同事的工作关系 • 和经理们建立了良好的工作关系，他们都能就招聘方面的问题和您进行探讨与交流
熟手	• 在有些困难的情况下，能够运用这项能力 • 经常需要他人的指导	• 员工期望多拿工资，不愿意缴纳社保，说服其购买五险一金 • 与其他同事一起做好后期保障工作，避免赶工期的员工受到外界的干扰
新手	• 在最简单的情况下，能够运用这项能力 • 需要他人密切指导	• 推荐合适的人选来解决员工间的纠纷 • 和其他同事合作，让员工都能关注到争议政策的变更

填表说明：

本表以"人际交往能力"为样本设计评分标准，并准备了参考行为事例，方便面试官参照打分。

最理想的情况是，对每一个问题的回答都能打分。不过由于面试问题类型不同，很难对每一个问题都进行量化处理。此时可以退而求其次，对候选人是否符合工作要求进行综合打分。

面试问题的评分标准确定是招聘官经常忽略的一项工作。一方面，设定这些标准比较麻烦，很多人都不知道如何下手；另一方面，则是担心这些标准会让面试过于"机械化"。但正是因为这些评分标准的存在，面试才会变得越来越科学客观，才能更快地选拔出合适的人才。

第六节 面试前的准备清单

确定了面试方法、面试团队、面试题目及评价标准，接下来就要正式组织面试了。

一、面试的时间安排

有效的面试，首先要确保候选人和面试官都处于最佳状态，因此，面试时间的选择非常重要。一般建议面试的时间安排在 10:00~12:00 或 14:00~16:00，尽可能避免周一上午或者周五下午安排面试。

招聘官要合理控制一天内的面试数量。毕竟每个人的精力都是有限的，同一天面试的次数过多，面试官会感到疲惫，进而可能会影响到他们对候选人的判断。

每场面试时长控制在 40~60 分钟最佳。如果一天要安排多场面试，两场面试之间，要预留出充分的时间，避免候选人和面试官聊得尽兴而影响到后面的面试安排。面试结束后，要尽快作出决策。前后两轮面试间隔不要太久，避免等待面试的候选人因兴趣流失而放弃面试。

面试官难免会遇到紧急的临时事务，如果因面试官抽不开身，导致面试出现变动或延误，对候选人的面试体验会产生负面的影响，所以一定要提前安排好备选面试官。

招聘官要尽可能优化面试的轮次和面试团队的人数,尤其是尽可能少地组织多对一的面试。如果经常出现面试官无法准时到场的情况,则可以尝试采用工作样本测试或视频面试等新的测评方式。

有的用人部门经理喜欢每周集中用 1~2 天的时间来面试候选人,有的用人部门经理则喜欢一周内平均分配面试。所以安排面试时,也要了解用人部门经理的工作安排及面试习惯,选择合适的面试时间并安排好日程。

二、面试前的准备工作

面试的过程就是销售的过程。在面试开始前,招聘官要想清楚面试过程中要向候选人传达什么信息,创造什么样的面试体验。

招聘人员面试前的检查清单如表 6-13 所示。一般正式开始面试前,需要为面试官或候选人提供 10~15 分钟的准备时间:请候选人到会议室或面试室稍坐片刻,阅读公司的相关资料;面试官则要提前浏览候选人简历,熟悉面试题目。

表6-13 招聘人员面试前的检查清单

事项	准备情况
我已经为候选人和用人部门经理协调好了面试时间	
我已经提前×天通知了用人部门经理和前台接待人员候选人到公司面试的日期和时间	
我已经打了面试邀约电话,并发送了正式的邀约邮件,邀请候选人参加面试,并提供了重要信息(如交通信息、应准备的材料、联系人等)	
我已经预定了会议室,为面试做好了相应准备(如在会议室准备足够多的椅子、准备好公司介绍手册等)	

续表

事项	准备情况
我已经为用人部门经理准备了一份面试清单（打印的简历、面试要点或问题）	
我已经为面试团队准备了面试所需的相关材料（如笔、记事本、面试评估表等）	

填表说明：

如果做好了相应工作，就在"准备情况"栏中打"√"。

除了以上清单中提及的事项，招聘官还应该考虑候选人到达公司后谁来接待；候选人从进入公司到面试室走哪一条路线方便他初步了解公司的办公环境和工作氛围；应该安排什么样的面试室；在等待面试时，为候选人准备什么饮料和点心；还需要提供什么资料以帮助候选人进一步了解公司/职位。

对于面试官，招聘官要考虑该为他提供哪一种面试工具包；是否需要就如何更好地面试候选人或营销公司/职位交换意见；如果面试官很忙，招聘官该为他做好哪些准备工作。

面试官面试前的检查清单如表6-14所示。

表6-14 面试官面试前的检查清单

事项	准备情况
我相当了解公司的战略、使命及组织架构	
我清楚这个岗位能够提供的薪酬福利	
我能够清楚地传达这个岗位相关的信息（岗位所承担的角色、工作职责、任职资格等）	
我准备好了测评岗位所需素质能力的相关面试问题题本	
我们已经就哪位面试官问哪些问题展开过讨论（或已了解前一位面试官面试的情况），明确了我将要重点采集哪些信息	

续表

事项	准备情况
我已经审核过这些面试问题，其中不存在不合法的问题	
我已经认真地看过候选人的简历	

填表说明：

如果做好了相应工作，就在"准备情况"栏中打"√"。

虽然面试准备并非面试流程中最重要的部分，但当候选人慎重考虑这个工作机会的时候，面试过程中的每一个细节都会影响到他的最终决定。

第七章 面试中高效识人

无论身处什么行业，招募什么层级的岗位，面试都是人才筛选环节中不能忽视的一部分。

现在的求职者越来越清楚如何应对面试，面试官要想在40分钟或者1小时的面试内辨别候选人是否具备与岗位相匹配的能力、动机、潜力、想法，并不容易。

很多公司的招聘官在面试时，更依赖经验和直觉，这显然是不科学的。为了帮助公司招到对的人，招聘官必须努力让面试变得更加客观、更加科学。

通过本章的内容，你将了解：

- 八步打造完美面试
- 提问和追问
- 了解文化适配性
- 探索跳槽动机
- 读懂候选人的肢体语言
- 倾听和记录
- 面试过程中的雇主品牌营销
- 结束面试

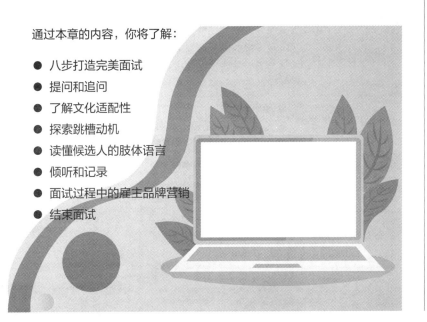

第一节　八步打造完美面试

完美的面试并不是指通过面试找到了完美的人选，而是在所有参加面试的候选人中尽可能找出最佳人选——他有合适的资历、经验和技能，并与公司的文化相匹配，能够迅速进入角色，产生价值。

完美的面试并不是面试结束后就马上发出 Offer，而是在面试的过程中，从最有利的角度描述公司/职位，面试结束后，候选人觉得自己对公司/职位有了足够的了解，一旦 Offer 发出，他马上愿意接受 Offer。

要打造完美的面试并不容易，招聘官必须非常清楚岗位需要什么样的人，设定清晰的录用标准，选择合适的面试方法和面试题目对候选人进行评测，并由专业的面试团队来进行面试。在面试的过程中，面试官还要严格遵循如表 7-1 所示的步骤，才有可能达到理想的目标。

表7-1　面试常用话术

阶段	时长	常用话术
破冰/暖场	2分钟	●您好，请坐，您是……吗？ ●今天来的路上堵车了吗？ ●今天天气还蛮热…… ●简历上看您参加过马拉松……
介绍面试流程	2分钟	欢迎您来参加（公司名）的面试交流。先做一下自我介绍，我是……职务是……（如果有其他人在场，也要介绍其姓名和职务）。我们今天的面试交流占用您40分钟左右的时间。前面以我们问问题为主，请您用过往的实际工作经历和案例来回答问题。我们会做记录，希望不会影响到您。如果有问题没有听清楚，您可以问我们。面试结束前我们会留5分钟给您，您可以问几个您感兴趣的问题
选择面试问题		

续表

阶段	时长	常用话术
引导候选人自述	10分钟	• 请您用2～3分钟简单介绍一下自己的工作经历 • 从您的简历中我们看到×××，请简单介绍一下 • 请详细描述一下您在原公司组织架构中的位置
追问细节	30分钟	• 当时是在什么情况下接受的任务？在项目中承担什么责任？汇报关系是怎样的？ • 负责的项目内容是什么？项目的规模、性质如何？技能与项目要求匹配度如何？ • 项目推行中具体采取了哪些措施？是否遇到困难？如何解决困难？ • 项目最终结果如何？您对项目的贡献如何？收获是什么？改进点是什么？
推广雇主品牌		• 这个项目负责人的岗位，不但可以在职位上给您管理方向的提升，还可以让您直接对12个人的团队进行管理 • 我们公司离您目前的住所非常近，您在工作之余可以有更多时间照顾家人
回答候选人的问题	5分钟	• 我们要问的问题已经问完了，后面的时间留给您，您可以问几个您感兴趣的问题 • 什么可能会阻碍您接受这个工作机会？ • 如果我们提供Offer，您大概什么时候可以到岗？
提供面试反馈	2分钟	如果没有其他的问题，我们今天的面试就先到这里。非常感谢您来参加我们的面试。面试的结果，我们将会在3个工作日内反馈给您，谢谢！

1. 破冰/暖场

候选人到达面试室后，面试官需要马上和他建立比较融洽的关系。只有当候选人感觉轻松自如时，才有可能透露更多有价值的信息。

故而，面试一般都是从2～3分钟的闲聊开始的。可以问问天气、姓氏、家乡、车程、简历闪光点、公司的接待物料及对公司的第一印象等一般性的问题，以此来拉近与候选人的距离。

2. 介绍面试流程

在开展正式的面试之前，还需要向候选人介绍面试流程。介绍面试流程，包含招聘官自我介绍、面试的目的及具体流程（面试轮次、面试官及面试结果反馈时长），还要提醒候选人面试官会在面试中做记录，以及会给候选人提供提问的时间，从而顺利转入正式的面试。

3. 选择面试问题

即便面试官之前对这场面试做了大量的功课，在开始正式面试之前，还要再度"温习"：看候选人的简历，主要看之前的标注——候选人的职业轨迹是怎样的，做过哪些重要的项目，取得了哪些成绩；看面试问题题本，了解今天的关键面试问题及期望从候选人那里获取到哪些信息。

一般从以下几个方向来选择面试问题。

- 专业知识、专业技能方面的问题。
- 通用素质、文化价值观方面的问题。
- 简历上的模糊点。
- 上一轮面试官反映的问题（或其他想了解的问题）。

4. 引导候选人自述

好的面试应该是平等的交流沟通，而非审问。面试官通常会将候选人的简历作为切入点，通过总结简历或提出查看简历时最关注的问题，引导候选人进行详细阐述，以便核实关键信息，并对岗位特殊要求进行补充。

引导候选人自述时，知识方面看案例，技能方面看证据，借此观察候选人与岗位的匹配性。同时，择机引入胜任能力、求职动机和文化适配性相关的行为描述类问题，有目的地进行追问。

5. 追问细节

细节往往最能展现候选人真实的一面。在提问的过程中，要善于运用 STAR 原则进行追问：了解事情发生的背景、要完成哪些任务、采取了哪些行动及得到了什么样的结果。

在面试过程中，要如实记录表述清楚的 STAR 项，并对模糊的地方加以追问，力求建立 3~5 个完整的 STAR，为后续作出招聘决策提供依据。

6. 推广雇主品牌

面试的另一个目的是适度向候选人提供信息，帮助候选人更具体地了解未来工作的内容及挑战，并作出自我评估。

故而在面试的过程中，招聘官要见缝插针地进行品牌宣传。尤其是在询问候选人的跳槽动机和个人职业发展时，可以强调本公司/岗位的优势与竞争力。

当然，这些营销和推广，要基于面试过程中所感知到的候选人需求及公司/岗位的基本事实，千万不要夸大其词。

7. 回答候选人的问题

企业评估候选人的同时，候选人也在评估企业。在面试快要结束的时候，要给候选人留出提问的时间，让其可以询问一些自己关心的问题。

面试官的回答要经过深思熟虑，开诚布公。通过候选人的提问，了解候选人的求职动机或职业规划，这是企业进行雇主品牌营销的好机会。

如果遇到比较激烈的反对意见，不要作过多的申辩和解释，要巧妙地将面试引导到积极正面的方向上来。

8. 提供面试反馈

结束面试和面试破冰一样重要，要自然、流畅，不要给候选人突兀的感觉，也不要向候选人承诺我们做不到的事情。

结束时，不要明显地表露出决定录用或淘汰候选人的意思，要告知候选人招聘流程的下一步是什么，让候选人心中有数。

招聘官要感谢候选人能抽时间参加面试,并亲自将他们送出公司或送至电梯口,自始至终体现招聘官的礼貌和专业。

面试结束后,要为候选人提供面试反馈。面试反馈为招聘官提供了与候选人多一次互动的机会,便于招聘官拓展人脉圈,不仅可以宣传雇主品牌形象,还增加了候选人转介绍的可能性。

第二节 提问和追问

面试的主要目的是帮助招聘官获取有价值的信息,然后进行验证,了解候选人真实的一面,从而评估他未来在新环境下是否能够胜任招聘岗位。

在不到一个小时的面试时间里,招聘官要了解候选人的胜任能力、求职动机和文化匹配度,其难度可想而知。

一、如何提出正确的问题

常见的提问方式如表 7-2 所示。

表7-2 常见提问方式

类型	说明	示例	备注
封闭式提问	获取简短的事实答案	●您在上一家公司工作了多少年? ●如果我们提供Offer,您愿意搬家吗?	封闭式提问能够获取到确切的答案,常用于确认事实
开放式提问	无限定答案,要求候选人阐述其知识、意见和感受	●您理想中的工作是什么样子的? ●您为什么想来我们公司工作?	开放式提问有助于获取到更多的信息,深入了解候选人

续表

类型	说明	示例	备注
漏斗式提问	从一般问题开始,持续深入,让细节更具体	• 你们公司技术团队有多少人？ • 他们中间本科学历占比多少？	漏斗式提问主要由封闭式问题组成,比较容易回答,目的是获取到特定问题的更多细节信息。当信息获取完成,则会提出开放式问题
探索式提问	通过不断问"为什么",刨根问底,完善细节	• 您为什么离职（家庭原因）？ • 方便说下家庭原因具体是什么吗（照顾家人）？	为了进一步了解对方,可以多提一些比较性问题与假设性问题
引导式提问	引导候选人按照面试官的思路回答问题	• 您觉得自己可以接受加班吗？	引导式提问可以通过假设个人诉求,得到面试官想要的答案
反问	它不算真正的问题,因为它不需要答案	• 您不喜欢我们这样展示产品吗？	一连串的反问有助于增强语气。反问可以吸引对方,让候选人认同面试官的观点,但要注意不能咄咄逼人

由于缺乏经验,在面试的过程中,面试官经常会犯以下错误。

- **提问没有中心**。漫无目的地提问,结果面试就变成了纯聊天。
- **提问方式单一**。面试全程都是一种模式的问题,缺乏节奏上的变化。
- **漏问重要信息**。提问缺乏规划,导致有些关键问题没有问到。
- **问题不深入**。只满足于表面答案,没有追问细节。
- **问题之间缺乏逻辑性**。前后问题涉及领域跨度太大,显得很突兀。

现在的候选人大多数都经历过面试的"培训"和"洗礼",面试官不会提问,一方面会显得自己不够专业,另一方面也很难挖掘出候选人真实的一面。如果获取到错误的信息,就很难作出正确的录用决策。

一般建议面试官事先准备好面试问题题本,提前安排好要采集的信息、提问的方式、提问的问题。如果没有准备问题题本,面试官在正式提问前则要考虑以下问题。

- **期望考查候选人哪些方面的能力和素质**？提问要具备针对性，不相关的不问。

- **候选人是否能清晰地理解我提出的问题**？提问要简洁，问题表述清晰、通俗易懂。

- **这个问题候选人容易造假吗**？网上能搜到标准答案的问题是没有提问价值的，建议多问行为描述类问题，少问经验/活动类问题和自我评估类问题。

- **提问时如何避免候选人只谈理论，不谈具体的实例**？这时候，面试官要掌握STAR面试法或漏斗式提问、探索式提问的提问方法，对一些描述不清的内容进行追问。

- **对候选人的回答，我能否判断出真假**？一般来说，获得的信息越详细、越具体，说明候选人所提供的信息就越真实，那么基于这些信息作出的评估也就越准确。

在面试时，建议由易到难展开提问，方便候选人快速进入状态。一般建议通过封闭式提问开场，验证候选人简历上的一些关键信息，引导候选人自述，引导候选人自述的问题如表7-3所示。接下来，再通过开放式提问（尤其是行为描述类问题）获取更多信息——从职业规划问题到与岗位工作相关的问题，循序渐进，将有价值的信息尽可能采集完整。

表7-3 引导候选人自述问题集

维度	问题示例
教育背景	●为什么会选择这个专业？ ●就读该专业的最大收获是什么？ ●您认为该专业如何在未来的工作中发挥最大的功用？ ●您平常都会参与哪些课外活动？

续表

维度	问题示例
工作经验	• 可否简单介绍一下该岗位的工作职责？ • 完成该项工作的具体步骤是什么？ • 该项工作牵涉到哪些其他方面的内容？ • 您认为您在这项工作中的主要成就是什么？ • 您向谁汇报工作？他的岗位是什么？有多少下属？负责多少产品线和部门？ • 您在部门中所扮演的角色是什么？ • 您有哪些任务指标？职权范围的财务界限是什么（例如预算目标或实际达成）？ • 您的各项工作的时间是如何分配的？
专业技能	• 您掌握了哪些工作技能？ • 您获得了哪些资格证书？ • 您评得了何种职称？ • 您有何特长？
职业规划	• 您未来5年的职业目标是什么？ • 10年后期望自己达到什么职业程度？
薪资待遇	• 您上一份工作的薪资是多少？是如何构成的？基本工资是多少？ • 您期望的薪水是多少？能够接受的最低底薪和福利是多少？
离职原因	• 您过去3份工作的离职原因分别是什么？ • 是哪些方面让您觉得我们提供的工作机会更好？

二、用行为面试法考核胜任素质

在这里，不得不提一下行为面试法（Behavioral Event Interview，BEI），也就是通常概念下的行为描述类问题。

行为描述类问题通常是建立在工作分析的基础之上，主要用于考查候选人是否具备工作所需的胜任素质。因为其答案要求候选人提供可核实的、具体的证据，以此来证明他过去是如何处理问题的，所以具备很强的可信度。此外，行为描述类问题也容易结构化，便于用相同的标准对所有的候选人进行客观评价。故而,建议在面试过程中,多使用行为描述类问题考查候选人。

行为描述类问题的格式如表7-4所示。

表7-4 行为描述类问题格式

			行为事例提问举例	
请	举例(回忆)	一个	体现您沟通能力的	例子
	描述(介绍)	一段	您在跨部门合作方面成功的	经历
	谈谈(说说)		您在处理团队意见不一致方面的	经验
	分享(告诉)		您在工作中快速掌握新知识的	经历
您过往	是如何(怎样)		帮助下属提升业务能力的?	请举例说明
			开发新客户的?	
			让团队成员达成一致的?	
			处理紧急突发状况的?	
			提升部门成员的积极性的?	

行为面试法一般有以下两种类型。

• **探索式**:不限定主题。比如"请说一个两年内发生的,你做过的让自己感到非常满意的事情",或者"请说一个两年内发生的,你做过的让自己感到很不满意或者有挫折感的事情"。

• **聚焦式**:从某个胜任素质问题开始。比如围绕务实精进,提问"你是否在某项工作上超越了老师或同学的期望?你是怎么做到的?"围绕团队协作,提问"你曾经与同学共同完成过一个任务或工作吗?你的角色是什么?"

探索式提问是从一个事例当中锁定多个能力素质,它适合相对成熟的面试官;而聚焦式提问只锁定一个维度,比较适合新手面试官。

每个提问大概需要花费15分钟时间,具体为5分钟的概括和10分钟提问。5分钟的概括,主要是让候选人简单讲一讲事件的经过;10分钟的提问会用到 STAR 面试法，深入挖掘候选人的行为事件，了解事件的细节，以确保事件的真实性和完整性。

三、利用 STAR 面试法追问细节

一个有效的行为/事例，通常需要构成一个完整的"STAR"，如表 7-5 所示。

STAR 是 Situation（背景）、Task（任务）、Action（行动）和 Result（结果）4 个英文单词的首字母组合。

- S（Situation）指背景：这件事发生的时间、地点、人物等。
- T（Task）指任务：你要完成什么任务？面对什么抉择或者困难？
- A（Action）指行动：你扮演什么角色？做了哪些事情？
- R（Result）指结果：事情的结果如何？你收到了什么反馈？

表7-5 STAR面试法范例

维度	提问范例
针对背景 （Situation） 的提问	• 您能描述一下当时的任务背景吗？ • 您能描述一下任务产生的原因吗？ • 这个任务背景对您的影响是什么呢？ • 这个任务背景里，哪些因素是您首要考虑的？
针对任务 （Task） 的提问	• 当您接到任务的时候是如何考虑的？ • 您当时的任务目标是什么？ • 您对任务目标的合理性是如何判断的？ • 哪些因素对您制定任务目标起到了关键作用？ • 您在任务中扮演怎样的角色？
针对行动 （Action） 的提问	• 当时您采取了哪些行动？ • 在任务执行过程中，是否与预期产生了偏差？ • 偏差是如何产生的（您是如何避免偏差产生的）？ • 行动过程中，您觉得哪件事情对完成任务起决定作用？ • 行动过程中您是如何应对突发事件的？

续表

维度	提问范例
针对结果（Result）的提问	• 任务最终结果是怎样的？ • 您觉得这个结果是最完美的吗？ • 任务过程中，有哪些遗憾的地方？ • 如果给您机会再做一次，您觉得哪些地方可以改善？ • 您觉得您对完成任务最大的贡献是什么？ • 您的领导是如何评价这次任务的？ • 任务的完成对业务有哪些影响？

在行为面试的过程中，招聘官需要留心候选人的回答是否提供了这4方面的信息。如果缺少哪一方面的信息，就要针对这一方面进行追问，以便形成一个完整的STAR，追问示例如表7-6所示。

表7-6 完整STAR追问示例

角色	问答	备注
面试官	请描述您努力说服他人接受您的观点的一次经历	
候选人	我经常可以说服我的客户购买我们银行的理财产品，客户都很信任我	含糊行为事例
面试官	既然这样的事例很多，您能不能谈谈哪个案例让您感到最有成就感？	针对含糊行为事例的追问
候选人	我曾经说服过一个刚刚投诉我们的客户买了我们30万元的理财产品……	
面试官	这件事发生的背景是什么？	针对S的追问
候选人	那时我是大堂经理，主要是为到银行营业厅办业务的客户提供咨询指导服务，当时3号台的一位顾客对柜员大声嚷嚷，指责柜员效率低，服务态度不好。周围有人劝说但她不听，非要找领导投诉，并且说的话非常难听，我听到后马上过去处理此事	
面试官	您当时跟这位顾客沟通时，想要达到什么样的目的？	针对T的追问
候选人	当时我是大堂经理，有责任处理客户投诉。出现了这种情况，我的第一想法就是平息客户的怨气，满足客户的需求，避免对我行产生不良影响	
面试官	当时您做了什么？能不能具体地讲一讲？	针对A的追问

续表

角色	问答	备注
候选人	首先我向她介绍我是大堂经理,专门负责解决大家的问题。当她提出她的不满时,我邀请她和我来贵宾室,并给她倒了茶水,她开始说她的问题。原来是她在办理取款业务时忘记了密码,连输3次都不对,到第4次不能输入密码,必须办理挂失了。她抱怨柜员没有及时提醒她,使她不能及时取到钱,影响了她用钱	
面试官	然后您做了什么?	针对A继续追问
候选人	这个问题确实不好办,按照规定,密码输入3次就必须办理挂失。我首先表示歉意,因为我们没有及时提醒,影响她用钱了。我想了解她用钱做什么,她说要买基金。我了解到她对投资并不了解,这正好是我可以帮得上忙的地方,并且还可以向她介绍我行的基金和理财产品。于是我开始了解她的需求,并介绍家庭投资的方式、买基金的时机及利弊分析。我用我行的产品来举例,说在我们银行买了理财产品的客户收益不小,谈着谈着,她对我说的话越来越有兴趣了	
面试官	最后的结果怎么样?	针对R的追问
候选人	经过这样一沟通,客户的抵触情绪渐渐淡化,语气已经缓和了很多,而且对我说的理财产品越来越感兴趣。我其实已经了解了她的需求,开始转守为攻,想看她是否愿意购买我们银行的产品。结果她不仅不再想着投诉我们,还一次性买了我行30万元的理财产品,并要求我做她的理财顾问	

在运用STAR面试法进行追问时,要特别留意以下3类虚假事例。

• **含糊事例**。如"我时常花时间了解客户需求,而且客户也很满意"。这里"时常"的表述很含糊,对"了解客户需求"这一行为的时间没有进行具体的描述。

• **主观事例**。如"我认为作为一个领导,关键是关心下属"。"认为"是一种主观的看法,并不能说明候选人曾经有过该行为,也就不能推测候选人是否有这方面的能力。

- **道理事例**。如"要挖掘一个新的市场,首先我会做市场调查……然后我会发布广告……""会"是用得最多的词,它说明候选人的论述是基于某种理论或假设。但我们关心的并不是他是否清楚这些理论,而是他是否具备这方面的能力。

当碰到这些问题的时候,面试官一定要继续追问:"你是怎么了解客户需求的?请举例说明。""你是如何关心下属的?请举例说明。"力求获取到真实的、完整的行为事例,对问题进行追问的技巧如表7-7所示。

表7-7 不同场景下的STAR追问技巧

场景	示例	
	候选人回答	面试官追问
模糊性描述	当时我正在巡视地下车库,突然发现两个人鬼鬼祟祟地在车库里游荡,我就向领班汇报了,最终发现只是虚惊一场,是业主在找车钥匙	当时您是怎么想的?汇报后您是否采取了其他行动?能进一步描述吗?
观点性描述	我认为作为领导者,最重要的就是要有带领团队的人格魅力,这是构建和谐团队最基础的保证,没有这一特点,团队就是一盘散沙	您能就如何作为团队领导者,谈一下过去您具体在哪些方面采取过行动?是怎样的情况促使您选择这么做?结果如何?
假设性描述	假如当时招聘预算能再多一点,我相信一定可以有更多的招聘渠道可用,这样就可以招到更优秀的候选人	您当时的招聘预算是多少?您是怎么分配使用的?当时使用了哪些招聘渠道?效果如何?您是怎么对渠道进行评估的?
理论性描述	对员工来说,无论是奖励还是惩罚都必须是及时的,只有这样才能让员工知道什么是公司鼓励的,什么是公司禁止的	可以举一个您具体处理过的案例来论证这个观点吗?
评论性描述	我的优点是具有良好的团队协作精神,能够坚持原则,具有良好的学习能力	您能举例说明在您之前的职业(实习)经历中,是如何进行团队协作的吗?

四、其他面试技巧

通常来说，基于岗位录用标准，缺少哪些信息，或对哪些信息存在疑惑，面试官就要问哪些问题。提问时，问题不能浮于表面，要往深处、往细节处追问，用确定性的信息来得出确定的判断与结论。

对于行为描述类问题，可以用 STAR 面试法进行追问；对于经验/活动类、自我评估类或是情景类问题，则可以通过漏斗式提问或探索式提问追问细节，示例如表 7-8 所示。

表7-8 探索式追问示例

角色	问答	备注
面试官	您为什么会从上一家公司离职？	
候选人	家庭原因	这种回答一般比较敷衍
面试官	方便说下家庭原因具体是什么吗？	继续追问
候选人	那段时间我爷爷生病了，我得回家照顾他	无论是否编造，候选人都需要提供一个具体的理由
面试官	为什么一定要您照顾？	对回答的合理性提出质疑
候选人	我是家里的独生子，爸妈的身体也不是太好。爷爷刚动完手术，下床都需要人搀扶，日夜都需要人照顾，所以非我不可	
面试官	为什么您觉得没有其他选择？为什么非要牺牲您的工作？	继续追问，探索跳槽动机
候选人	爷爷年纪大了，尤其是经过这场大病，我能陪伴他的时间非常有限。在我心里，没有什么事比亲人更重要	
面试官	如果我觉得您以亲人为重的说法，一方面会让人觉得您重感情，但从另外一个角度看也会觉得您做事比较随性、草率，您怎么看？	继续追问，探索候选人的价值观
候选人	……	

如果招聘官提出了引导式问题——"你觉得自己是否可以接受加班？"这时候，候选人一般会回答："如果工作需要，可以加班。"如果仅仅得到这个答案，这个问题就是无效的。但招聘官可以补充问："你曾经什么时候为了工作的需要而加班？强度如何？持续多长时间？你当时的感受是什么？为什么会有这样的感受？"

除此之外，还可以运用以下面试技巧来获取候选人的真实信息。

- **拐弯抹角**：为避免提出引导式问题，招聘官可以不直接问问题。比如想了解候选人是否能接受加班，可以问："你目前每天的工作时长是多少？你是怎么安排你的工作时间的？如果在此基础上延长工作时间，对你的生活会有什么影响？"

- **困境求解**：提供一些具备挑战性的难题，考查候选人的反应能力、自信心及想象力。比如，"加入团队后，发现团队人手严重不足，你会怎么办？"

- **借力打力**：通过借"第三者"角色提问，间接了解候选人的自我认知能力和人际交往能力。比如，"你身边的朋友会怎么评价你？如何用3个词来形容？""你觉得他们的评价客观吗？为什么？举个例子说明。"

面试是招聘官最重要的一项技能。从能面试、会面试到高效面试，这是一个需要长期修炼的过程。所幸，招聘工作为我们提供了充分的实践机会，招聘官要不断地锤炼自己的提问能力和追问能力，通过有效面试，获取候选人真实的信息，为企业招募到合适的人才。

第三节　了解文化适配性

为什么在招聘的过程中，还要看候选人的文化适配性？

这是因为文化适配性直接决定了候选人是否能适应新环境，并且快速创造价值。如果招募到文化适配性差的员工，不仅会导致其生产效率低和工作满意度差，还会给团队的工作氛围造成负面影响，这背后是员工流失及随之而来的高昂招聘成本。

一、如何定义组织文化？

虽然很多公司都将文化适配性作为候选人的筛选标准，但是对于如何评估候选人是否与公司文化相匹配，招聘官依然倍感困惑，最主要的原因是招聘官不知道如何定义组织文化。其实，除了企业文化墙上宣传的愿景、使命和价值观，招聘官更应该考虑以下方面。

1. 工作本身

如果一个人没有内在动力去完成所从事的工作，自然也不可能做出优秀的成绩。新员工流失，很多时候是因为工作内容和招聘广告上所说的不一致。

故而，在考虑文化匹配前，首先要考虑空缺岗位的核心绩效目标是什么？它与目标候选人目前取得的主要成就的差距有多大？了解这些信息后，在面试过程中，招聘官就知道该如何向候选人进行岗位"营销"，建构合理的工作预期。

2. 用人部门经理的风格

新员工入职后的大部分时间都是和用人部门经理打交道，两个人的个性和风格是否匹配，对候选人是否适应新工作有决定性的影响。用人部门经理是掌握一切的强势领导，还是充分授权的领导，将直接影响招聘官选择哪一种个性特征或工作风格的候选人。

3. 业务的步调和压力

企业处于不同的生命周期时，它的决策模式、可调配的资源及工作强度都会有所不同。所以在面试的时候，可以通过深挖候选人过去的成就，了解其工作完成的节奏及应对压力的态度，从而了解其工作风格。当然，有些人可以适应不同的工作环境，有些人却不能。

4. 团队

在面试的时候，要了解候选人之前曾经工作过的团队，观察这些团队规模的变化及候选人在其中角色的演变。同时，还要了解候选人为什么要加入这个团队。通过这些信息，综合评估他是否能够融入新团队。

5. 财务绩效及结构

有些公司的绩效是和财务指标挂钩的，或者是在完成业绩的过程中为员工提供了快速的决策流程和充分的资源支持，这在一定程度上也体现着企业文化。如果在这些方面与候选人过往经历存在差异，也会出现文化不匹配的情况。

二、如何考核候选人的文化适配性？

综上，评估候选人的文化适配性，要考虑很多方面。而这些信息的获取，并不一定完全依赖面试。有些信息可以通过简历等方式获取，甚至可以通过带领候选人参观公司，或与团队共进午餐来评估其文化适配性。

文化适配性的考查维度如表 7-9 所示。

表7-9 文化适配性的考查维度

维度	所需采集的信息	观察点
公司及个人角色	公司所处的行业、业务范围、客户及产品情况	与我公司是否有相似之处
	公司目前的经营状况及盈利情况	分析企业所处阶段，候选人的处境及所体现的价值
	公司所处发展阶段、内外部形势、竞争情况、后续发展趋势	

续表

维度	所需采集的信息	观察点
公司及个人角色	候选人经历过公司/部门/产品发展的哪几个阶段或周期？	分析候选人的工作经验情况
	在公司的组织架构中，候选人所在部门所处的位置	了解他的层级、权限和在组织内的相对价值
	在部门的组织架构中，候选人所处的位置及他是否带领团队	
工作/管理风格	您的工作向谁汇报？管理者的领导风格如何？您认可他的领导风格吗？您认为他的风格的优缺点是什么？	了解他的个性特质、工作/管理风格
	您的管理风格是怎样的，您的上司或下属是怎样评价您的？	
个人工作情况	个人的主要任务、职责与绩效目标，以及在团队中的作用和价值	结合其简历中的业绩来看其自我认知与结果的对比
	工作中面临哪些机遇、困难与挑战？	
	对自己在团队中的定位有没有清楚的认知？是否发挥了应有的价值？	
	做了哪些有价值的工作或做出过什么独特贡献？给部门或公司带来过什么改变？	看对方能说多少，分析这些价值是否是我们公司需要的
	碰到过哪些比较有成就感或挫败感的事情？原因是什么？采取的行动是什么？结果如何？	分析类似的场景会不会在本公司发生，候选人会不会有同样的行为与结果
	在职期间做了哪些对公司有贡献的事情？	从知识、流程、思路、方法、行为、结果等方面捕捉信息
	其表达或简历中，反复出现的专业关键词是什么？有哪些是和别人不一样的？	从关键词看出其强化哪些方面，弱化哪些方面
	在公司的职位是否有晋升？过程如何？	是否有过成功经历及成功心得
	在公司历年来的绩效如何？有哪些引以为傲的工作成果？	斩钉截铁说出来的，可信度高；吞吞吐吐说出来的，值得怀疑
	离职时公司领导有挽留您吗？同事对您的评价如何？	可以分析其工作做得好不好，成不成功
	您认为自己在这家公司是否是成功的？	分析其市场上的职业价值

续表

维度	所需采集的信息	观察点
薪酬福利	公司的薪酬如何？公司年终奖一般有多少？您拿到了多少？您获得的年终奖金额是属于靠前的吗？	了解其前公司的年终奖政策，以及他的个人绩效

在面试过程中，招聘官要尽可能通过行为面试法来评估候选人的文化适配性。通过提出正确的行为问题，了解候选人是否可以很好地融入本公司，常用面试问题如表7-10所示。

表7-10 考查候选人文化适配性的常用面试问题

No.	面试问题
1	对您而言，在工作中最重要的是什么？为什么？
2	举一个最近一次您在工作中非常开心、干劲十足且富有成效的例子，当时您在做什么事情？
3	什么样的工作环境最能让您发挥潜能？
4	您和您的前同事关系保持得怎么样？是关系很好的朋友吗？您认为这种相处模式好不好？
5	举一个您和前同事意见有分歧的例子，当时您是怎么处理的？
6	您理想中一天的工作生活是什么样的？简单描述一下
7	在您过往的工作经历中，您最享受哪一段工作经历？为什么？为什么您会从那家公司离职？
8	以您的经验，可否谈谈一个组织该如何激励员工，以及使其有意愿花更多的时间、更努力地去做更多的工作？
9	描述一下最能促使您努力奋斗的管理风格，以及您对您未来的领导有什么样的期待？
10	在您以前工作过的公司里，同事们怎么评价您的工作风格及贡献？
11	您更喜欢单打独斗，还是团队协作？为什么？
12	当您和团队一起工作时，描述一下您最有可能在团队中扮演的角色

续表

No.	面试问题
13	您的过往工作经历中,面临的最大挑战是什么?是怎么解决的?
14	是什么让您选择了我们公司,而不是其他公司?
15	如果您没有得到这个工作机会,您会做些什么?

三、当多元化遇到文化匹配

前面说了很多关于文化适配性的内容,这里还得提一下"多元化"。多元意味着创新,崇尚多元化的公司,认为"文化添加"要优于"文化匹配"。这样的公司更具包容性,欢迎与公司文化不匹配的员工加盟公司。

这是一种全新的人才理念。但无论如何,招聘官都需要深入了解本公司的文化,让招聘与组织文化完美地结合在一起,向企业文化多元化的方向努力。

第四节 探索跳槽动机

"你离职的原因是什么?"这是招聘官在面试的过程中经常会问到的一个问题。招聘官想通过了解候选人的跳槽动机,了解候选人选择工作的关注点及价值观,从而判断他是否会在新的工作岗位上长久地工作下去。

人们决定尝试新的工作机会,背后蕴含着太多原因。无论是主动辞职,还是被动离职,面试时候选人都很少说实话。他们习惯用一些冠冕堂皇的理由解释他们的离职原因,期望塑造一个更为积极正面的形象。

如果招聘官相信了候选人的说辞,那么问这个问题基本上只是走走过场,不会有太大的意义。

一、候选人有哪些跳槽动机?

候选人的跳槽动机一般分为个人因素(职位/薪资/汇报线/团队/家庭)、工作因素(强度/职能/氛围/地点)和未来因素(个人发展/公司发展/行业发展)3大类。

目前来说,大部分人跳槽都有以下几种原因。

- **挑战**:如果候选人在目前岗位上感觉不到任何挑战,他会觉得这份工作很无聊。随着时间的推移,无论是个人发展,还是经济收入都会受到影响。
- **地点**:或者因为搬了家,或者因为所在公司距住所太远,导致上下班通勤时间过长。候选人期望离家近,多点时间学习或陪伴家人。
- **进步**:候选人可能想要升职,或者想要转换职业跑道,而这些在目前的公司暂时看不到希望。
- **收入**:虽然工作满意度不能完全靠金钱来体现,但是薪资与候选人做出的贡献不匹配,或者低于市场平均水平,也会让人不满。
- **同事**:大部分人与同事打交道的时间甚至比家人还多,公司文化、上下级关系都会影响到候选人是否愿意继续待在原公司。
- **稳定**:当职位、公司或行业发展不稳定(如被裁撤、重组)时,候选人也会选择跳槽。

在这些因素里,有的是主观原因(如觉得工作没挑战),有的是客观原因(如公司倒闭了)。在面试的过程中,招聘官要尽可能将候选人的离职原因挖掘出来。

二、识别候选人的跳槽动机

一般在初试阶段,招聘官就已完成对候选人跳槽动机信息的获取。直接询问离职原因的效果并不好,但是在引导候选人自述时,可以了解到候选人对原工作满意或不满意的地方;在行为面试的过程中,招聘官也可以询问候选人对特定结果的感受……从候选人提供的诸多信息中,探索候选人跳槽的真实原因,常见面试问题如表7-11所示。

表7-11 探索候选人跳槽动机的常见面试问题

维度	面试问题
钱	请问您现在每月的薪资是多少?其中基本工资是多少?社保的缴纳基数是多少?奖金是怎么分配的?
	您的薪资在您公司处于什么水平?在平级的同事中呢?
	公司上一次调薪是什么时候?调整了多少?下一次调薪是什么时候?您预计调整幅度是多少?您加入这家公司时的起薪是多少?
	如果来我们公司,您的期望薪资是多少?
	录用时我们需要薪资证明,您可以提供什么样的材料?
进步	您为职业生涯或者个人生活设定了怎样的目标?计划如何实现目标?您如何定义成功?您目前距离成功还有多远?
	您加入上一家公司后,职责、职位、汇报关系发生过什么变化?符合您当初的预期吗?
	您在现在的公司有机会晋升吗?如果有,可能是什么样的机会?
	您今年的业绩目标是什么?现在的进展如何?主要的困难是什么?
	您在公司参加过哪些培训?去哪里培训的?哪个课程对您最有帮助?您还想参加什么培训或者深造?公司会支持您吗?
	您对新的工作有什么期待?

续表

维度	面试问题
同事	您喜欢与什么风格的领导共事？为什么？
	您目前的工作的汇报对象是谁？他的管理风格是怎样的？他是如何分配工作、如何评估绩效的？您觉得合理吗？
	在工作中，您和上司沟通的频率怎样？他主要给您什么样的支持？他给到您最大的帮助是什么？
	您提出离职的时候，上司做过挽留吗？他怎么说？您怎么回答？
	您的上司会支持您的背景调查吗？我们什么时候联系他比较合适？
	您同事/上司是怎么形容或评价您的？您认为这些形容或评价中肯吗？为什么？
	您和其他同事合作时，经历过的最糟糕的一次合作是什么？
挑战	您喜欢您目前的工作吗？最喜欢的是哪个部分？最不喜欢的是哪个部分？从事哪些工作会让您提不起兴趣？为什么？
	目前这份工作有没有让您学到什么？是否达到您的预期？
	目前公司里的哪些部门/员工在老板心目中的地位比较高？
	您在公司内有没有做出比较突出的业绩？
	您认为您在工作能力上还有哪些方面有待提升？为什么？
地点	目前公司的作息时间是怎样？工作环境如何？您觉得累吗？平常需不需要加班？有没有时间做自己的事情？
	在目前这家公司工作，生活上有没有什么不方便？
稳定	目前的公司现阶段的发展如何？业务增长趋势如何？组织规模发展如何？您认为它目前面临的最大挑战是什么？
	您觉得目前哪些行业比较有前景？您会选择哪些行业？

在探索候选人跳槽动机的过程中，要按照先客观后主观、先公司后个人、先不敏感信息后敏感信息的顺序进行了解，这样比较容易让候选人敞开心扉。

采集完这些信息后，可以利用四象限分析法，根据"主观/客观""公司/个人"的维度，将获取到的动机信息进行筛选和优先级排序，剔除掉不重要的信息。

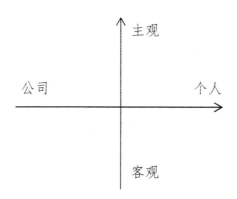

候选人跳槽动机的四象限分析图

通常来说，客观的因素不容易被改变，尤其是公司的客观部分；主观的因素则容易发生变化，尤其是个人的主观因素——如果候选人是因为个人主观因素而跳槽，那么他是否接受新岗位及未来能在新岗位上工作多久都会存在一定的不确定性。

三、管理候选人的跳槽动机

在实际招聘过程中，除少数特别优秀的候选人有着正确的动机和价值观外，大多数候选人并没有仔细思考过自身的动机，或是并不了解所应聘公司的情况。在复试或薪酬谈判的时候，招聘官还需要引导对方了解自己的动机。比如，"如果现在有几个 Offer 摆在你面前，你会按照什么标准对这些 Offer 进行选择？""我们提供的工作机会哪个点最吸引你？"

当候选人给出答案后，招聘官就可以运用事实和证据，强化候选人的印象。比如，"确实，我们这个岗位可以为你带来管理上的提升……"或者"你在专业路径上已经差不多到顶了，后续的发展空间不大，现在是时候发展你的管理能力了。我们公司的这个职位……"

了解候选人的跳槽动机后，招聘官还要对这些问题进行权衡和比较：

候选人的期望与本企业提供的机会、现公司的情况与本企业的情况,以及本企业提供的机会与外部的其他机会。寻找本企业的优势和不足,从而扬长避短。

第五节 读懂候选人的肢体语言

在正式录用之前,招聘官与候选人之间的接触是相当有限的。在这有限的接触中,要尽可能多地获取到候选人的真实信息,因此必须学会"听其言、观其行、察其色"——不仅要看候选人说什么,还要看他怎么说。

在面试的过程中,候选人的坐姿、手势、语音语调和面部表情,都能透露出很多信息,具体如表 7–12 所示。这些肢体语言具有先天性和习惯性,有时候比候选人说的话更加真实可靠。

表7–12 肢体语言观察要点

维度	观察点	说明	肢体语言	传递的信息
听其言	言谈方式	说话的多少代表沟通和倾听的意识;说话内容的巧妙程度代表思维的敏捷程度与为人处世的方式;与他人观点交锋的方式可以看出一个人是否自信,是否有亲和力和责任心	喋喋不休	心胸狭隘,缺乏责任心
			说话刻薄	为人挑剔,人缘较差
			喜欢打断他人说话	急躁冲动,独断专行
	语速语调	说话的快慢程度代表思维敏捷程度和个性稳重程度;说话音量的大小代表自信和谨慎程度;说话时的表情和动作的丰富程度则代表性格内外向程度	说话像机关枪	做事麻利,脾气急躁
			说话语气冲	心胸狭窄,脾气暴躁
			说话停顿较多	反应较慢,缺乏自信心

续表

维度	观察点	说明	肢体语言	传递的信息
听其言	口头禅	口头禅与个人的性格、生活遭遇或精神状态密切相关	"说真的"、"老实说"	心存疑虑，担心对方误解
			"差不多"、"随便"	目标不明确，做事不严谨
观其行	手势	我们常常运用手和胳膊来表示强调，帮助我们更好地表达自我。通过双手的动作变化，可以大致猜出对方的想法和情绪	双臂交叉抱于胸前	防卫姿态，紧张
			不停转手里的东西	紧张、烦躁不安
			手臂乱舞/动作夸张	做作，有撒谎的可能
			挠头/摸脸或脖子	有撒谎的可能
	握手	握手的时间代表了对对方的尊重程度和热情度；握手的力度代表了其是否有自信心；握手时掌心的方向体现出其是否有支配他人的欲望	握手时用力过猛	精力充沛，有攻击性
			握手时比较无力	紧张或害怕
	站姿	站姿能反映出一个人的性格及对他人的看法	站姿板正但没有精气神	呆板，个人意识强
	走姿	脚步的快慢反映了一个人工作的干练程度；脚步的大小反映了其个性是果断还是谨慎	走路时一摇三晃	装腔作势
	坐姿	坐姿是否安稳反映了个性是否沉稳；身体前倾还是后仰，体现了对对方是尊重还是轻视；双腿是交叉、并拢还是放开，可以看出是一个人当时的心情是沉着、紧张还是放松	双腿紧紧并拢	胆怯害羞，紧张焦虑
			后仰而坐	无视对方存在，傲慢
			双腿不断地碰撞或抖动	心情不平静

续表

维度	观察点	说明	肢体语言	传递的信息
察其色	外表	人的相貌反映着其相对应的身体状态和心理状态	愁云密布、眉头紧锁	有不顺心的事情
	发型	发型越普通，其个性越大众化；发型越特别，在性格上越倾向于特立独行	发型一丝不苟	做事保守、固执
			发型随意	喜欢找借口，不愿改变自己
	穿着	穿着打扮能体现一个人的品位、爱好、审美观、生活状况及时尚嗅觉	衣着华丽	虚荣心强，不会掩饰
			衣着落伍	个性叛逆，难以融入团队
	表情	借助对对方面部表情的观察与分析，可以判断对方的情绪、态度、自信心、反应力、思维的敏捷程度等素质特征	总是面无表情	缺少人情味
			抿嘴唇	窘迫、紧张
	目光	眼睛是心灵的窗户，如果候选人可以和招聘官进行眼神的交流，一定程度上是自信和诚实的表现	自然地移开	思考什么事情
			主动多接触	有说谎的可能

刚开始面试时，大部分候选人都会感受到些许的压力，往往会拘谨、紧张和不自然，一般需要5～10分钟才能慢慢变得放松，表现为面带微笑、姿态更开放、有更好的眼神交流等。如果在这段时间里，候选人的状态并没有多大的改善，那我们有理由怀疑他在人际交往上存在一定的障碍。

当然，运用肢体语言来辅助面试，并不是十分科学，在观察候选人的肢体语言时，需要注意以下几个方面。

• **考虑候选人背景及岗位需求**：不同文化背景的候选人，其肢体语言代表的含义会有差异，不同岗位对候选人素质的要求也不一样，要根据实际情况进行判断。

• **观察极端行为**：候选人某些无伤大雅的表现并不意味着他不适合我

们公司，但是如果候选人表现出一些极端的行为，比如时不时翻看手机，就得留意他是不是对这个工作机会并不感兴趣。

- **观察变化和差异点**：我们可以通过观察候选人行为上的变化，来解读他的肢体语言，如表7-13所示。比如，他突然敲自己的腿，可能是面试的时间太久，或是遇到了一个让他不安的面试问题。

表7-13 出现这些情况，候选人可能在说谎

维度	观察点	说谎特征	补充说明
听其言	言谈方式	说话时不提及自己，多用"我们"来代替	本能地把自己从他所说的谎言中剔除
		反复讲述某一内容	心虚的表现
		对鸡毛蒜皮的小事都能对答如流	正常人在叙述细节时，难免会犯一些小错误
	语速语调	声音的音调突然发生变化	为了掩饰心虚
观其行	手势	触摸鼻子	据研究说谎会使鼻子内的神经组织产生异样的感觉
		抓挠耳朵/脖子或拉拽衣领	大脑的消极思维会引起脸部和脖子的肌肉组织发痒
		指尖轻触一下嘴唇/手握成拳头状将嘴遮住	为了掩盖自己说谎
		揉眼睛	掩饰
		之前交流时手势多，突然手势变少了	候选人把注意力集中在自己讲话的内容上
		不自觉地把手藏起来，放到口袋里	害怕挥动双手会把自己的秘密泄露出去
	坐姿	声称自己很感兴趣，但是却把自己前倾的身体往后缩	对方可能说了谎，一般对话题感兴趣，身体会往前倾

续表

维度	观察点	说谎特征	补充说明
察其色	表情	假笑（眼睛不会眯起，笑容持续时间长）并伴随着较高的说话音调	说谎人很少表现出真实的情感
		脸部皮肤发红	紧张有时会导致脸部充血
		掩嘴	担心嘴型会泄露秘密
		频繁舔嘴唇	紧张
	目光	频繁地眨眼睛	人们在注意力集中时很少眨眼
		被问到无须思考的问题时，移动目光	他不想轻易说出这一信息
		被问到需要思考的问题时，没有移动目光	他心里早已准备好了答案
		正常交谈时逃避对方目光	心虚的表现

- **追问**：如果我们通过观察候选人的肢体语言，认为对方的回答可能隐瞒了信息，那么就要多追问几句，以打消疑虑。

此外，面试时对肢体语言的观察是双向的，候选人也会观察面试官的肢体语言。面试官尽量不要表现得过于懒散或者过于强势，这种消极的肢体语言，会影响面试的结果及候选人的面试体验。

第六节 倾听和记录

一、倾听，优秀面试官的基本功

面试官是主导面试流程的人，都期望面试能够按照预设的脚本发展，问完问题，就能够获取到想要的答案。但是现实往往并非如此——候选人要么说得不够透彻，要么回答偏离了轨道。

这时候需要面试官掌握一定的倾听技巧，不仅要听懂候选人说了哪些词汇，更要理解他们所要表达的意思，并从中抓住关键信息，引导交流。

在倾听时，优秀的面试官要做好以下事情。

- **建立融洽的关系**。面试官无论是语音语调，还是坐姿表情，都要表现得足够亲和友善，让候选人感到舒服。在面试开始前，可以尝试就双方共同感兴趣的事情展开讨论，让候选人尽快放松下来。
- **少说为妙**。很多面试官有强烈的表达欲，但是在面试时，更多的表达时间应该留给候选人。
- **保持良好的眼神交流**。倾听对方说话时，眼神的接触非常重要，它能够表现出我们对对方表达内容的肯定、疑问或者否定。
- **表达对候选人的肯定**。为了鼓励候选人充分地表达意见和看法，面试官在倾听过程中要集中注意力，并适时点头或微笑，表示我们在认真聆听，并鼓励他讲下去。
- **不要轻易地打断对方**。除非有特殊情况，否则面试官不要轻易打断候选人的话。如果打断了，最好能帮助对方恢复被你打断后的思路。如果不认同对方的观点，也要抑制自己争论的冲动。
- **时不时简明扼要地总结信息**。对方的谈话稍微停顿时，面试官可以使用这些句式来进行复述或者总结："我理解你刚才表达的意思是……""我了解你的观点：首先……其次……，有什么遗漏的点吗？"确认我们理解了对方的意思，没有遗漏任何信息。
- **做好面试记录**。人们通常只能回想起印象深刻或者自己感兴趣的事情。详细的面试记录，可以帮助面试官重现面试场景，做出客观的面试评价。

二、控场，始终掌握面试的主动权

每场面试的时间都是有限的，面试官必须控制好面试的时间和节奏，才有可能在有限的时间内获得更多有价值的信息。

在面试开始前，面试官需要向候选人介绍面试的流程。这场面试要问多少问题，每个问题预计占用多长时间，面试官应该了然于胸。在面试的过程中，要让候选人按照面试官设计好的提问思路回答，不要被候选人牵着鼻子走。控场若不到位，很容易导致面试"拖堂"或面试时间到了但问题问不完，影响面试的质量。

在面试的过程中，面试官需要灵活处理好以下情况，确保面试能够顺利进行。

• 候选人紧张焦虑时，面试官要通过一般性的问题或是候选人熟悉的话题，让候选人尽快放松下来。在交谈的过程中，面试官要给予微笑，同时适度给予候选人认同和肯定，鼓励候选人大胆说出自己的想法。

• 候选人滔滔不绝时，面试官的提问要具体而明确，尽量避免问开放性的问题。当发现候选人说话收不住的时候，面试官要适时总结谈话，并转入下一个话题，切勿听之任之。同时，面试官还要适时提醒候选人注意时间，让候选人用最简练的话语表达自己的观点。

• 候选人沉默时，面试官同样要先通过一般性的问题或候选人熟悉的话题，和候选人建立信任关系。之后可以通过漏斗式提问来获取信息，或是通过开放式的问题引导候选人思考。

• 候选人表现得不太友好时，面试官要控制好自己的情绪，分析候选人不友好的潜在原因，平复候选人的情绪，并有效地引导他的言谈。即便候选人表现得没有素质，面试官也没有必要和他对骂。

• 候选人夸大事实或刻意讨好面试官时，面试官要及时转变谈话的方向,或通过不断追问,核实并了解真实信息。

• 候选人在面试过程中提问时,面试官可以先不予回答,礼貌地告诉候选人在面试结束时专门有个时段留给他提问,到时再一起来回答他的问题。

三、记录,不遗漏任何重要信息

面试记录是面试官经常忽略的点。面试官总认为自己的记忆力足够好,可以记住候选人说过的所有重要细节——一天面试一个候选人或许可以,如果一天内要面试好几个候选人呢?面试过后一个星期再回想呢?恐怕就没有人敢这么笃定了。

面试记录是面试官专业精神的体现。在记录的过程中,面试官需要集中注意力并整理自己的想法,如实地将候选人提供的信息记录下来,保留所有重要细节,为日后的招聘决策提供依据。

通常,需要把面试过程中采集到的信息记录在打印好的候选人简历上,也可以记录在专门准备的面试问题题本上——先列好准备问的问题,并预留出记录答案的空间。当然,也可准备如表7-14所示的《面试记录表》。

表7-14 面试记录表

候选人姓名		应聘部门		应聘岗位	
面试官姓名		所属部门		面试日期	
在简历中发现的需要进一步核实的问题					
	关注点		面试记录		
1					
2					
3					
4					

续表

5						
关键能力素质项考查							
维度	面试问题	面试记录			
		S	T	A	R
1					
2					
3					
4					
5					
面试综合评价					

填表说明：

《面试记录表》分为以下两部分。

（1）简历中存在的疑问：通常在引导候选人自述时，需要对这些疑问加以核实。

（2）关键能力素质项：通常会根据待考查的能力素质项，事先设计好问题题本，然后依次提问，展开考核。

记录答案时,可以将记录表划分成两个区块:大的区块记录候选人的回答,小的区块记录面试官对候选人的印象(比如"有点紧张")。

一般来说,对于候选人的答案,可以按照以下准则来进行记录。

● 不要把每一句话都记录下来,只记录一些重要的信息,能够帮助面试官回忆即可。

● 要有选择地记录与录用标准相关的答案。

● 要如实记录候选人所说的话或所做的事情,不要记录面试官自己的感觉、想象、推断或者其他的主观评价。

● 记录要全面,而不是记录自己认为重要的信息。

● 与工作无关的信息(如样貌、家庭状况等),请不要记录。

如表7-15所示,对于行为描述类问题的回答,也可以采取STAR方法进行记录。

表7-15 面试记录示例

问题	请举一个您完成领导要求之外的工作的事例			
答案	那还是在××公司做装配工人的事儿,那时候,我们每天下班前都会统计当天组装产品的数量。我发现我们小组一个同事的完成量远远低于要求的定额。他是个新人,跟不上工作节奏。于是,我每天都会花2个小时教他正确的组装方法,很快他就能完成定额,也避免了我们小组完不成任务			
背景(S)	任务(T)		行动(A)	结果(R)
新工人无法完成每周定额			下班后留下,对同事进行流程培训	同事完成定额,装配线正常运转

在记录时,要将记录的纸张放在候选人看不到的地方,防止候选人看到面试评估记录。

在记录的过程中,面试官可以在了解不够充分或存在疑虑的信息上做标记,以便后续进行追问。就算是面试结束了,在整理面试记录时,招聘官如果有疑问,要及时拿起电话,让候选人进行证实或补充。

第七节 面试过程中的雇主品牌营销

面试的目的是甄选合适的人才，但若遇到一个非常优秀的候选人，情况就会发生变化——因为他拥有很多机会，我们并非他的唯一选择。这时候，招聘官就需要施展销售才能，让候选人觉得我们公司是个不错的选择，并对此充满期待。

"招聘即营销"，这是招聘官经常挂在嘴边的一句话，推销能力将是未来招聘官的核心竞争力。因为无论是寻找简历、筛选简历，还是面试评估，慢慢地都会有新技术替代人工操作，但是如何向候选人进行营销，吸引他们申请职位、留在招聘流程中并最终接受我们提供的Offer，却是任何科技都无法取代的。

招聘官面对的"客户"是候选人，招聘官需要推销的产品就是雇主品牌或空缺岗位。换言之，就是要让候选人觉得这是一个不错的工作，是一个值得争取的工作机会。

对候选人的营销贯穿整个招聘流程。面试前，营销的主要载体是JD；面试中，有了和候选人面对面接触的机会，招聘官将亲自带候选人体验雇主品牌；面试后，还要强化候选人对本公司的印象，无论候选人最终是否成为公司的一员，都要把他变成企业雇主品牌形象的"推广员"——很显然，现在我们做得还远远不够。

一、面试过程中，向候选人推销什么？

在面试流程中，面试官可以向候选人推销以下内容。

● 提供良好的面试体验

候选人来到公司后，会直接了解到公司真实的一面。如果留下的第一印象不好，就不要指望候选人会对公司有好的看法。

提供优质的面试体验其实并不难。首先，面试官要做好面试准备工作，前文中已经提过，不再赘述。其次，面试官要保持热情和礼貌，尊重候选人，让对方始终感觉自己是被欢迎的。

这里需要特别提醒，公司一定要对相关业务部门的面试官进行培训，让他们拥有这样的观念和意识。

- 介绍福利政策

候选人除了关注薪酬，也很看重福利待遇。如果企业在这方面做得不错，一定要在面试的过程中向候选人介绍企业的福利政策。

- 介绍招聘官自己为什么加盟这家公司

在面试的过程中，招聘官可能不曾意识到，我们是候选人在这家公司里最信任的人。如果在面试邀约或接待的过程中，招聘官和候选人建立了信任关系，这种信任感还会继续加深。既然如此，为什么不和他谈谈我们为什么会选择加盟这家公司呢？

- 推销工作机会

每个职位都代表着一个职业发展的机会。面试官在面试的时候要告诉候选人，如果他在这个职位上表现出色会得到怎样的发展。用一个真实案例告诉候选人，我们所说的职业前景是可信的。如果可以的话，还可以使用简单的图画阐释，让候选人看到他未来的职业发展。

- 推销公司

当然，在面试的过程中，也别忘了推销公司。可能有人会说："我们公司实在没啥好推销的"，这时可以看看岗位卖点是如何提炼的。

示例如下。

- 公司刚刚获得了新一轮的融资或签了一个新合同，会为新加入的人带来什么样的机会。
- 公司的主要业务是什么，它将给世界/社会带来什么样的改变。

- 公司有哪些令人兴奋的企业文化。
- 公司处于什么行业中，这个行业会有怎样光明的前景。

总之，只要用心去找，总能找到一个真实且诱人的优点，让候选人觉得来这里工作是一个明智的选择。

二、如何向候选人展开推销？

说完了面试过程中雇主品牌营销的切入点，再谈谈如何向候选人进行推销。

和所有成功的销售一样，在面试过程中进行雇主品牌营销，要做好以下几件事。

● 知道我们在推销什么

在面试前，岗位卖点的提炼很重要。要充分了解公司、部门、薪酬福利及竞争对手等方面的情况，准备一套标准的话术，这样才可以在面试的过程中占据主导地位。

如果企业的雇主品牌或职位在市场上并不具备竞争力，那么就需要招聘官去挖掘公司或岗位的卖点，同时，还要和市场部门一起，做好雇主品牌在线上的呈现，让所有信息保持一致，确保展现出的是一个真实可信、充满活力、有前景的企业。

● 知道我们在向谁推销

候选人简历上的个人信息（年龄、职业经历、家庭状况等），以及在面试邀约或初试的过程中探索到的候选人的跳槽动机，都可以帮助招聘官把候选人的形象描绘得更加完整。候选人有什么痛点和需求？公司/职位哪些方面可以满足其需求？在面试的过程中，就这些内容可以展开有针对性的营销。

● 绘声绘色地讲出我们的故事

每个优秀的销售员脑海里都装着许多精彩的故事，用来告诉客户他们的产品到底有多好。招聘官也需要准备一些故事，不同的是，销售员可以借用他人的故事，但招聘官的故事必须是真实的。

招聘官在讲故事时要提供丰富而具体的细节，如果可以的话，可以借助纸笔，画一些简单的图形，帮助候选人理解故事中所传递的信息。

● **塑造正直、可信赖的企业形象**

在推销企业雇主品牌的过程中，难免会提到竞争对手。记住，千万不要说竞争对手的坏话或面露不屑，因为候选人或许研究过或服务过该公司，说其坏话，很容易影响候选人对本企业的评价。

正确的做法是指出企业之间的不同之处，并告诉候选人是什么因素使我们公司与众不同，提升公司作为雇主在候选人心目中的地位。

推销公司/职位时，不要过度推销，防止候选人心生反感。如果将来候选人有机会加盟公司，发现事实情况与招聘官的说辞不符，过大的心理落差也会造成人才流失。

第八节　结束面试

当按照面试问题题本把候选人的信息采集完整后，这场面试就该结束了。

一、结束面试的最后一问

"你还有什么想要问我们的吗？"这几乎是所有面试官在面试结束时都会问的问题。问这个问题，一方面，提醒候选人面试已经结束了；另一方面，招聘官也需要解答候选人心中的疑惑。同时，这个问题还有如下作用。

- 帮助招聘官了解候选人对公司/职位最感兴趣的点是什么。通常情况下，初阶的候选人会更多关注薪酬待遇、培训机会及职业发展空间等与个人相关的问题，高阶的候选人会更多关注汇报线、绩效目标等与工作相关的问题。
- 帮助招聘官了解候选人是否为新的工作机会做好了准备。如果候选人所提的问题都围绕工作展开，并且足够专业且深入，证明他对未来的工作已经有了初步的想象和思考。
- 为招聘官宣传雇主品牌形象和推销职位提供机会。基于候选人的问题，招聘官可以借势宣传公司/职位的优势和卖点——这些在面试的过程中可能无法畅谈的话，此时可以一次说个够。

为了让面试结束前的最后一问达到应有的效果，建议招聘官围绕候选人常问的一些问题，事先准备好标准的回答话术，如团队配置、组织文化、关键绩效指标及薪酬结构等，避免被问起时回答不清，给候选人留下不专业的印象。

候选人常问的问题如表7–16所示。

表7–16 面试结束时候选人的常见问题清单

维度	问题
关于公司	公司的主要产品和服务是什么？在不久的将来，还会推出什么产品和服务？
	公司的核心市场是什么？这些市场目前还在持续扩大吗？每个市场的份额有多大？近几年还会进入哪些新的市场？会采用什么样的策略进入？
	与竞争对手相比，公司有何独特之处？
	公司未来的发展规划是什么？您怎么看待公司的发展前景？
	目前公司有多少人？有没有分公司？都在哪里办公？
	公司过去是否有裁员？未来是否有裁员的计划？是否会影响到我即将应聘的部门或岗位？

续表

维度	问题
关于公司	公司目前所面临的最大问题或挑战是什么？您怎么看待这种问题或挑战？期望收到什么样的结果？
	公司会提供哪些培训机会？
	公司的企业文化是怎样的？
	您加盟公司多少年了？您喜欢公司哪一点？为什么？
关于部门	可否介绍一下部门的组织架构、首要的职能和职责？
	入职后我要向谁汇报工作？他/她又要向谁汇报？
	部门主管的管理/工作风格是什么样的？
	部门与哪个兄弟部门协作最紧密？
	部门目前有多少人？
	部门面临哪些问题？目前的目标是什么？
关于岗位	入职后，我会接受哪些方面的培训？培训时间有多长？
	为什么会出现这个岗位空缺？是有人升职/离职了？还是新增的岗位？为什么会这样？
	这个岗位招聘多久了？之前您曾面试过多少人？为什么没有作出录用决策？还要多久才会作出录用决策？
	在最终作出录用决策前，我还要经历几轮面试？都由谁来面试？
	这个岗位的首要工作任务是什么？每天都要做些什么事情？
	有没有工作指南/说明书？入职后，有没有人带我快速进入角色？
	在这个岗位上会面临哪些挑战？可否给我一些建议？
	入职后，公司期望我在三个月、半年或一年内分别达成什么样的目标？做出什么样的成绩？
	这个岗位的绩效考核方式是什么？
	在工作中，我有多大的自主权？
	在工作中，谁和我配合最紧密？他是一个什么样的人？
	要做好这份工作，您认为最重要的品质是什么？
	这个岗位未来会提供怎样的职业发展机会？

在回答候选人的提问时，招聘官一定要保持诚实。回答模糊或故作高深，只会加深候选人的疑虑。如果有些问题招聘官不方便回答，就直言"这个问题我们不方便回答"，并告知其不能回答的原因。如果有些问题我们不知道答案，也请如实告知他："这个问题我了解得也不多，后面我会跟进，一定给你准确的答复。"

如果候选人问到一些敏感的问题（如公司最近的负面新闻、财报等），千万不要觉得这是一种挑衅而与候选人针锋相对。正确的做法是不要过多申辩，尝试用正面的解读来弱化这些不利的消息，并迅速将话题转移到对公司/职位的优势和卖点的陈述上。

二、这两个坑千万不要踩

在与候选人互动的过程中，有些招聘官喜欢回避问题，如不谈加班时长/单双休/单休的问题；不谈试用期工资打折/不缴纳公积金的问题；不谈这个岗位上几任员工的离职原因（上级难相处/工作压力过大/业绩难达成等）……

有些招聘官喜欢承诺一些公司/岗位无法做到的事情，如"岗位会有很大的发展空间和晋升机会""提供有竞争力的薪资和优渥的福利待遇""弹性工作制"……

虽然初衷都是为了提升候选人接受Offer的意愿，但均不可取——它扼杀了候选人进行自我评估的机会。一旦候选人怀着美好的期待加入公司，发现想象与现实落差过大，就会选择离职。

回答候选人的提问，一定要基于公司/岗位的实际，既不夸大优势，也不掩饰困难。即便公司/岗位存在一些问题，招聘官也可以结合候选人的跳槽动机及个性特征，进行有针对性的陈述。

面试全流程涉及的问题及话术如表 7-17 所示。

表7-17 高效面试的问题及话术

阶段	面试问题/话术	面试记录
开场白	××先生/小姐，您好，欢迎您来参加（公司名）的面试交流。先做一下自我介绍，我是……职务是……（如果有其他人在场，要分别介绍其姓名和职务）	
	我们今天的面试交流大约占用您40分钟的时间。前面以我们问问题为主，请您用过往的实际工作经历和案例来回答问题。我们会做记录，希望不会影响到您。如果问题没有听清楚，您可以向我们提问确认。面试结束前我们会留5分钟给您，您可以问一两个您感兴趣的问题	
引导候选人自述	请您用2~3分钟简单介绍一下自己的工作经历	工作时间： 工作单位： 工作岗位： 工作内容：
	先听对方叙述，然后逐一问清楚候选人的工作岗位、工作内容、工作成绩	
	如果候选人过去在某一家公司的经历比较突出，也可以具体询问	
考查文化匹配程度	在过去工作过的这么多家公司中，让您感受最深的是哪家公司？为什么？	
	您最喜欢这家公司的哪方面？最不喜欢的是哪方面？	
	刚听您的介绍应该在××公司发展得不错，为什么离开呢？当时选择进入××公司是出于什么考虑呢？	
	之前工作中的领导，哪一个是您最欣赏的，为什么？最难合作的领导是哪一个？难合作的主要原因是？	
	您之前所服务的××公司的管理模式是怎样的？哪方面您比较欣赏？哪方面比较难接受？	
	您最喜欢哪家公司的团队氛围？具体是什么样的？最不喜欢哪家公司的团队氛围？具体是什么样的？	
考查跳槽动机	您之前提到负责的工作有××，其中哪一项是您最喜欢做的？为什么？如果不考虑待遇问题，您更愿意做哪个工作？为什么？	

续表

阶段	面试问题/话术	面试记录
考查跳槽动机	在之前的公司，有没有出现过工作和家庭冲突的事情？具体是什么事情？您当时是如何处理的？家里人对您工作的态度是怎样的？	
	您现在希望找一份什么样的工作/现在找工作最看重的是什么/您觉得现在什么样的机会比较吸引您？	
	如果要对您过去的工作表现打个分数，10分是满分，您会给自己打多少分？为什么打这个分数？还可以提高的部分是哪里（总是找外部原因为被动型，找自身原因并且有改善行动的为主动型）？	
	您对未来3~5年的规划是怎样的？您打算如何达成您的规划？您目前付诸的行动有哪些？效果如何？	
考查专业能力	您之前负责××工作，当时公司对该工作的要求是怎样的？您具体完成的情况如何？完成得好的原因是？未完成的原因是（基于岗位必备的能力项，结合候选人过往的工作经历一一展开询问）？	
	在工作中，做什么事情的时候会让您感觉很充实，废寝忘食？	
	您上级领导最欣赏您哪一方面？您的客户最认可您哪方面？您的同事最认可您哪方面？	
	您身边的朋友是如何评价您的？他们最欣赏您哪一点？	
	在过去工作中遇到最有挑战的事情是什么？当时您是怎么想的？又是怎么做的？结果怎么样？	
探索Offer接受标准	您之前工作的作息时间是什么样的？您感觉怎么样？	
	对于工作方面您有什么具体要求？比如薪资待遇、工作时间等（看对方先提哪一样，再次验证跳槽动机）	
	进入公司后，您觉得公司如何考核您是比较合理的？	

续表

阶段	面试问题/话术	面试记录
结束面试	我们要问的问题已经问完了,后面的时间留给您,您可以问1~2个您感兴趣的问题 如果没有其他问题,我们今天的面试就先到这里。非常感谢您来参加我们的面试,面试的结果,我们将在3个工作日内给您反馈,谢谢!	

三、遇到这样的候选人要注意

一般候选人都会珍惜这最后一问的机会,但也会出现以下这些情况。

• **没有问题**。没有问题意味着候选人可能对职位并不感兴趣,或者只想早点结束面试。

• **变更需求**。在投递简历或者接受邀约时,候选人已经提供了一些信息(如薪资要求),但在最后一问中,候选人改变了自己的需求,这也意味着这场"交易"可能要失败了。

• **行为反常**。一般面试都是候选人从紧张到放松的过程,但如果候选人突然变得很懒散或傲慢,意味着他可能并不想要这份工作。

当遇到这样的候选人,招聘官要在面试记录中留下警示的记号,以供作录用决策时参考。

四、记得感谢候选人

招聘官通常会提供5分钟左右的时间来回答候选人的提问。问题解答完,面试就算正式结束了。

临结束前,招聘官应告诉候选人招聘流程的下一步是什么,大概什么时候推进及会以什么形式通知他。有必要的话,也可以留下联系方式——如果候选人有疑问,可以随时联系招聘官。

招聘官还要感谢候选人花费时间前来面试，并承诺会跟进面试的进程，及时给他反馈。然后站起身来，或者握手——这是一个信号，告诉候选人面试结束了。

然后，带候选人去前台大厅或者电梯间，目送他离开。

这场面试到此就真正结束了。

第八章 面试后及时反馈

最终能够通过面试并拿到 Offer 的终究是少数人，大部分候选人在经历漫长的面试流程和悬而未决的煎熬之后，还要承受面试失败的痛苦。对于他们而言，这是一段再糟糕不过的经历。

招聘官都知道如何在面试的过程中展现公司和岗位的优势，其实更容易让候选人认同公司的方法，就是减轻候选人在面试过程中的焦虑感。

或许招聘官无法左右招聘的结果，但是让面试流程变得更加透明，以及在面试后及时提供反馈，并不难做到。

通过本章的内容，你将了解：

- 面试评估
- 录用决策
- 候选人关系管理

第一节 面试评估

面试评估是面试过程中很重要的一环。一般建议面试一结束,趁招聘官对候选人的印象还很鲜明,就马上对候选人进行面试评估。

一、面试评估的原则

在进行面试评估之前,招聘官要先回顾一下企业录用人才的原则是什么,也就是前文中提到的三大匹配:能力匹配、动机匹配和文化匹配。

优秀的人才并不等于合适的人才。招聘官不能只考虑候选人是否胜任这份工作,还要考虑他适不适应企业的文化,愿不愿意做这份工作。

一般来说,面试官判断候选人合不合适通常发生在面试的前几分钟内,也就是候选人留给面试官的第一印象,后面的面试基本就是验证第一印象是否正确——通常少有否定第一印象的情况发生。这样的面试显然并不科学。

为了便于面试官及时地作出面试评估,建议事先准备好如表8-1、表8-2、表8-3、表8-4所示的《面试评估表》,告诉面试官该评价哪些项,以及如何进行评价。《面试评估表》内需要填写的信息越简单越好,这样更方便采集面试官的反馈,从而更科学地作出招聘决策。

表8-1 面试评估表(示例1)

候选人		应聘职位		面试官		面试时间	
候选人信息收集							
人力资源部门				业务部门			
综合素质(个人形象、肢体语言、沟通表达、逻辑思维等)				综合素质(个人形象、肢体语言、沟通表达、逻辑思维等)			

续表

文化适配性（个性及相关条件是否与团队文化匹配）	工作经验（过往工作经历是否与岗位要求匹配）
胜任素质（所具备的能力素质是否与岗位要求匹配）	专业技能（所具备的知识/技能/资源是否与岗位要求匹配）
求职意愿（是否愿意加入公司，职业规划与岗位是否匹配）	求职意愿（是否愿意加入公司，职业规划与岗位是否匹配）
过往离职原因	过往离职原因
薪资要求 过去： 现在：	薪资要求 过去： 现在：
岗位匹配度	岗位匹配度

人力资源部 初试评价	☐ 推荐复试 ☐ 备选 ☐ 不合适 签名： 日期：	建议试用期薪资 　　转正薪资
用人部门 复试评价	☐ 推荐终试 ☐ 备选 ☐ 不合适 签名： 日期	建议试用期薪资 　　转正薪资
终试评价	☐ 推荐录用 ☐ 备选 ☐ 不合适 签名： 日期	建议试用期薪资 　　转正薪资

续表

以下由人力资源部负责跟进			
入职部门		入职岗位	
试用期薪资		转正后薪资	
预计到岗时间		新人工作导师	
审批审核			
人力资源部		用人部门	分管领导

填表说明：

本评估表主要应用于非结构化面试，将几轮面试所采集到的信息整合到一张表中，互为参考，综合评估。

表8-2 面试评估表（示例2）

候选人		面试官				
应聘职位		面试时间				
考核项	说明	面试评价				备注
		非常出色	基本符合	需要培训	不适合	
面试准备	候选人是否对公司有足够的了解？穿着是否得体？是否准时到达？					
工作经验	候选人是否具备足够的工作经验？					
教育程度	候选人是否具备岗位所需的学历或专业资格？					
人际关系	候选人的人际关系怎样？是否友善、有趣、善于互动？					
沟通能力	候选人的文字表达能力和语言表达能力如何？					
技能水平	候选人的技能1是否能满足岗位工作所需？					
	候选人的技能2是否能满足岗位工作所需？					

续表

技能水平	候选人的技能3是否能满足岗位工作所需？				
胜任素质	候选人的胜任素质1是否满足岗位工作所需？				
	候选人的胜任素质2是否满足岗位工作所需？				
	候选人的胜任素质3是否满足岗位工作所需？				
学习力	面对事物时，候选人的表现如何？是否愿意学习、参与培训并接受反馈？				
工作意愿度	对这份工作，候选人表现出的兴趣度如何？				
整体评价	您对候选人的整体评价：				
注：以上项目可根据需求进行删改。评分可勾选，也可进行打分					
面试后，您的建议：		□强烈推荐　□推荐 □还需要考查　□不予考虑			

填表说明：

本评估表主要应用于半结构化面试，事先设定好考核的维度，由面试官评判候选人是否满足岗位需求。

表8-3 面试评估表（示例3）

候选人		面试官			
应聘职位		面试时间			
面试问题	评价标准	面试记录	面试评估		
			优秀	满意	不满意
您以前是否从事过类似的工作？可否简单描述一下？					

续表

可否简单介绍一下您过去发起或完成的一些项目？	【优秀】启动并完成了几个重大项目，并描述了项目的完成过程及项目结果 【满意】启动并完成了几个重大项目 【不满意】只是参与项目工作，没有扮演重要角色				
如果您是新的执行董事，有几个董事会成员拿着不同的优先事项来找您，您该如何处理这些事项？	【优秀】先私下和董事会主席讨论这一问题，然后和董事会主席及董事会成员一起研讨他们的优先事项 【满意】分别和董事会成员讨论他们的优先事项，试图确定一致的优先事项 【不满意】在公开会议上进行讨论，在没有董事会主席或董事会成员出席的情况下作出决定				
……					

注：根据要考核的胜任素质项设定问题及评价标准，并如实记录候选人的回答要点

您对候选人的整体评价：	
面试后，您的建议：	□强烈推荐 □推荐 □还需考查 □不予考虑

填表说明：

本评估表主要应用于结构化面试，表格中要同时呈现面试评估的参考标准。

表8-4 面试评估表（示例4）

应聘人		应聘岗位		所属部门		面试官		
参考要素		重要性（1~4）	任职要求（1~5）	岗位标准得分	面试者能力得分	个人得分	分差
类别	细项						
技能	产品知识	3	3	9	2	6	3
	销售能力	4	5	20	3	12	8
	团队建设	4	4	16	4	16	0
经验	行业经验	3	3	9	3	9	0
	本岗位经验	2	2	4	1	2	2
个性素质	进取心/主动性	3	4	12	4	12	0
	沟通能力	4	5	20	4	16	4
	分析能力	2	3	6	4	8	-2
知识结构	专业知识	4	5	20	3	12	8
	专业背景	4	4	16	2	8	8
岗位总分				132	个人总分		101
岗位匹配度					76.5%		

填表说明：

本评估表主要应用于结构化面试，评分标准来源于岗位的能力画像。

（1）重要性：用数字表示每个胜任素质项的重要性。4为很重要，3为重要，2为一般，1为不重要。

（2）任职要求：用数字表示该胜任素质项掌握的熟练程度。1为新手，2为熟手，3为骨干，4为专家，5为权威。

（3）岗位标准得分 = 重要性得分 × 任职要求得分。

（4）面试者能力得分：面试官对候选人对应胜任能力/素质的评价，

参考标准与任职要求相同。

（5）个人得分 = 重要性得分 × 面试者能力得分。

（6）岗位匹配度 = 个人总分 / 岗位总分，超过90%为胜任，超过130%可考虑提拔晋升。

二、如何进行面试评估？

在进行面试评估前，建议先浏览一下面试过程中的记录，整理一下思路，然后对每一个问题 / 考核项进行慎重的评分及评价。

如果设置了评分标准，可以对照评分标准进行打分；如果没有评分标准，则需注明如此评价的依据是什么。

在进行评价时，为了使表达更清晰，最好举例说明，少用"尚可""一般"这种泛泛而谈的词汇。面试评估的示例如表8-5所示。

表8-5 面试评估的填写示例

错误示例	正确示例
此人沟通能力良好，专业能力很好，符合岗位要求	• 此人之前有5年相关工作经验，熟练掌握××技术，在××方面也有大量的实践经验。在××公司负责××工作，与公司招聘的岗位类似，经验吻合度高 • 此人去年曾参与××项目，有效地处理了××问题，显示出良好的专业技能及团队合作能力、沟通能力 • 此人面试过程中始终保持微笑，可以轻松应对压力问题。语言表达比较出色，符合岗位要求

撰写面试评估时，可采用"总分总"的结构。

• 先概述候选人的基本情况及面试评估。

• 逐一介绍候选人知识 / 技能 / 经验与岗位的匹配度、胜任素质与岗位的匹配度，以及与公司文化的适配性（点明存在的风险）。

- 最后汇总候选人的优劣势，给出评估意见。

在完成所有候选人的面试之后，面试官要回顾一下之前候选人的评分，有必要时要重新进行评估，以避免"晕轮效应"。面试评估如表8-6所示。

表8-6 面试评估汇总表（示例）

候选人	面试官	面试评估			总分	平均分
		考核项1	考核项2	考核项3		
小王	A	5	4	4	13	12
	B	4	3	4	11	
	C	5	3	4	12	
小李	A	2	5	2	9	10
	B	3	5	4	12	
	C	2	4	3	9	
小郑	A	4	3	5	12	13
	B	5	4	4	13	
	C	5	5	4	14	
小邱	A	2	4	5	11	12
	B	4	5	5	14	
	C	3	4	4	11	
……						

填表说明：

本示例适用于多对一面试的评估考核。其他形式面试评估汇总可根据考核项的不同进行调整。

（1）对于同一个候选人的某一考核项，如果不同面试官的评价存在较大的差异，则招聘官需要和面试官沟通，了解面试官是否对评价标准的理解有偏差，经讨论后确定最终的分值。

（2）如果出现平均分相同的情况，可与面试官商讨各考核项对于胜任工作的重要性和优先级，选择重要考核项评分更高的候选人。

为了筛选出最优候选人，还可将所有候选人的各项素质的情况汇总在同一张表格中，进行排名或比较，选出最终的入围者。

三、面试评估应该规避的误区

在面试过程中，并不是说做了面试记录，就能作出正确的面试评估，还有很多心理效应会影响面试官判断。

- **相似效应**：候选人与面试官有相似的经历、思想和行为，会让面试官对候选人有特别的好感。
- **晕轮效应**：候选人某一缺点或优点特别突出，会影响到面试官对候选人其他素质的判断。
- **首因和近因效应**：首因就是我们常说的"第一印象"，近因则是最近接触的人和事。当一天中面试安排过多时，面试官往往只记得住最开始的候选人和最后的候选人，而忽略了中间的候选人。
- **顺序效应**：在面试过一些不合格的候选人之后，面试官会给予一般的候选人更高的评价。
- **盲点效应**：盯着候选人一连串的优点，容易忽视候选人至关重要的缺点。

为了避免走入这些误区，在面试评估时，面试官要尽量避免将人和人进行比较，而是要严格对照录用标准进行评价或打分。记录候选人表现时，要尽量真实、客观，避免主观的判断。不要过度夸大候选人的优点或缺点，要基于完整的信息作出综合判断。

第二节　录用决策

招聘到底是谁说了算？招聘部门还是用人部门？这个问题的共识是谁提出需求谁决定，但是招聘官也要帮忙把关——如果候选人的某些素质达不到公司要求，招聘官有"一票否决权"。因为这"一票否决权"，用人部门和招聘部门没少闹别扭。

减少这种不必要的争执的最好办法，就是将招聘流程结构化。先让招聘部门对候选人的素质进行把关，确保用人部门面试甄选的候选人都是文化和动机与企业/岗位相匹配的候选人。这样，用人部门就只需要从他们的专业领域出发，评估候选人是否能够胜任工作就可以了。

一、让录用决策更加客观科学

用人部门负责人作出录用决策前，通常要先考虑以下 4 个问题。

- 我清楚自己需要招什么样的人吗？
- 这个人是否具备了与我们的需求相匹配的能力？
- 这个人是所有候选人中最好的人选吗？
- 这个人将来会是最好的人选吗？

这些问题常常困扰着用人部门负责人，导致他们迟迟无法作出录用决策。

如果用人部门拿不定主意，那么招聘部门就需要建立量化的评估标准。

在招聘需求提出的时候，通过工作分析，招聘部门可以和用人部门一起构建量化的评估标准：最重哪几项能力素质（甚至可以兼顾未来发展所需的能力素质）？这些能力素质要达到什么程度？如何评估？以什么标准进行评估？双方达成共识后，再将这些标准应用在面试甄选中，对每一位候选人进行量化打分。

十全十美的候选人几乎不存在，但有了量化的评估标准及候选人数据，就能分辨出哪一个候选人在竞争中更占优势，从而使录用决策更加科学、客观。

二、与用人部门有效协作

缓慢的录用决策，其负面影响是显而易见的：对于招聘官而言，空缺岗位迟迟无法填补；对于候选人而言，这是一次糟糕的应聘体验，等不及了就会接受其他工作机会。

即便用人部门将招聘工作列为优先事项，一忙起来也可能会无暇顾及；而用人部门经理是传统招聘流程的核心——招聘官没有办法跳过他，直接进入招聘流程的下一环节。

如果用人部门经理无暇顾及招聘工作，有以下几种解决办法。

其一，首先需要让用人部门负责人意识到缓慢的录用决策带来的危害及巨大成本，让他意识到问题的严重性。然后让用人部门清楚导致招聘流程进展缓慢的问题出现在哪里。这时候，对招聘流程的跟踪及数据记录就能派上用场了，根据"招聘漏斗"，哪个环节带来的影响最大就一目了然。基于此，就可以同用人部门达成服务等级协议（SLA），制定相应的规则，明确彼此的权责。

其二，跳过面试评估环节，直接将所有的招聘参与者组织起来，开一次 5 ~ 10 分钟的"碰头会"，将每个人采集到的信息进行汇总，充分讨论，确保每个反馈都被接收到，然后共同作出录用决定。

最理想的解决办法是招聘官获得录用决策的主导权，但是要实现这一点并不容易——这要求招聘官懂业务，并且能赢得用人部门负责人的信任，相信招聘官有能力准确地进行人才的筛选评估。

无论如何，招聘官都要想办法让用人部门尽快拿定主意。当用人部门筛选出 2~3 名意向录用对象之后，招聘官就可以对意向录用对象展开薪酬谈判和背景调查，并从中选定最适合的录用人选。

第三节 候选人关系管理

候选人关系管理（Candidate Relationship Management）衍生自营销中的客户关系管理（Customer Relationship Management）。有意思的是，它们的英文简称都是 CRM。

不过现在提到 CRM，更多人想到的是 CRM 软件系统，它主要的功能就是收集并记录客户不同生命周期的信息，满足不同客户的个性化需求。

如果把候选人当作招聘官的客户，那么也非常有必要进行系统的候选人关系管理。

一、候选人关系管理的重要性

很多招聘官都深有感触：市场上的求职者越来越多，但是招募到合适的人选却越来越难。与其不断开发"新客户"，还不如维系好"老客户"，从"老客户"身上探索新的可能性（如再度招募或转介绍）。

候选人关系管理建立在拥有人才库的基础之上，招聘官通过与候选人的持续互动，增进双方的了解。它背后的逻辑很简单：企业了解候选人越多，候选人对企业的了解也就越多，错误招聘的可能性就越低。

通过候选人关系管理，可以让候选人和招聘官了解到彼此的最新动态，累积互信。持续的候选人关系维护，还可以帮助企业树立良好的雇主品牌。

二、如何开启候选人关系管理

由于企业的规模及可利用的资源不一样,每个企业的候选人关系管理策略都会有所不同(大部分企业目前还不曾涉足这一领域)。即便如此,有远见的招聘官,也应该尝试去构建自己的"候选人关系管理系统"。

和客户关系管理一样,候选人关系管理没有太多玄机可言。就算没有软件加持,也可以通过以下方法来建立候选人关系。

- **告知候选人最新招聘动态**。比如,有新的空缺职位出现时,可以联系与之相关的候选人,告诉候选人我们目前在招的职位是什么,并询问其有没有兴趣。通过这种方式,重新拾起与候选人的联系。在面试过程中,要及时告知候选人招聘流程的重要信息(如下一步流程、谁主持面试、面试什么、需要准备什么等),帮助他们做好面试的准备。这些用心而又专业的提醒,会让候选人心存感激。

- **提供关键性的反馈**。就算公司没有反馈的制度要求,招聘官也要养成及时反馈的习惯。对候选人而言,最痛苦的体验莫过于悬而未决。面试结束后,招聘官要及时提供详尽的反馈信息,帮助候选人平复心情。对于未录用者,招聘官要告诉他,虽然在这次面试中没有成功,但是如果未来有新的工作机会,一定会通知他,希望他继续关注我们。

- **做候选人的职业顾问**。对于职业发展和职业规划,招聘官比候选人有更深入的理解,这是招聘官可以与候选人进一步拓展关系的工具。招聘官不仅可以利用自身的专业和资源帮助候选人找到合适的工作,也可以随时向他们分享行业信息及招聘信息,让招聘官成为候选人最有价值、最值得信赖的职业伙伴。

三、面试中的候选人关系保温

这里要特别提一下面试环节——这是招聘官与候选人建立互信关系

的最佳时机。当候选人进入面试流程，招聘官就有了和他们面对面沟通、持续联络的正当理由。

招聘官要努力将优秀的候选人保留在招聘流程中，让候选人保持对企业的兴趣和热情，尤其是在雇主品牌优势并不明显时，这一点格外重要。

招聘官需要与候选人保持良好的互动，如与候选人互加微信好友；耐心回答候选人的问题，并且跟进；每周都和在招聘流程中的候选人沟通一次，告知其招聘的进展，关心他目前的动态；推进招聘流程，并及时告知候选人招聘进程；及时向候选人提供面试反馈和建议等。

如果面试流程出现拖延，要及时向候选人解释拖延的原因，并再次推销公司和岗位的优势/卖点。招聘官还要及时告知候选人后续流程的预期，保证会持续跟进并反馈，让候选人安心。

如果发现候选人表现冷淡，可以通过邀请候选人参与公司活动等方式来测试候选人是否对企业还有兴趣，或在肯定候选人的同时直言我们的担心，以确认候选人是否有从招聘流程中脱离的风险，以及导致脱离的原因，并及时解释或挽回。

在与候选人交流的过程中，要让他们充分感受到招聘官的真诚和专业。只有当彼此建立信任之后，沟通才没有障碍，关系才能更长久地维持下去。

| 范例 | 面试过程中的反馈邮件模板 |

当招聘官仍在考虑时

如果候选人并非完全不合适，只是招聘官期望再看看有没有更好的选择时，需要及时告知候选人招聘官的顾虑，他会感谢招聘官的直率。

【候选人姓名】先生/小姐，您好！

感谢您应聘我们公司【应聘岗位名称】岗位。经过这几轮的面谈，您给面试官留下了深刻的印象，我们的团队都非常高兴认识您。

由于期望作出最佳的招聘决策，我们目前还在面试其他的候选人。我们争取在【时间】前完成所有的面试工作，并在【时间】作出最终的招聘决策。

后续如有消息，我将尽快通知您，如果您有任何疑问，欢迎随时向我咨询。

【招聘官姓名】

招聘官还需要候选人进行下一轮面谈

如果候选人成功通过了初面，还期望他前来参与复试，在通知邮件中，招聘官需要将相关的信息表达清楚。

【候选人姓名】先生/小姐，您好！

感谢您花时间和我们就【应聘岗位名称】岗位进行深入交流。为了进一步了解双方，我们邀请您来我们公司进行第二次面谈。

这次您将和【面试官职位】【面试官姓名】进行【时长】分钟的沟通。沟通的目的是【面试的目的】。不知道您在【时间】是否方便？

如果不方便，可否提供一个方便的日期/时间？

再次感谢您。

【招聘官姓名】

当候选人不合适时

如果候选人不适合当前的空缺岗位,只说明他的面试流程结束,不代表他与公司的关系从此终结,招聘官没有必要因此把他从人才库中删除。

【候选人姓名】先生 / 小姐,您好!

我和【应聘部门名】部门负责人聊了一下,他认为目前您还不太适合【应聘岗位名】的工作。

理由如下。

1.【不聘用的理由 1】

2.【不聘用的理由 2】

这次我们无缘成为同事,期望下一次还有共事的机会,请您继续关注我司未来的工作机会。谢谢您愿意花时间让我们认识您,保持联系。

【招聘官姓名】

招聘官要给候选人发 Offer

经过几轮面谈,招聘官觉得候选人非常适合这个岗位,请及时打电话告知他这个消息,并给他发送一份正式的 Offer。

【候选人姓名】先生 / 小姐,您好!

感谢您应聘我们公司【岗位名称】岗位。经过这几轮面谈,您给面试官留下了深刻的印象。

我们现在正式向您提供【岗位名称】这一职位。这是一份【全职 / 兼职】工作,【年薪 / 时薪】为【薪资数目】元。您将向【部门名称】的【负责人姓名】汇报工作。

我们公司的办公地点是【公司地址】，期望您能在【报到时间】来公司办理入职手续。

随函附上【文件清单（如正式录取通知书）】，我们需要您在【回邮回执时间】前签署并回邮所有表格。

很高兴您能成为我们的同事，大家都期待您可以尽快加入团队。

【招聘官姓名】

第九章 搞定 Offer 谈判

对于大部分招聘官来说,Offer 谈判都是件困难的事。因为现在的薪酬增幅太快,按照以前的标准很难招到合适的人才,但是如果完全应允候选人的要求,又会对现有的薪酬结构造成冲击。

面对两难的局面,招聘官需要掌握一定的 Offer 谈判技巧。在现有的薪酬结构的基础上,结合候选人的价值及实际情况,给出不同的薪酬福利组合方案。

通过本章的内容,你将了解:
- 开展薪酬谈判
- 提升Offer谈判成功率
- Offer谈判的常用话术
- 背景调查
- Offer模板及注意事项
- Offer发送后的跟进

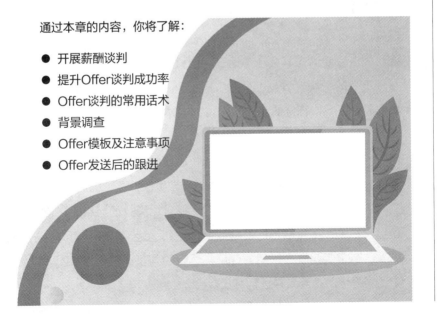

第一节 开展薪酬谈判

薪酬福利是 Offer 谈判中无法绕过的一环。和候选人谈薪酬,不是为了砍价,而是为了在优秀的人才与公司的业务底线中找到一个平衡点——理想状态是让谈判双方都觉得自己"赚到了"。一旦有一方觉得不平衡,那么在此基础上缔结的雇佣关系都不会太牢固。

一般可以按照以下步骤来开展薪酬谈判。

一、开展薪酬市场调研

在开展薪酬谈判之前,招聘官首先要了解这个岗位的市场平均薪资是多少。找到合适的候选人后,就可以把他的薪酬预期和市场上的平均数据进行比较,这样薪酬谈判就可以在合理的范围内展开。

获取比较数据的时候,要记住这些参数:职位或相关职位、岗位职责、所在地区、工作经验、公司规模与发展情况、所属行业、雇主品牌声誉。开展薪酬调研时,尽量选择在这些参数上与本公司/岗位比较接近的公司/岗位作为参考。

大多数候选人只会在本地区、同行业的范围内跳槽,员工对薪酬水平竞争力的了解,多数也来源于同行业、本地区的其他公司。当采样的数据越接近我们特定的空缺职位,获取的样本越多时,比较结果就越可信。

明确了对标公司后,怎么获取薪酬数据呢?可以从亲朋好友、招聘同行或候选人那里打听,也可以从招聘网站上获取。购买行业薪酬报告不但价格贵,信息也相对滞后,数据比较宽泛,参考价值有限。

从招聘网站上获取薪酬数据时,要对比岗位的层级、岗位职责及工作经验水平,尽可能把同类的数据归整到一起。另外,招聘网站上提供的薪酬通常都是一个区间,建议将所有的月薪都转化为年薪,以便能与本公司提供的薪酬条件进行对比。

获得一定的数据后，招聘官还要计算各岗位薪酬的分位值。薪酬分位值主要反映市场的薪酬水平状态：10 分位值，表示有 10% 的数据小于此数值，反映了市场的低端水平；50 分位值，表示有 50% 的数据小于此数值，反映了市场的中等水平，以此类推。

计算分位值时，可以利用 Excel 表格中的公式"=PERCENTILE(array,k)"，其中 array 指该岗位级别的数据范围，k 指分位值（例如，0.25 表示 25 分位值），示例如下。

A	B	C	D	E	F	G
9.6	12	8	14	12.2	9	10

岗位薪酬分位值计算

在 Excel 表格内输入"=PERCENTILE(A1:G1，10%)"，很容易得出该岗位薪酬市场 10 分位值是 8.6。

首先将岗位薪酬市场的 10 分位值、25 分位值、50 分位值、75 分位值、90 分位值计算出来，然后与本公司开出的薪酬条件进行对比，就能知道本公司在薪酬市场上的竞争力如何了。如果想领先市场，那么薪酬区间最好高于 50 分位；如果只想获取一般性人才，薪酬区间在 25～75 分位即可。

当然，这种方法获取到的数据并不是十分精准，但是作为招聘官薪酬谈判的参考绰绰有余。相比候选人当前岗位的薪资情况，薪酬市场的数据更有说服力。

二、评估候选人的岗位匹配度

通过复试的候选人，能力也会有差异。有些是能够胜任，有些是非常优秀。候选人有多出色，也会影响薪酬谈判的策略。

所以，在开展薪酬谈判前，招聘官需要考虑好以下问题。

- 候选人的能力／经验与空缺岗位的匹配度如何？

- 候选人的资历如何？未来在公司的发展潜力有多大？
- 候选人以前的工作业绩有多优秀（背景调查是否能帮助我们验证这些信息）？
- 候选人需要多久的培训才能实现100%的产出？
- 候选人的学习力、动力及工作热情有多高？

招聘官需要把这些要素都记录下来，作为薪酬谈判时适度提高薪酬待遇或坚持立场的依据。

三、了解候选人的跳槽动机和Offer接受标准

工资只是公司提供给员工的薪酬福利的一部分。福利还包括工作福利（如工作时间和休假、培训发展、餐饮/交通补贴、员工俱乐部、员工活动和礼物）、健康福利（如体检、医疗保障）、金融安全福利（如保险、退休金计划、个人理财、住房贷款）及生活福利（如弹性工作制、远程办公）等多方面。

在进行薪酬谈判时，招聘官还要了解"全面薪酬"的概念。全面薪酬包括外在薪酬和内在薪酬两个层面。外在薪酬是指员工所获得的外部收益，包括经济性薪酬（如固定薪资、浮动薪资和福利）和非经济性薪酬（如个人成长机会、职业发展机会及企业发展带来的机会和前景）；内在薪酬是指员工的心理收益，包括工作本身（工作时间、乐趣、挑战、责任与成就感）、组织环境（企业文化、管理模式、管理制度和团队氛围）和工作环境（舒适的工作环境、友好的同事关系、良好的协作、知识共享）。

在面试的时候，招聘官已大致了解了候选人的跳槽动机。不过候选人的跳槽动机，并不完全等于候选人的Offer接受标准。候选人是否接受Offer，还要看他的内在需求。我们可以利用马斯洛需求理论来探索候选人的Offer接受标准。

- 了解"生理需求"——家庭状况。

- 了解"安全需求"——离职原因。
- 了解"社交需求"——交友和爱好。
- 了解"尊重需求"——职场环境。
- 了解"自我实现"——梦想和职业生涯规划。

归纳下来,大概就是以下问题。

1. 候选人为什么要寻找新的工作机会?
2. 候选人的职业发展规划是什么?
3. 候选人为什么对这个岗位感兴趣?
4. 候选人对哪一类的公司或企业文化感兴趣?
5. 候选人最近两份工作的收入(基本工资和奖金)分别是多少,以及候选人对新工作的薪酬预期是多少?
6. 候选人目前的职位头衔是什么?期望下一份工作的头衔是什么?
7. 候选人住在什么区域?可以接受的上下班通勤时间是多长?如果距离较远,是否接受其他解决方案?
8. 候选人待业多久了?期望的入职日期是什么时间?

结合公司的实际情况及候选人对公司的兴趣程度,可以大致了解本公司在哪些方面有优势,哪些方面还存在挑战,然后有针对性地进行谈判。

四、不要盯着"薪水"谈薪水,要展现全面薪酬

虽然薪酬谈判就是和候选人谈钱,但如果只是盯着钱,就算将来候选人入职了,他也很有可能会因为"钱"而离开。

薪酬谈判本身就是一个相互沟通、协调,直至达成一致的过程。通常情况下,企业很难提供一份十全十美的 Offer,但是一旦招聘官清楚了候选人的 Offer 接受标准,以满足候选人的需求为出发点,而非只盯着薪酬数字,就有更大可能与候选人达成一致。

在薪酬福利方面，可以结合候选人的实际生活状况及价值观进行谈判。如果候选人看重职业发展，在一定程度上也能削减薪酬福利上的落差。此外，可以提供量化福利或是提供一些替代性的项目（如弹性工作制、健康检查、有薪假期等），来提升候选人接受 Offer 的概率。

在工作内容方面，要结合候选人的特征，有针对性地告知他：我们所提供的工作机会将如何让他一展所长，我们公司的产品和服务将会有怎样光明的前景，他的工作对公司的发展将会有怎样重要的意义，以及在这个岗位上，他将如何提升自己的生活质量，获得怎样的职业发展等。

在管理团队方面，要告诉候选人他将和什么样的人共事，同事在行业里是否具备良好的声誉，领导的管理风格是怎样的，是否与候选人性格匹配，以及他们对候选人的预期是否合理等。

企业文化/团队氛围很难因为候选人而调整，有些地方或许与候选人的要求有出入，但是可以强化其他因素，如公司提供的培训机会、员工晋升路径，或者具有哪些个性的人能得到更好的发展等，来弱化团队和候选人的差异。招聘官也可以带领候选人参观办公室，以改善他对公司的观感。

关于未来的发展前景，可以围绕行业是不是处于时代的前端，是不是能让候选人掌握未来更有市场的工作技能，是否能为他未来的职业生涯的转变提供契机，是否能为他的工作履历加分等展开，来提升 Offer 的吸引力。

如果办公地点离候选人的住所很近，这是一大优势。如果距离较远，我们所能做的是提供一些补救措施，比如公司提供班车或交通补助、住房补助、弹性工作制等，来削减工作地点带来的负面影响。

总之，不要盯着"薪水"谈薪水，要结合候选人的特征和诉求，把薪资和全面薪酬、组织发展联系起来，让候选人能够深入了解企业的员工价值主张（EVP）。

五、保持积极和专业

薪酬谈判和其他的商务谈判一样,无论成功与否,保持积极正面的心态很重要。在与候选人沟通薪酬的时候,招聘官要时刻谨记,如果候选人接受了 Offer,未来就是我们的同事,如果薪酬谈判的体验不好,则会在一定程度上影响新员工对公司的观感及工作热情。

身为招聘官的我们也都找过工作,将心比心,候选人在薪酬谈判中为自己争取更好的待遇是再正常不过的事情,这代表着他对个人价值的肯定。如果费尽唇舌,候选人仍然不肯让步,这意味着未来他为公司服务时,也能一如既往地坚持下去。

此外,招聘官还要充分体现专业性。在薪酬谈判开始之前,关于公司的优势/卖点及相关的例证都要准备充分。在正式沟通时,要清晰地表达公司的优势/卖点,使用明确的数字和时间,切记不要使用含糊不清的话语,以免产生误解。招聘官与候选人协商一致后,招聘官还要撰写一份正式的 Offer 邀请邮件,将所有的细节表述清楚,越具体越好。

当招聘官展现出专业的一面时,双方就不容易被情绪左右,那么通过协商,彼此达成一致的可能性就会更高。

六、预留后备方案

此外,招聘官对薪酬谈判在什么情况下会破裂,也要做到心中有数。比如企业能够提供的薪酬范围和候选人能够接受的薪酬范围差距太大,又或者其他因素与候选人的 Offer 接受标准相去甚远(如上下班通勤时间太长、无法确保未来某个时间段一定会加薪等),就不要在这个候选人身上花费太多时间。

这也是在作出录用决策前,要圈定 2~3 名入围者的原因之一。这样可以确保在首选的候选人争取不到的情况下，还有其他优秀的候选人留在招聘流程中。

在谈判时，也可以将时间和稀缺性作为谈判的筹码。如了解到候选人并没有得到其他公司的面试机会，当候选人感觉到自己可能会失去这份工作时，他的决心就会有所软化。当然，招聘官也可以花更长时间来作出录用决策，以表明候选人还有其他的竞争者，从而迫使他接受我们的方案。不过，这种谈判方式存在一定的风险。

总之，薪酬谈判的目标是创造一个双赢的结果。要想用有限的价格争取到一个更优质的候选人，招聘官对薪酬市场的了解和对候选人的准确评估必不可少。做好了充分的准备，在谈判中就能占据有利地位，也会有更大的把握收获一个满意的结果。

第二节 提升Offer谈判成功率

候选人是否会接受Offer，其关键并不在于薪酬谈判谈得好不好，因为在开展薪酬谈判之前，候选人心里已经有了是否加盟的想法。薪酬谈判只是强化了他的加盟意愿，只要谈判过程中的分歧不是很大，候选人改变想法的可能性就不会太高。

这就好比进行面试邀约时，因为候选人常常爽约，所以招聘官常专注于提升面试邀约的话术。但其实候选人不愿意到访并不是因为招聘官的话术不够漂亮，而是因为他看了JD，了解公司/职位的信息后，对这个工作机会根本不感兴趣。

因此，想要提升Offer谈判的成功率，招聘官要从更整体的角度来看待Offer谈判。

一、了解候选人的决策流程

先从候选人的决策流程说起。

招聘是双向选择——企业通过各种评测手段来筛选合适的候选人，候选人也会通过各种途径来对相关的工作机会进行评估。如果企业期望成功招募到最佳人选，就必须了解候选人的决策流程，这样才有可能促成彼此的合作。

在招聘中，招聘官应该把候选人当作空缺岗位的消费者。那么一般的消费者都是怎样作购买决策的呢？根据麦肯锡的消费者购买决策流程，可以看到随着互联网及社交媒体的发展，消费者获取产品信息并作出购买决策的进程变得越来越短。

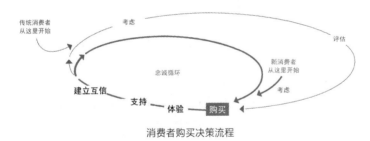

消费者购买决策流程

以前买一件商品，消费者可能需要货比三家，反复权衡。但是现在，更多是凭借对产品的第一印象及在获取产品信息过程中的体验来决定。如果在与产品的每一个接触点上，产品都给消费者留下好的印象，那么它就是消费者需要的好产品。可以回想一下我们淘宝购物的经历，相信没有多少人是耐心地看完商品详情页后才购买的。

招聘也是如此。相比电商购物，它更像是 O2O 的消费体验。候选人不仅会从线上搜索公司/岗位的相关信息，也会亲自到线下来观察感受。在短短的接触中，他或许并不能了解到公司/岗位真实的一面，但如果面试给他创造了极佳的体验，那么就能让他相信这是一个不错的工作机会。如果候选人对工作机会产生了信任甚至期待,那么他在Offer谈判中就会心甘情愿接受一定程度的让步。提升Offer谈判成功率的具体流程如表9-1所示。

表9-1 提升Offer谈判成功率的流程

步骤	事项
1	进行薪酬市场调研,了解特定岗位的薪酬水平
2	与目标候选人群体进行沟通,了解该群体的Offer接受标准
3	开发一个快速、友好的面试流程
4	根据候选人群的Offer接受标准,重新设计和包装岗位说明,确保岗位可以让候选人眼前一亮,让候选人相信本岗位能够提供一个机会让他们一展所长,将工作做到最好
5	撰写一份富有吸引力的招聘JD
6	在JD中提前向候选人展示一个最低价及一个让他无法拒绝的最高价
7	提前识别在Offer谈判中必须具备的条件及可能会导致Offer谈判破裂的点,保持清醒的认知
8	在面试流程中,询问候选人的薪酬预期,以及能够接受的最低工资要求
9	和用人部门沟通并对其进行培训,确保用人部门清楚公司/岗位的竞争优势,以及懂得如何在面试过程中向目标候选人兜售公司/岗位卖点
10	在面试过程中,与候选人建立友善、可信赖的关系
11	与用人部门经理沟通候选人的薪资预期,让用人部门给候选人估价,并确定还价的弹性区间
12	与意向候选人口头沟通Offer,提供初步报价,测试其反应
13	如存在落差,可再度协商报价,逐步达成一致
14	提前解决因满足候选人期望而造成公司内部不平等的问题,避免候选人入职后产生不必要的纠纷
15	评估用人部门经理和候选人的满意度
16	候选人入职后,询问Offer中哪些项目有效,哪些项目无效,包括整个沟通反馈流程,以便后续改进

二、与候选人进行最初接触

为了吸引最佳候选人,在招聘流程中需要努力将公司描述成"适宜工作的工作场所",将岗位描述成"有前途的工作机会"。如果招聘官非常努力地向候选人兜售公司/岗位的卖点,但公司没有一个像样的官网,或者用搜索引擎搜索不到公司的信息(或者能搜索出一大堆负面信息),再或者招聘广告与面试过程中的描述不一致,你认为候选人会相信招聘官所描述的一切吗?即便这些描述都是真实的。

在电商购物中,消费者与产品的第一个接触点非常重要,它可能只是一条短信、一个弹窗广告、一张海报,却能满足消费者的需求,激发他们的兴趣。

在进行招聘的时候,招聘官是否有认真考虑过与目标候选人的第一个接触点?在与候选人的最初接触中,是否能让他感觉到这就是他想要的工作机会,而且值得信赖?

完善企业官网、梳理公司信息在互联网上的呈现、进行舆情监控、开展目标候选人画像、初步了解候选人的需求及 Offer 接受标准、重塑 JD 及招聘信息、积极提高公司/岗位在目标候选人群体中的曝光率、优化求职申请的流程与体验……这一系列的操作,与招聘官的招聘习惯是截然不同的,有些甚至超出了传统招聘官的职责范围,但是它对说服候选人迈入招聘流程,以及最终接受 Offer 是非常有帮助的。如果做不好这些工作,Offer 谈判将变成一场艰辛无比的战役。

三、候选人进行主动评估

招聘官的脑海里要有这样的意识:钱并没有想象中那么重要。在这个社会里,有很多优秀的候选人都在很满意、很投入地做着低薪的工作。

招聘官之所以"被钱所困",主要还是因为没有摸准候选人的需求,给候选人提供了糟糕的招聘体验,Offer谈判中常见的非金钱因素如表9-2所示。

表9-2 Offer谈判中常见的非金钱因素

维度	内容
工作本身	• 可以做最棒的工作的机会 • 富有挑战性的项目 • 大部分时间都是在做擅长的事情 • 有轮岗或向外拓展的机会 • 提供项目管理或团队管理的机会 • 有机会承担风险、作出决策或拓展思维 • 工作中运用最新技术的机会
弹性	• 工作时间安排弹性 • 团队成员或同事选择的弹性 • 工作地点的弹性(可以在家办公) • 自我管理的机会 • 自行选择职位头衔 • 弹性的薪酬(基于结果付酬)
管理者	• 能保持诚实和频繁的双向沟通 • 候选人的能力有得到认可和肯定的机会 • 与高管能定期会面 • 个性化的激励方案 • 制订个性化的学习计划,确保候选人能够掌握行业最前沿的知识 • 自我提升的计划或预算
公司	• 具备社会责任感和环保意识的公司 • 拥有良好口碑的产品 • 专注于创新 • 有高级人才指导的机会 • 平衡工作与生活的机会 • 实现快速内部流动的机会 • 公司所做的事业将改变世界 • 能得到内部或公众认可的机会

续表

维度	内容
公司	●能获得职业生涯的背书 ●工作的安全性和稳定性

当候选人看到公司的招聘信息，并且产生了兴趣，通常会先在网上检索一下公司的基本信息，觉得满意就会应邀参加面试，亲自评估公司的情况及岗位的工作内容。

招聘广告上简略的信息，让候选人对公司/岗位形成了初步的印象。如果实际情况远低于预期，候选人就不会接受招聘官的邀请；如果实际情况高于预期，候选人接受邀请的可能性就会大很多。

所以，招聘官需要做的工作，就是提供符合甚至高于候选人预期的招聘体验。

在线上，招聘官需要监控舆情，清除对公司负面的评价，并且通过社交媒体（微博、微信、知乎等），有效传递公司积极正面的信息，告诉候选人我们公司是正规的、有前途的、适宜工作的。

与此同时，也可以利用官网招聘页面的"Q&A"，解答目标候选人可能存在的疑惑（如甄选流程、面试时长等），为他们即将到来的面试或工作之旅设定一个合理的预期。

招聘官要与候选人建立长期关系，在与候选人互动的过程中，要令候选人认为我们是有亲和力、值得信赖的朋友。如果做到这一点，就算在面试的过程中出现什么分歧，候选人也愿意和我们交流并听取解释。

另外，要尽可能在面试的过程中为候选人提供良好的面试体验。在与候选人接触的每一个细节里，都要表现得足够热情足够专业。同时，尽可能简化面试流程，提供更多的面试提醒和反馈，让候选人感觉到被尊重被关心。

招聘官要事先梳理对候选人推销的内容，以削减薪酬对候选人是否接受 Offer 的影响。建议选择懂业务、能够代表公司形象且掌握一定营销技巧的人员担任面试官，以便把企业的优势和卖点准确地推销出去。

面试开始前，招聘官要了解候选人能够接受的最低工资水平，以及可能会导致候选人拒绝 Offer 的因素。面试结束后，还要获取候选人的反馈，了解候选人接受 Offer 的可能性，以此来评估最终是否达成合作。

四、在候选人进行"购买"决策时

圈定了最终入围名单后，招聘官要与候选人展开薪酬谈判。候选人将根据企业给出的条件，决定是否接受这个工作机会。如果前面的招聘工作做到位了，在薪酬谈判时基本不会遇到太大的挑战。

招聘官可以先从较低的价位谈起，测试所有的薪酬福利组合，试探候选人可以接受的底线，然后进行调整。在互动的过程中，招聘官既要表现出对候选人的认可，以及为促成合作所付出的努力，又要说明公司的底线。必要时，也可以适当给候选人一些压力——比如创造"竞争对手"（告诉候选人我们同时在考虑其他的人选），敦促他尽快作出"购买"的决策。

如果候选人还是拿不定主意，可以通过以下方法提升 Offer 谈判的成功率。

- **面对面地沟通 Offer**。招聘官与候选人沟通薪酬，通常都是通过电话。如果双方还是很难达成一致，可以再约见一次，因为候选人不太容易当面拒绝招聘官，招聘官也更容易把握候选人的需求与意愿。
- **当天提供 Offer**。如果复试进行得很顺利，候选人离开时，能够感觉到他对公司/岗位的满意度很高，可以尝试在当天就提供 Offer。
- **预付薪酬**。对于特别优秀的人才，为了防止其被其他公司先录用，可以在候选人接受 Offer 到正式入职期间，为他提供与试用期等额的薪水（等同于已经入职）。这充分展现了公司的实力和诚意，一旦候选人接受了，就很难爽约。

- **高管亲自邀约**。来自老板或高管的热情的电话邀请，能很好地推动候选人接受 Offer，毕竟和赏识自己的领导一起工作，会更容易获得成功。
- **来自同事的邀请**。由候选人未来的同事打电话邀请他接受 Offer，表达团队对他的欢迎，也是个不错的办法。

当招聘官与候选人通过口头协商达成一致，并完成背景调查之后，企业才会正式出具书面的 Offer。Offer 要标明谈判敲定的所有细节，让候选人确认。企业收到确认回执后，招聘才算正式完成。

第三节　Offer 谈判的常用话术

一、谨慎地认可

让候选人意识到自己与岗位的要求存在差距。

"为了您的入职，我们专门召开了会议，会议上最终达成了一致，认为您虽然在行业（或管理/专业）经验上缺乏竞争力，但是您的逻辑、应变和果敢让我们愿意冒一次险。"

二、有仪式感地恭喜

让候选人感觉到公司对其十分重视，以抵消直言其缺点的不快。

"首先，让我代表 4000 名公司员工和 12 名部门经理，以及张董和王总，对您能通过我们的面试表示祝贺！恭喜您！"

三、抛出最重磅的吸引点

除薪酬外，根据招聘官与候选人面试沟通时了解到的对方的需求，抛出对其吸引力最大的福利。

"最值得庆祝的应该是这一点吧,在上一次的面谈中您说过您非常希望有管理机会,而这个项目负责人的岗位,不但在职位上给您管理方向的提升,更让您能直接对12个人的团队进行管理。而且团队不需要您亲自组建,来了就有兵可用。同时,公司内部的培训体系是业内领先的,如果您担心一开始带这么大的队伍有压力,我们有多个培训专家可以在幕后帮您。"

四、最后一次试探

把面试时的薪酬沟通过程重演一遍,看候选人是否坚持要求不更改。

"关于薪酬,上次面谈的时候您告知我您的年收入是税前20万元,您希望有15%的提升,您能否告知我,您的20万元年薪具体是怎样构成的?同时根据公司规定,您是否可以提供收入流水呢?并且在面试的时候我和您沟通过,15%的提升比例,也就是大约23万元的年薪,是有些超出我们的预算的。不知道这个岗位,您能接受的最低薪酬大概是多少呢?"

五、给出基本薪酬标准的同时抛出卖点

在谈判阶段,要根据候选人对上一个问题的答复来处理薪酬谈判问题。

- **如果候选人坚持其薪酬要求**

"是这样的,其实我们这个岗位对外招聘时的薪酬上限就是20万元年薪,其中还包括10%的绩效考核部分。对于您的入职,联合工作组其实讨论了比较长的时间。因为您没有行业经验,虽然您的个人能力非常强,我们也非常认可,但是我们这个行业对经验的要求还是比较高的,以您的聪明才智,估计至少也需要半年的时间才能真正懂其要义。所以,我想在我的职责权限内,能够给到您的薪酬上限也是不超过20万元的。但是我们公司有非常好的晋升机制,年度薪酬增长一般在10%左右,并

且我们这个行业如果自己培养出了人才,我们是不可能因为薪酬而让自己苦心培养的优秀管理者被别人高薪挖走的。"

● **如果候选人表示可以做出让步**

"非常感谢您的理解,因为行业有区别,所以薪酬的普遍规律也是有区别的。但是请您放心,我相信以您的高瞻远瞩,对自己的选择一定是经过深思熟虑的。我不能说您之前所在的行业在走下坡路或有比较大的政策风险,单说我们这个行业,其发展前景是巨大的。在这样的大趋势下,连资本市场都朝向我们了,还愁未来的发展吗?行业是这样,平台是这样,对于个人来说也是一样的。宁可平薪进入一个有发展前景的行业,也不能只看眼前利益,为了一点薪酬涨幅浪费自己的职业生命,您说是不是?"

六、以活动方式给出相应的福利政策描述

根据候选人对上一个问题的反馈,给予进一步的福利诱惑。

● **如果候选人坚持其薪酬要求**

"我们正在进行C轮融资,公司将会在C轮融资后全面关闭员工期权池分配。也就是说,您如果入职,那么您的这个职位,将会赶上我们最后一轮期权的分配。"

● **如果候选人表示可以做出让步**

"您说得很对,并且我们现在有个更好的消息,下个月我们公司将举办全体中层干部脱岗培训活动,总计6期,每期15人,脱岗15天,其中11天在上海、杭州、苏州,还有4天在德国的法兰克福。培训主题是考查当地优秀企业并学习管理经验。"

七、截杀

施加压力敲定各种细节,发出Offer。

"是这样的,我建议您的入职时间最好是在10日内,因为我希望您

能赶上我们这次集中培训。一方面是护照的最晚上交时间是 7 月 11 日，另一方面也能留出两周左右时间，让您能熟悉部门情况，以便让部门提报您的报名需求。"

"我们这个岗位，其实还有另外一位候选人，这个人是部门总监推荐的，您如果不能保证本月月底前入职，可能部门就会选择另外一位候选人了。"

第四节 背景调查

背景调查是人才甄选的最后一环，主要用于确认候选人所提供的信息是否真实，更好地预测候选人是否能够在新的岗位上获得成功。

为了获得更好的工作机会，候选人常会在过往工作经历、职位头衔及薪资待遇上掺水或作假。故而，开展背景调查并非浪费时间，而是非常有必要。做得好的背景调查是人才甄选流程中最有价值的部分之一。

一、什么样的岗位需要做背景调查？

背景调查主要聚焦在掌握核心资源的人身上，主要包括以下类型的候选人。

- **涉密**：掌握技术秘密、商业资源等内容的候选人。
- **涉钱**：可以开支票、掌握公章的候选人。
- **涉高**：应聘高层管理人员的候选人。

二、该向哪些人展开背景调查？

与候选人工作接触最紧密的人，包括候选人的上级、下级、同事、客户、供应商和合作方等。若条件允许的话，应该至少要询问 3 ~ 5 个人，而且是不同角色的人，这样方便招聘官对候选人进行全面的了解。

三、应该调查些什么内容？

背景调查时要关注最让企业担忧的问题，通常包括以下内容。

- 简历内容（在岗时间吻合问题 / 岗位名称和工作内容吻合问题 / 工作业绩问题 / 离职原因问题 / 薪酬标准问题等）。
- 风险问题（奖惩违纪违法记录 / 是否与公司存在仲裁或争议 / 档案关系是否有风险）。
- 同事关系和价值观（上下级关系问题 / 平级沟通和跨部门沟通问题 / 性格特点问题 / 道德评价）。

硬性信息（如学历、身份等）相对好核实，也不好作假；软性信息（如离职原因、优缺点、工作业绩、职业操守等）一般需要通过与候选人前同事进行电话访谈来调查。

四、背景调查前该准备些什么？

- **背景调查一定要有候选人本人的书面授权**。书面授权书需要有候选人本人签字；候选人要提供背景调查对象的名字、职务、联系方式等，以及和候选人的关系；要有个人声明，声明候选人提供的这些信息和他填写的求职信息是真实的；要向候选人说明，背景调查的结果将直接影响公司的录用决定。
- **准备结构化的背景调查的问题**。在开展背景调查前，最好按照需要了解的问题框架准备好问题清单，背景调查的具体内容如表 9-3 所示。

表9-3 背景调查表

应聘职位			姓名		调查日期	年　月　日
调查单位信息（1）	单位名称/网址				联系电话	
	招聘部门联系人/电话				业务部门联系人/电话	
调查内容	工作岗位是否相符？		□是　　□否，请说明：			
	工作起止时间是否相符？		□是　　□否，请说明：			
	主要岗位职责是否相符？		□是　　□否，请说明：			
	与同事（含上下级）关系如何？		□非常好 □很好 □一般 □不好 □较差			
	是否有劳动争议？		□否　　□是，请说明：			
	是否签有《竞业限制协议》？		□否　　□是，请说明：			
	工作能力		□优秀　□良好　□一般　□不合格　□较差			
	岗位专业知识及技能		□优秀　□良好　□一般　□不合格　□较差			
	管理水平		□优秀　□良好　□一般　□不合格　□较差 下属人数：			
	工作态度		□优秀　□良好　□一般　□不合格　□较差			
	工作效率		□较高　□一般　□慢			
	总体评价		1.优势：			
			2.不足之处：			
	有无不良记录（如严重违纪或过失）		□无　　□有，具体事例：			
	个人品格评价		□良好　□一般　□较差　　具体表现：			

续表

调查内容	您愿意再次与TA共事吗？	□愿意　□不愿意　原因：		
	离职原因		薪资情况	
	补充说明			
调查单位信息（2）	单位名称/网址		联系电话	
	HR部门联系人/电话		业务部门联系人/电话	
调查内容	工作岗位是否相符？	□是　　□否，请说明：		
	工作起止时间是否相符？	□是　　□否，请说明：		
	主要岗位职责是否相符？	□是　　□否，请说明：		
	与同事（含上下级）关系如何？	□非常好 □很好 □一般 □不好 □较差		
	是否有劳动争议？	□否　　□是，请说明：		
	是否签有《竞业限制协议》？	□否　　□是，请说明：		
	工作能力及业绩	□优秀　□良好　□一般　□不合格　□较差		
	岗位专业知识及技能	□优秀　□良好　□一般　□不合格　□较差		
	管理水平	□优秀　□良好　□一般　□不合格　□较差 下属人数：		
	工作态度	□优秀　□良好　□一般　□不合格　□较差		
	工作效率	□较高　□一般　□慢		
	总体评价	1.优势： 2.不足之处：		
	有无不良记录（如严重违纪或过失）	□无　　□有，具体事例：		
	个人品格评价	□良好　□一般　□较差　　具体表现：		

续表

调查内容	您愿意再次与TA共事吗？	□愿意　□不愿意　原因：	
	离职原因		薪资情况
	补充说明		

填表说明：

背景调查最好调查候选人最近的 2～3 份工作经历，并能够联系到候选人所在公司的招聘官和原部门同事进行核实。

五、如何设计背景调查的问题？

接受背景调查的人都很忙，招聘官开展背景调查的时间不应太长，一般要控制在 10 分钟左右。开发问题时，要根据电话沟通的时长，规划好问题的数量。

背景调查的问题要与工作或职位相关，可以从以下几个方面进行开发。

- 候选人简历中的哪些信息一定要核实？
- 我们对候选人从事该岗位有哪些担忧？
- 我们还想知道哪些候选人简历中未提供的信息？

建议背景调查的问题由易到难，前后要有逻辑关系，方便接受背景调查的人回答。

向合适的人问合适的问题，多问数字少问感觉，多问事例少问评价，以封闭式提问去求证信息的真实性。

问题不要设计得过于尖锐，提问时不能把接受背景调查的人追问得太紧，这样会引起对方的反感，影响公司的雇主品牌声誉。

范例　背景调查的沟通话术

1. 开场

自我介绍，说明意图，并确认对方身份。沟通时，要说明通话内容是保密的，并询问对方此时接听电话是否方便。

"您好，我是【公司名称】的招聘人员【招聘官姓名】，我们已经将【候选人姓名】列入候选人的行列，现在想就【候选人姓名】的工作经历及表现进行简单的了解。这次谈话会占用您10分钟左右的时间，我们会对通话内容保密，不知道您现在是否方便？"

"（如果不方便）请问什么时候方便与您沟通？"

"（如果方便）首先确认一下您的身份，请问您的名字是【受调查人姓名】吗？"

2. 背景调查

按照问题题本依次咨询需要了解的内容，并记录。

（1）工作时间

"您与【候选人姓名】过去的工作关系是？"

"您与【候选人姓名】共事多久？"

"他的入职时间是？离职时间是？"

"他离职时的职位是？"

"【候选人姓名】离职时，您是否还是他的上级（或其他关系）？"

"他为什么会从公司离职（是主动离职还是被动离职，原因是什么）？"

（2）工作表现及同事关系

"他在公司主要负责哪方面的工作？"

"您怎么评价【候选人姓名】在公司的工作表现？您共有几个下属？他在平级中的业绩排名如何？您有给他升职加薪吗？"

"您认为【候选人姓名】的强项是什么？哪些方面还需要继续加强？"

"【候选人姓名】与同事的关系如何？"

"当【候选人姓名】与您的意见不一致时，他会如何表达？"

"【候选人姓名】管理团队时，是否有其他人向您投诉？"

（3）其他情况

"根据您的了解，【候选人姓名】有无重大疾病呢？"

"【候选人姓名】在公司期间有没有不良记录或者纠纷？"

"【候选人姓名】跟贵公司的合同关系是否完全解除？"

"【候选人姓名】与贵公司签订的劳动关系合同中有没有涉及竞业限制、保密等方面的内容？"

"【候选人姓名】与贵公司有没有欠款？"

3. 结束

感谢对方支持，并承诺会满足对方同样需求，结束背景调查。

"【候选人姓名】离职时，您是否有挽留他？"

"如果他再度应聘贵公司的职位，您是否考虑重新聘用？"

"关于【候选人姓名】，您还有没有什么信息想要提供给我？"

"我还想向【另外想要征询的部门】更进一步了解【候选人姓名】的情况，不知道您是否方便介绍同事配合调查？"

> "我们需要向您了解的信息大概就是这些,非常感谢您的配合。如果未来您也有相关的需求,我也将尽力配合您的工作。再见。"

第五节 Offer模板及注意事项

到了发送 Offer 的环节,一切看起来似乎已经尘埃落定,但招聘官依然不能大意。招聘是一项复杂且多变的工作,稍不留神,事情可能就会变成另外一副模样。

一、发送 Offer 的注意事项

Offer 是企业提供给候选人的录用意向文件。发送 Offer,即表示企业期望与候选人建立劳动关系。虽然 Offer 不等于劳动合同,无论候选人签署与否,都不意味着建立劳动关系,但它终究是具备法律效力的文书,公司及候选人都要依照 Offer 的内容,履行各自义务。

Offer 中需要解释清楚职位、薪资及福利的关键细节,通常要包含职位头衔、入职时间、合同期限、工作时长及工作地点、薪资福利等信息,也就是将招聘官与候选人在面试及薪酬谈判过程中所确定的内容形成文字。

Offer 通常会以邮件或传真的形式发送给候选人,此时,它是具备了要约的要件。当候选人回复同意后,就视其接受了企业的要约。

为了规避可能存在的风险,发送 Offer 一定要遵循公司规定的流程,即在完成薪酬谈判和背景调查之后再发送。同时,在 Offer 中要设置生效和失效的条款,比如只有在员工提供离职证明、社保记录、入职体检合格的证明材料之后,Offer 才能生效;或者候选人 3 天之内不答复,Offer 就自动失效。

Offer 具备不可撤销性，一旦发出了 Offer，后又因故要撤销，属于违背信用原则的行为，企业要承担缔约过失责任。在取消 Offer 时，一定要及时和候选人沟通，给候选人一个合理的解释。另外，如果候选人因收到 Offer 而从原公司离职，那么企业撤销 Offer 后还要对候选人负责，给候选人适当的安置。

一般候选人入职签订劳动合同后，Offer 会自动失效。劳动合同条款的效力要高于 Offer。如果 Offer 中具备的内容在劳动合同中并未出现，招聘官与候选人又未明确约定 Offer 的有效期，那 Offer 中的内容在劳动合同签订后仍然有效。如果 Offer 与企业的规章制度不一致，Offer 是优先于企业的规章制度的。

二、把 Offer 当作一次营销的机会

虽然 Offer 通常是制式的文本，不过对于招聘官来说，它也是最后一次向候选人营销的机会。在候选人没有签字同意接收 Offer 之前，招聘仍没有结束。借由 Offer，可以强化公司 / 职位的优势和卖点。

针对不同阶段或类型的候选人，可以采用不同的营销策略。

- 对于刚参加工作没多久的候选人，他接受工作机会的考虑不会那么复杂，所以 Offer 信函采用标准模板就可以。
- 对于有一定工作经验的候选人，Offer 中可能要对薪酬结构进行比较详细的说明，并强调公司所提供的福利待遇。
- 对于高管人员，Offer 可能牵涉的内容会更多，既要保护目标候选人的合法权益，也要保障公司的利益，所以在一些利益关联点上要做尽可能详细的说明。
- 对于销售岗位员工，Offer 要写清楚薪资结构，告诉他们激励奖金比较容易实现，而且还有很多机会可以获得额外的奖励。

在粗放发展的时代，Offer 写成任何式样或许都无伤大雅，但是在人才竞争日臻白热化的当下，细节将决定招聘的成败。

| 案例 | Offer范例 |

【候选人姓名】先生 / 女士：

我们很高兴能邀请您加入【公司名称】，担任【部门名称】【岗位名称】一职。根据您的岗位职责和双方协商的内容，您的薪酬福利具体如下。

1. 劳动合同

当您【入职时间】前来公司报到的时候，我们需要您提供离职证明及医院提供的健康体检报告或其他相关手续。公司将与您签订正式的劳动合同，合同期限为【合同年限】，试用期为【试用期时长】，工作地点在【工作地点】。

2. 基本工资

您每个月的月薪合计为人民币 _____ 元（税前），其中包括基本工资 _____ 元，绩效工资 _____ 元，补贴 _____ 元。

根据公司规定，试用期结束后，您将参与公司的季度绩效考核，当季度的绩效工资与您上季度的绩效评定结果挂钩浮动。

3. 社会福利

根据本地政府的相关法规，个人所得税及其他相关社会福利（养老金、医疗保险、失业保险和住房公积金）的个人缴纳部分将会从工资中扣除。

4. 其他

您不得以任何形式向第三方透露您的个人薪资信息，否则将依据公司制度按违纪处理。

您必须遵守【公司名称】的各项规章制度和劳动纪律，没有公司的明确授权，您不得泄露涉及本公司及合作公司的技术、产业、商业或财务信息。如有泄密行为，公司将严肃处理，情节严重者予以开除且无任何补偿。

本协议请您签署两份，并返还给我们一份，以表示您同意所有条款。

前来报到时，请带齐以下材料。

（1）身份证、毕业证、学位证及相关资格证书原件。

（2）市公立医院入职体检表及费用发票。

（3）原工作单位的离职证明。

（4）两张一寸彩色免冠照片。

（5）＿＿＿＿银行借记卡。

（6）社保和公积金卡。

最后，非常欢迎您加入【公司名称】！

【公司名称】

【发 Offer 的时间】

我知悉并接受以上录用通知书的所有条款。

签名：＿＿＿＿＿＿＿＿＿＿＿＿＿＿＿＿

日期：＿＿＿＿＿＿＿＿＿＿＿＿＿＿＿＿

身份证号：＿＿＿＿＿＿＿＿＿＿＿＿＿＿

本 Offer 自发出之日起，需要您在 7 日内签字回传确认，逾期将视为您放弃 Offer。

本 Offer 是否生效，最终以您在市级以上公立医院所做的入职体检结果为准。

如体检结果不合格，本 Offer 无效。

如您未提供真实的个人信息，本 Offer 无效。

第六节 Offer 发送后的跟进

很多招聘官认为在候选人入职前，我们很难介入候选人的生活并影响他们。所以，即便候选人从接受 Offer 到正式入职存在相当长一段时间的空档期，也只能听之任之。

但是，这么做是非常危险的！

每一位流动在人才市场上的优秀候选人，都面临不止一个选择。如果不在候选人正式入职前，采取更加积极的行动，就很有可能面临候选人脱离的风险——比如候选人的前雇主挽留，或者收到了一份更诱人的 Offer……

一、发送 Offer 后持续跟进

在候选人接受 Offer 之后，如果候选人要等一段时间才能正式入职，无外乎两种情况：一是在工作之前，留点时间处理个人事务；二是觉得目前这份 Offer 并不是十分理想，想要"骑驴找马"。

无论是哪种情况，候选人都会比较排斥在正式开始工作前谈工作的事情，但这并不意味着完全不能谈。比如偶尔向候选人转发一些企业的信息或动态、关心一下候选人的近况、邀请他参与公司组织的活动或培训等，帮助候选人提前了解企业，坚定他们的选择。

除此之外，招聘官还可以尝试做以下事情。

- **提供一个"入职奖"**：可以考虑为候选人提供一个小小的"入职奖"。

在新员工上班的第一天，或工作一个月后，或者签订劳动合同时发放。

- **招聘官和用人部门经理频繁联系**：招聘官和用人部门经理可以定期打电话给新员工，或通过即时通信（如QQ、微信等）与新员工保持联系。在这一过程中还可以回答新员工提出的一些问题，消除他们的疑虑。
- **新员工会面**：在新员工正式上班之前，他们可能无法在工作日来公司，招聘官可以利用周末的时间，约候选人一起吃饭、喝咖啡等。
- **告知新员工要正式离职**：很多候选人都是"骑驴找马"，如果候选人承诺接受Offer，招聘官就可以要求他马上提出离职，并让他告知什么时候能正式完成离职手续。
- **要求新员工停止找工作**：我们可以告知候选人："既然您接受了我们的Offer，希望您不要再寻找其他的工作机会了。"
- **影响新员工的家庭**：给他的家庭成员赠送小礼物和欢迎信，或赠送情侣衫/亲子装及其他产品，以获得新员工家庭成员的支持。
- **提供一个企业邮箱账户**：通过工作邮件或内部社交账号，告知候选人他已是团队的一部分，同时也方便新员工与企业进行联系。
- **增强新员工与同事的联系**：可以向同事们提供新员工的履历，鼓励同事们与新员工互加微信，或关注其社交媒体账号，与其互动。
- **强化新员工的选择意向**：书面感谢新员工接受Offer，并告知他接受Offer的行为有多么明智，以及他能从公司收获什么。也别忘记告诉新员工，他对公司的重要性及同事们有多期待他的到来。
- **让新员工了解安排好的活动**：让新员工清楚我们已经为他的入职安排好一系列的活动，如CEO或某位高管会在他入职的第一天亲自迎接他。如果新员工是比较高阶的人才，他会意识到爽约会在行业内造成多么恶劣的影响。
- **提供信息，减少候选人第一天上班的焦虑**：来到一个新环境，很多东西都是未知的。我们可以告知新员工停车信息、穿着要求、需要带什么东西等，并让他知道办公地点、电话及办公设施都已准备好，帮助他减轻第一天上班的焦虑情绪。

• **减少新员工无法胜任工作的恐惧**：很多候选人就算拿到了 Offer，也会担心自己不能做好本职工作。我们可以清楚地告诉他，大家都相信他能 100% 完成所交付的任务。

• **给新员工安排一个导师**：不用等新员工正式入职，在入职前这段时间，就可以给他安排一个导师，给予他相应的指导和帮助。

• **入职前的培训**：在新员工入职前，可以提供一些在线的培训或在线的入职活动，帮助他更快地融入集体，同时增强对方留在公司的意愿。

• **提供资讯包**：给新员工发送包含公司信息的资讯包，其中包括公司官网、社交媒体站点、博客、视频介绍等，也可以包含一些常见问题的回答、上班第一天需要做的工作。另外，也可以让他加入公司内部群，方便同事间彼此联络。

• **发送新员工调查**：对新员工进行一个简单的调查，了解他对招聘流程的看法及面试体验，展示出我们对他的重视和关心。调查也可以包括他对工作及培训的需求，以便我们以后能更好地管理新员工。

二、敏锐感知候选人脱离的信号

当然，即便我们做了这么多的工作，也不能完全消除候选人脱离的风险。在与候选人互动的过程中，如果出现以下情况，则表明候选人有脱离的风险。

• **收到 Offer 后迟迟不回复**：Offer 已经发出，但在约定的时间内候选人迟迟没有回复，或者回复的时间超过约定时间一两周。

• **入职时间无法确定**：候选人接受并回复了 Offer，但入职时间无法确定，或者他想要很长时间之后才入职。

• **入职前反复探讨细节**：候选人已经接受 Offer，但是在入职前的一段时间里，反复和部门或招聘官探讨公司的各种细节，而且问得特别详细。

- **消失**：候选人接受 Offer 后忽然消失，电话、微信、QQ 等都联系不到他。
- **接受 Offer 后更新简历**：搜公开简历库时，发现已经接受 Offer 的候选人更新了简历，而且简历更新的日期是在接受 Offer 之后。
- **推迟入职时间**：候选人已经确定了入职时间，却突然要求推迟，但他并不能给出具体的入职时间。
- **直接爽约**：前期已准备好新员工入职手续，但是在入职的当天候选人却爽约了。

遇到这些情况时，招聘官先不要妄下判断，觉得候选人一定不想来了——有可能候选人遇到了其他重大的变故或挑战。招聘官需要积极和候选人取得联系，鼓励他说出正在面临的问题或困惑，和他一起寻找新的解决方案。如果候选人是由于个人原因而有所延误，可以进行内部协调，推迟入职日期；如果是因为 Offer 提供的酬劳没有达到候选人的预期，则可通过协商看有无改进的空间。

如果怎么和候选人沟通他都不理会，那就说明候选人是真的想放弃这个工作机会了。这时候招聘官需要考虑在未来的招聘流程中加入哪些测评环节，才能确保不再碰到这样爽约的候选人。

如果调整 Offer 仍然无法满足候选人的要求，那么招聘官就要反思一下是哪方面出了问题，导致我们和这些优秀的候选人"失之交臂"，是因为原公司提供了更好的机会和待遇，还是因为候选人家庭有压力或迁移的成本过大等。

总之，应尽招聘官所能，去争取收获一个更好的结果。如若不能，则这一次的招聘过程可以为下一次的招聘工作提供经验和参考。

第十章 做好入职引导

无论候选人是初涉职场还是工作经验丰富，加入新的公司，都是开启一段全新的冒险之旅。

一个全面的、细致的入职计划，可以更好地帮助新员工融入新环境。要知道，如果新员工没能留下来发挥他们的作用，那么招聘官之前所做的一切努力，都将白费。

通过本章的内容，你将了解：

- 重视新员工入职
- 新员工流失原因剖析

第一节 重视新员工入职

新员工第一天上班,没有人引导他到工位上,也没有人带他和同事认识,办完入职手续后来到工位时,发现办公设备还没装好。

好不容易组装好办公设备,想找点事情做,但是部门经理却没有给他安排任何工作,也没留给他任何学习的资料。

第一天就这么过去了,他心想第二天或许会好一点。但是第二天也是如此,他只能想办法给自己找一些事情做,努力熟悉公司的规则,设定自己的工作目标。

慢慢地,他终于适应了公司的环境,也和同事们彼此熟悉。等到试用期结束,部门经理却说:"他没有达到我的要求。"

然后,要么他又要去找一份新工作,要么勉强留下来,成为公司里碌碌无为的一员。

上面这一幕,相信你也见过。

一、除招聘之外,还要兼顾新员工导入

很多招聘官认为把人招进来后交给用人部门,工作就算是完成了。其实不然,如果没有做好新员工入职安排,新员工也可能会流失。

新员工入职后招聘官要做的工作相当于招聘的"售后服务",也是招聘工作的一部分。试想一下,如果新员工因为"售后工作"没有做好而流失了,要重新招人,最后耗费的还是招聘官自己的时间和精力。

把新员工招进来,却让他"自生自灭",显然是不负责任的。且不论新员工是否有能力尽快适应新环境,单是不正规的入职流程,就会让新员工对公司的观感及敬业度大打折扣。

无论公司的规模是大是小,都需要有正规的入职流程,帮助新员工快速认识公司文化、岗位角色、工作规则及方法,帮助他们更顺利地融入工作,创造价值。要规范入职流程,就要做到"4C"。

- 合规（Compliance）：帮助新员工了解公司的规章制度，让他知道怎么做才是合乎规定的。
- 说明（Clarification）：告知新员工他的工作职责及公司对他的预期，此外，还要让新员工了解工作的汇报线、工作流程。
- 文化（Culture）：帮助新员工熟悉公司有什么样的企业文化，什么行为是被鼓励的，什么行为是被禁止的。
- 联系（Connection）：带领新员工与工作密切相关的同事们建立联系。

二、入职工作从招聘时就已开始

新员工入职是招聘工作的尾声，但招聘是入职流程的开始。新员工流失，很大程度上都是因为招聘做得不够好。

招聘的目标是找到同时满足能力匹配、动机匹配和文化匹配的最优候选人。这个候选人不仅能够胜任岗位工作，还要能在公司工作很长一段时间，成为公司的资产。但是企业有时候过于看重候选人是否优秀（能力匹配），而忽视了他是否合适（动机匹配和文化匹配）。

此外，为了吸引候选人，在招聘的过程中，招聘官也容易"过度销售"，将公司吹得天花乱坠，导致候选人对公司产生了过高的期望值。当真正加入公司后，发现实际情况与招聘官所说不符，这时候候选人就会选择离职。

做好招聘工作，为岗位找到合适的人选，同时和候选人讲清楚未来工作中可能遇到的困难和挑战，帮助候选人设定合理的工作预期，是构建合理入职流程的第一步。

三、入职前需要准备什么

当候选人接受 Offer，打算来公司上班后，招聘官就应该马上着手为他的入职做准备。如果等到新员工正式上班那一天才开始准备，必然会丢三落四、手忙脚乱。

新员工入职应该做好如下准备,具体如表10-1所示。

- **准备好所有的文件表格**。新员工入职需要办理入职手续,签订劳动合同,有些新员工还要签保密协议或竞业协议,这些文件表格都要提前准备好。
- **与用人部门合作,制定入职规划**。新员工正式到岗前及入职第一天、第一周、第一个月、前三个月,分别需要做些什么样的事情,达成什么样的目标,都需要和用人部门商定。
- **为新员工准备一份清单**。例如:①谁是我的上司?谁是我部门的同事?②我需要使用哪些与工作相关的工具和软件?③我如何与团队进行沟通?④我工作中的第一个任务是什么?期望达成什么样的结果?⑤熟悉这个岗位还需要阅读什么资料?指引新员工尽快熟悉工作内容及公司环境。
- **准备好新员工的办公区**。当新员工来到工位时,发现一切都井井有条,他会觉得公司是有组织且足够专业的。

表10-1 新员工入职的准备清单

阶段	类别	事项
入职前	准备事项	确认并提醒新员工入职的时间、地点、交通及着装
		了解新员工的办公设备需求
		设置新员工的办公邮件地址,并加入公司的通讯录中
		将新员工的邮箱加入关联邮箱列表中
		开通新员工所需的系统、工具和平台的账户
		将新员工纳入部门会议中,帮助其尽快融入团队
		设置入职后第一周的日程表,并让新员工知晓
		规划并安排相关的培训课程
		在新员工入职两天内安排一个团队午餐,正式介绍新员工
		安排新员工入职后的第一项任务

续表

阶段	类别	事项
入职前	办公环境	规划并清理新员工的办公区域
		配置好新员工需要的办公设备
		准备好办公电话、门禁卡、铭牌、打印机访问口令及欢迎包
入职第一天	基础工作	与招聘部门其他同事一起,办完新员工的入职手续
		向公司/部门员工群发布新员工的入职公告,包括新员工的基本信息、所属部门、办公地点等
		向新员工介绍同事,尤其是工作上联系比较紧密的同事
		向新员工介绍如何使用视频会议系统及如何预定会议室
		向新员工介绍如何下载或访问计算机程序、系统或服务器
		告知新员工如果计算机出现问题,该如何获得技术部门的支持
		向新员工介绍公司的发展情况及资质荣誉
		提供公司附近的餐厅列表
		安排新员工和团队的核心成员共进午餐
	办公室之旅	打印机、复印机和传真机
		休息室、茶水间
		办公用品领取处、急救包
	工作安排	明确新员工本周的工作安排及所需的培训
		重新回顾公司愿景及目标、该岗位的JD、职责及预期: ●新员工的工作内容是什么? ●新员工将如何做出贡献? ●新员工的特定职责是什么? ●新员工的目标是什么? ●团队的目标是什么? ●新员工入职后1个月、2个月、3个月的工作预期是什么? ●新员工的角色及他将如何融入团队?
		重新回顾工作流程
		向新员工解释日常的绩效考核项及目标设置

续表

阶段	类别	事项
入职第一天	工作安排	给新员工一个初步的任务安排并约定完成期限
入职第一周		提供一个清单,里面包含有用的入职资料、产品信息与路径图、行业研究、竞争对手分析、品牌素材、内部流程等文件,并按优先级进行排序,以便新员工在业余时间进行学习
		安排新员工入职培训课程
		每日检查新员工入职培训的相关内容,并展开讨论,答疑解惑,弥补信息传递上的缺失和不足
		为新员工安排导师,负责解答新员工在工作和生活上的疑问,帮助新员工融入团队
		给新员工一个初步的任务安排并约定完成期限
入职第一个月		为新员工指派其他任务,包括更大的计划完成路径图
		设定绩效预期,并确保每个月都能为新员工提供月度工作绩效的反馈
		安排员工自我提升的阅读计划,比如阅读行业或工作相关的书籍

当然,每个公司的情况不尽相同,有的公司可能还需要准备办公电话、制作新员工铭牌、开设公司邮箱、向公司员工群发邮件让他们准备迎接新员工、打印公司的组织架构图及各部门的联络表等。总之,为新员工入职准备得越充分,他们对公司的第一印象就会越好。

四、创造美好的第一天

新员工第一次到全新的工作环境,重要的不是让他马上着手工作,而是让他对公司形成良好的第一印象,建立工作信心。

最常规的方法是,当新员工来到公司后,招聘官先陪他逛逛工作区域,介绍一下部门及相关成员,之后再为他设置相关工作账号及出入门禁卡等。如果能设计一个创意十足的欢迎活动,充分展现公司的企业文化,也会让新员工印象深刻,激起他的荣誉感。

如果公司有为客户制作的礼品（如咖啡杯、手提袋、T恤等），可以给新员工发一份，让他带回家。这样他会感到自己是受欢迎的，也会以加盟这家公司为荣。

除此之外，还要让新员工对即将从事的工作有所了解。首先告诉新员工公司目前涉及的业务，未来他将如何在行业内取得成就。接下来，结合与用人部门一起制定的入职规划，告诉新员工入职后第一天、第一周、第一个月及前三个月我们对他的要求，同时重申一下公司聘用他的原因及他将承担的责任。有效的共同目标，有助于让新员工感受到工作的价值和意义。

为了让新员工快速上手，可以为新员工指定一位导师，带领他熟悉办公设备和工作环境，让他相信自己有能力把工作做好。

五、入职第一周谈身份和文化

在传统的入职流程中，入职第一周会向新员工宣传企业文化，期望新员工认同公司的核心价值观。

对于新员工来说，加入一家新公司，意味着新的角色、新的任务、新的责任、新的同事和新的惯例，这是一个让他能在自己的能力范围内，为新公司做出贡献的机会。

让新员工对工作充满热情的最好办法就是帮助他了解自己。建议新员工入职的第一周，在安排他熟悉团队和企业文化的同时，也要鼓励他认识自我，思考如何发挥自己的优势，为公司创造价值。

当然，也需要让新员工的价值观念和企业文化保持一致。例如，一家追求质量的企业，在让新员工彰显自我的同时，也必须紧守质量的红线。

考查员工是否熟悉公司的企业文化，可以问他如下问题。

- 你是否清楚公司的规章制度？

- 你是否清楚公司的使命、愿景及核心价值观？
- 你是否了解公司经常用到的专有名词及术语？

如果新员工回答"是"，那么他对企业文化就有了一定的了解。

六、促进联系，持续跟进

新员工是否能够融入新公司，主要取决于他是否能在新环境中找到归属感——他能和公司内部员工建立良好关系，并且能够获得同事和上司的认可。招聘官应帮助新员工尽快熟悉公司的运作模式，让他了解同事间是如何沟通协作的。

此外，招聘官还可以做以下事情。

- **提升新员工的知识水平。** 合适的人才留下来只是第一步，重要的是他能在公司获得成功。无论是培训材料、与工作相关的文章，还是有价值的书籍，都可以推荐给新员工，帮助他成长。但在推荐学习资料时，也要注意资料的质量。

- **收集新员工的反馈意见。** 招聘官可以听听新员工对招聘、入职流程等方面的看法，一方面可以提高招聘官的工作质量，另一方面也可以通过收集反馈，与新员工建立良好的关系。

成功的入职流程是一个持续且长期的过程，"售后服务"要等新员工安然度过试用期才算告一段落。如果招聘官能带来一个高忠诚度、高效率的团队成员，相信这会比周而复始但劳而无功的招聘更有价值。

案例	入职引导范例

_____先生／女士：

真诚地欢迎您加入【公司名称】大家庭，并衷心希望您能喜欢我们大家庭中的每一员，携手共创一个和谐融洽的工作家园！

为了帮助您更快地熟悉新的工作环境，我们特意为您准备了《新员工入职引导手册》，它会成为您在新工作岗位上的好帮手。

您的 HR 入职引导人 _____ 部门入职引导人 _____

1. 入职网络信息：

请添加您部门入职引导人的微信，微信号码：_____

公司网址：_____

公司企业邮箱登录地址：_____

您的邮箱用户名：_____@_____；初始密码：_____

公司主要 Wi-Fi：_____，密码：_____（因公司办公范围较大，有其他 Wi-Fi 信号源，新员工可根据自己的办公位置选择不同信号源，具体详询行政部）

2. 办公室日常事务联系人

如果对工作或其他事务有任何困扰或疑问，您可咨询部门负责人，也可与人力资源部联系，我们将很乐意与您进行坦诚的沟通和交流。

人力资源总监：_____

行政经理：_____

财务经理：_____

薪酬绩效、五险一金：_____

办公用品领取：_____

会计：_____

HRBP（人力资源合作伙伴）：_____

出纳：_____

3. 照片收集

请您提供一张1寸电子版职业照和一张电子版生活照（照片阳光俊美一些更好）给行政前台。

4. 公司的考勤规定

本公司实行钉钉考勤制度，请您于入职当日下载好钉钉办公软件(移动端)并注册，具体考勤办法详见《考勤管理规定》。请到前台办理门禁指纹录入。

公司每天上下班的时间：上午 _____ 下午 _____

外出办公需通过钉钉填写《外出申请》，未打卡须到行政前台处填写《考勤异常登记表》。

5. 工资发放、福利等相关事宜

工资核算周期：每月10日为公司发薪日，核算周期为上月____日到____日，按国家规定计算个税。

工资咨询：（1）工资咨询：员工可发送邮件到_____处，申请工资条。（2）日常工资卡内资金查询：可以通过电话银行、网上银行自行查询。

6. 社保及住房公积金相关事宜

社保和公积金（社保包括养老、医疗、工伤、生育、失业五险），按照员工归属地的政策进行办理。

配合相关部门的操作时间，如果您的入职日期是15日（含）之前，公司将在您入职当月为您办理社会保险和住房公积金，如果您的入职日期在____日之后，公司将在您入职的次月为您办理社会保险和住房公积金。

7. 周汇报制度

公司实行周汇报制度，周报的模板请向部门负责人索取。

8. 公司通信地址

公司全称：_____ 有限公司

总机电话：_____

分机号查询方式：点开座机免提键，按 _____ 查询。

办公地点：_____

欢迎您的加入！

第二节　新员工流失原因剖析

对于招聘官而言，邀约面试时被候选人爽约还可以约别人，发了 Offer 后被拒绝还有候补人选，但是候选人入职后再流失，那之前的所有工作就全白费了。

关于员工流失的原因，正常情况下，新员工入职后 1 个月流失，和招聘官的关系比较大；入职后 3 个月内流失，和直接上司的关系比较大；入职后 6 个月内流失，和企业文化的关系比较大。

如果公司的新员工流失率比较高，那么"罪魁祸首"究竟是谁呢？

一、新员工流失，是因为企业招错了人

企业期望招到能力、文化和动机都匹配的候选人，但是如果面试方法不正确，就很有可能招错人。不匹配的人来了又走，是再正常不过的事情。

在面试甄选候选人时，招聘官可能在以下方面犯错误。

- **面试模式**：标准的面试流程是招聘官初试后由部门负责人复试，然后由总经理终试，敲定录用人选。但是很多公司没有固定的面试流程和

标准,只是把候选人约来之后几番闲聊,觉得合适就直接录用了。如此面试,必然会面临新员工流失的风险。

• **面试官选择:** 一般建议让资格比较老、经验比较丰富的员工担任面试官,如果用人部门负责人入职不久,在对公司文化或制度还不甚了解的情况下面试新员工,也会影响招聘的质量。

• **面试流程:** 有些公司招聘官和用人部门经理面试完候选人后,就直接作出录用决策而无须经过老板敲定——这也为新员工流失埋下伏笔。

• **能力与潜规则:** 高薪挖来的新员工固然能力出彩,但是高薪意味着高预期,同时也在一定程度上影响新员工的融入。

此外,如果忽视了候选人的文化匹配,如互联网公司的人跳到了国企、龙头企业的人跳到了创业型公司,工作环境、工作习惯和管理制度上的差异,也会导致候选人不适应。如果候选人在上一家公司顺风顺水,但在新公司却四处碰壁,无法推进工作,就很容易选择离开。

当然,还有候选人与未来上司之间工作风格的兼容性问题。如果新员工加入公司,并没有感受到被新领导欢迎、尊重或重视,他也不会在这个岗位上待太久。

二、新员工流失,是因为彼此的期望太高

在面试过程中,如果招聘官习惯刻意隐瞒公司的缺点,夸大优势,就会导致候选人对公司产生不合乎实际的想象。但是进入公司后,候选人发现实际情况完全不是招聘官所说的那样,就会感觉受到了欺骗。

又或者,面试的时候招聘官把候选人"捧在手心",让候选人以为自己入职后会受到特殊照顾,结果入职后却无人关心、无人指导,导致其产生巨大的心理落差。

而在企业方面,由于缺乏录用标准,对新员工常常产生不切实际的

期望。比如，新员工来自名校或名企，就觉得他的能力一定要高人一等。

还有些企业并没有想清楚招人进来到底要做什么，是提升业绩还是管理变革？短期内新员工的工作目标是什么？考核方式是什么？工作规范性如何？

还有些企业缺乏规范的入职流程，认为新员工有丰富的经验因此不用培训和引导，导致沟通、协作及工作效率大打折扣，最后新员工也只能一走了之。

三、如何降低新员工流失率

频繁的新员工流失，不仅消耗大量招聘预算，对雇主品牌和团队氛围也会有不好的影响。

如果遇到了新员工频繁流失的情况，首先，要明确新员工流失所带来的财务影响，引起公司管理层及业务部门的重视；其次，要分配责任，招聘官很难独自改善这一状况，需要用人部门甚至管理层参与；再次，要调查新员工离职的原因，做好在职核心员工及新近入职员工的保留工作；最后，有针对性地执行降低员工流失率的改善计划。

关于新员工流失，通常可以从以下几个方面着手改善。

● **改善招聘流程**

降低新员工流失率最有效的办法就是招募合适的人。首先要清晰定义所招募的角色。在招聘JD中精准地描述需求，以吸引符合条件的候选人。在面试过程中，招聘官要诚实地介绍工作要求、工作时间及薪酬福利等信息，为候选人设定合理的预期。

在面试甄选时，要运用与工作相关的标准来评估候选人。结构化面试、角色扮演或工作样本测试都是比较不错的评估手段。此外，一定要对候选人进行背景调查，核实完候选人信息后，再作出录用决策。

● 做好入职规划

利用好新员工入职的第一天,用良好的入职体验留住新员工的心。比如,为新员工准备一个热烈的欢迎仪式,唤起他对新工作的热情;为新员工准备好工作所需的所有工具,并提供相关的学习资料,以便他能更快了解自己的角色;安排团建活动,帮助新员工快速融入团队。

在新员工入职后招聘官要做好持续跟进工作。比如定期和新员工见面,了解他工作的进展及是否遇到困难,随时解决他的困惑或难题。如有必要,还可以在新员工入职后的前几个月内,给他指派一个导师。

● 与用人部门经理协调

降低新员工的流失率,仅仅靠招聘官的力量是不够的,还需要用人部门经理的鼎力支持。例如,给新员工安排有意义的工作,在让新员工一展所长的同时,也要提供相应的指导,帮助他完成工作任务,增强在新的工作岗位上取得成功的信心。

也可以和新员工讨论职业发展路径,询问他在未来几个月内想取得什么成绩,帮助他实现目标。

● 打造健康的工作场所

企业需要不断打造新员工留下来的理由,良好的工作环境就是其中之一。良好的工作环境包括更具公平性及包容性的文化,以及更具有吸引力的津贴和福利。当然,这些部分需要和管理层共同协商,需要更多人一起努力。如果公司变得越来越适宜工作,新员工也会逐渐打消离开的念头。

虽然这些改变未必能留住每一位新员工,但是招聘官的努力能为更多的员工带来更好的招聘体验及工作体验,从而塑造一个更优质的雇主品牌形象。随着新员工流失率的降低,招聘工作也将变得越来越高效。

第十一章 开展招聘复盘

完成招聘任务后,招聘官必须再进行一次复盘:回顾最初设定的目标,评估行动结果,分析具体原因,然后总结经验教训,并将这些经验教训转化成能力,让以后的招聘工作少走弯路。

面对不断变化的人才市场,招聘官唯有不断地进行深度思考,刷新认知,才能让自己变得更加高效、专业。

通过本章的内容,你将了解:

- 认识招聘指标
- 招聘漏斗的应用
- 招聘渠道的效能分析
- 招聘成本分析
- 招聘总结
- 招聘计划与招聘预算
- 招聘团队的建设
- 管控招聘流程
- 招聘官的时间管理

第一节 认识招聘指标

现代管理学之父彼得·德鲁克曾说:"如果不能衡量,就无法管理。"招聘也不例外,如果没有招聘指标作为指引,招聘工作就会陷入混乱。

不同的公司、岗位或公司的不同发展阶段对招聘工作有着不同的要求,为了便于理解,将招聘指标划分为以下几个大类。

一、招聘营销指标

现在越来越多的企业开始重视雇主品牌建设,并思考如何吸引更多优质的候选人投递简历。为了达成这一目的,企业开始将招聘和市场营销结合起来,尝试进行雇主品牌定位、策划招聘活动、开展广告宣传、强化候选人体验。

招聘营销指标主要用于衡量招聘营销策略的结果和有效性,具体内容如表11-1所示。

表11-1 招聘营销指标

类别	目的	指标项	数据来源与定义
雇主品牌	评估公司是不是理想的雇主	流入/流出比	有多少候选人来自竞争对手?有多少员工变成了竞争对手?计算流入流出人数的比率
		开放式申请人数	即使现在没有职缺,依然有多少人申请公司的职位?
		品牌意识	公司的雇主品牌是否得到目标群体的认可?
		保留率	在某段时间内,多少员工从公司离职?离职员工数占员工总数的百分之几?
		Offer接受率	在所有发出的Offer中,多少人接受并正式入职?
候选人体验	了解候选人对招聘流程是否满意	净推荐值	多少候选人认为我们公司是个良好的工作场所?有多少候选人贬损公司?计算净推荐人数占候选人总数的比率

续表

类别	目的	指标项	数据来源与定义
候选人体验	了解候选人对招聘流程是否满意	候选人参与度	候选人对招聘流程的参与度有多高？计算走完招聘全流程的候选人占总候选人的比率
		候选人满意度	候选人对整个招聘流程有多满意？针对招聘流程中各接触点对候选人展开满意度调研

除雇主品牌建设和候选人体验外，招聘营销指标还包含一些具体事项，如官网建设、官网登录页面美化、邮件营销、社交媒体维护等。以招聘官网为例，就有页面的点击率、转化率等指标，在此不一一展开。

二、招聘速度指标

如果招聘流程过长，就需要花费更多的时间和各方进行沟通协调，候选人体验也会更差。面对日益激烈的人才竞争，招聘速度也要更快。

招聘速度是指以多快的速度找到并录用候选人，具体指标如表11-2所示。在日常工作中，招聘官通常会更关注录用候选人的速度，尤其是甄选流程各环节所花费的时间——通过分析，可以发现招聘流程变慢的症结所在，并加以改善。

表11-2 招聘速度指标

类别	目的	指标项	数据来源与定义
申请前	看用多快的速度找到候选人	找到人选时长	从发布招聘职位到找到第一位候选人，总共花了多长时间？
		找到合适人选时长	从发布招聘职位到找到第一位合格的候选人，总共花了多长时间？
申请后	看用多快的速度招到合适的候选人	平均招聘周期	从候选人投递简历到正式入职，每名候选人平均花了多长时间？
		平均雇佣周期	从启动招聘到候选人正式入职，每名候选人平均花了多长时间？
		各阶段所花费时间	获取简历、筛选简历、人才甄选（初试/复试/终试）、Offer谈判、录用审批等阶段，各花了多长时间？

续表

类别	目的	指标项	数据来源与定义
申请后	看用多快的速度招到合适的候选人	接受Offer时长	从发出Offer到候选人正式接受Offer，总共花了多长时间？
		平均到岗时长	候选人从接受Offer到第一天上班，总共花了多长时间？

三、招聘成本指标

公司里每一个关心招聘的人都关注招聘成本，期望能用最小的成本，收获最好的结果——这也是最能体现招聘官价值的地方，招聘成本指标如表11-3所示。

表11-3 招聘成本指标

类别	目的	指标项	数据来源与定义
申请前	看找简历需要花多少钱	招聘渠道费用	为完成招聘任务，在每个招聘渠道上的投入分别是多少？
		平均简历获取成本	平均获取每份简历花了多少钱？
		平均有效简历获取成本	平均获取每份有效简历花了多少钱？
申请后	看招聘一名候选人一共需要花多少钱	平均招聘成本	从候选人投递简历到正式入职，平均招聘一名候选人需要花多少钱？
		平均雇佣成本	从启动招聘到候选人正式入职，平均招聘一名候选人需要花多少钱？
		平均入职成本	平均每位新员工在入职期间所花费的费用是多少？

招聘成本如表11-3所示，包含内部成本（企业内招聘官的工资、时间、福利、差旅费支出和其他管理费用）、外部成本（渠道、广告、招聘会支出；

招聘代理、职业介绍机构收费；员工内部推荐人才奖金；校园招聘费用等）和隐形成本（人员流失导致的重复招聘、错误招聘带来的损失等）几大块。

招聘成本通常是每年核算一次，计算公式如下。

平均招聘成本=（外部成本+内部成本）/招聘总人数

在优化某一岗位的招聘成本时，更多的是跟踪平均简历获取成本或平均有效简历获取成本。

四、招聘质量指标

招聘的首要目标是为空缺岗位找到能力匹配、文化匹配和动机匹配的高质量候选人。即便花再少的钱，用再短的时间，如果只找到平庸的人才，招聘也很难说是成功的。所以，评估招聘工作是否成功，更多是看评估招聘的质量，然而，这却是最容易被忽视的一项，招聘质量指标如表11-4所示。

表11-4 招聘质量指标

类别	目的	指标项	数据来源与定义
员工绩效	看新员工的工作表现如何	晋升率	在一定时间内得到晋升的新员工占总入职新员工的比率
		预热时长	新员工从入职到释放全部生产力花费了多长时间？
		敬业度	新员工的工作积极性和工作投入程度如何？
		绩效考评	在一定时间内新员工的绩效考评成绩如何？
员工满意度	看新员工对工作机会的满意度如何	新员工保留率	新员工分别在公司工作了多长时间？分析不同时间段新员工保留的比例
		净推荐值	有多少候选人认为我们公司是个良好的工作场所？有多少候选人贬损公司？净推荐人数占候选人总数的比率是多少？
		员工流失率	分析一定时间内离职的新员工与全部新员工的比率

续表

类别	目的	指标项	数据来源与定义
文化匹配度	看新员工是否与公司文化相匹配	价值观一致	新员工个人价值观与公司的使命及价值观是否一致？分析新员工对公司活动的参与度
		人际融合	新员工与同事及上级的沟通与互动情况如何？对新员工部门同事及直接领导展开调研
		工作文化	新员工对办公环境及规章制度的适应程度如何？分析新员工违规的比率
用人部门满意度	看用人部门对新员工满意度如何	能力满意度	用人部门经理对新员工的能力满意度如何？
		绩效满意度	用人部门经理对新员工的工作表现满意度如何？

招聘质量是很难衡量的，通常会综合新员工入职一段时间后的绩效表现、员工满意度、适应程度及用人部门的满意度来进行评价，也可以利用如下公式进行评价。

招聘质量＝（一年内新员工平均绩效＋转正合格率＋保留率）/3

五、招聘来源指标

每个招聘官都非常关注招聘渠道的效能。如果能深入了解招聘渠道的效能，就能预测招聘结果，合理地分配资源，从而达到提升招聘速度和质量、降低招聘成本的目的，招聘来源指标如表11-5所示。

表11-5 招聘来源指标

类别	目的	指标项	数据来源与定义
速度	看渠道多久能招到人	寻访周期	一定时间内，各渠道收到的简历数
		雇佣周期	一定时间内，各渠道的成功入职人数
数量	看渠道能招到多少人	职位获取简历数	在渠道中发布某职位招聘信息能够收到多少份简历？
		总简历数	通过该渠道总共收到了多少份简历？

续表

类别	目的	指标项	数据来源与定义
数量	看渠道能招到多少人	有效简历数	通过该渠道收到了多少份有效简历？
		到访人数	通过该渠道获取的候选人中，应邀到公司面试的候选人所占比率是多少？
		入职人数	通过该渠道录用了多少人？
质量	看渠道能够招到多少优质的人才	初试合格率	通过该渠道获取的候选人中，通过初试的候选人所占比率是多少？
		复试合格率	通过该渠道获取的候选人中，通过复试的候选人所占比率是多少？
		试用期合格率	通过该渠道获取的候选人中，通过试用期的候选人所占比率是多少？
		顶尖人才数	通过该渠道招聘了多少顶尖的人才？
		新员工保留率	通过该渠道获取的新员工中，在一定时间内的保留率是多少？
		最佳候选人来源	哪个渠道提供了最优秀的候选人？
		最佳雇员来源	哪个渠道提供了最优秀的（新）员工？
		影响来源	哪些渠道能够有效影响候选人申请我们的职位？
		消息来源	候选人从哪些渠道最先获得我们的招聘信息？

在评估渠道效能的同时，招聘官也要考虑渠道成本，如渠道的简历成本、有效简历成本或录用成本，在不考虑招聘速度的前提下，可以根据这些数据，优化渠道组合，使渠道的投入产出比最大化。

六、内部推荐指标

如果公司内推行了内部推荐项目，则还需要设置内部推荐指标，对内部推荐项目进行监控。内推监控的主要观察项是员工/前雇员的参与度及核心伯乐人群——前者可以评估内推项目是否成功，后者则是内推项目的主要产出来源，是企业重点维护对象，内推指标如表11-6所示。

表11-6 内部推荐指标

类别	考核目的	指标项	数据来源与定义
内部员工/前雇员	看员工/前雇员在内推上有多投入	员工推荐率	一定时间内，多少员工（前雇员）参与了内部推荐项目？
		最佳推荐者	为空缺岗位推荐了最佳候选人的员工（前雇员）是谁？
		积极推荐者	一定时间内，推荐候选人最多的员工（前雇员）是谁？
		高质量推荐者	一定时间内，推荐合格候选人最多的员工（前雇员）是谁？

七、如何利用指标指引招聘工作？

看到这里，可能会有招聘官抱怨："这么多招聘指标，我哪有时间去一一跟踪呀！"

的确如此，如果没有强大的ATS系统作支撑，招聘官很难关注到每一个招聘指标。所以通常会基于"什么对公司最重要"或"想要改善什么"的初衷，选择一定数量的招聘指标来进行监控和跟踪。

不同的公司或个体对招聘的关注点是不一样的。例如，用人部门经理会更关注招聘的速度和质量，老板会更关注招聘成本、招聘质量和招聘目标的完成率，招聘部门的负责人可能会更关注细节，如候选人简历量、Offer的接受率、新员工的流失率等。在开始跟踪招聘指标之前，招聘官要明确想要衡量的内容是什么。

接下来就要确定如何采集数据。如果公司采购了ATS系统，招聘官就轻松多了；如果没有ATS系统，用Excel表格也能应付，只是面对庞大的数据量时会比较吃力。

数据的采集最好由招聘官来进行，不过采集数据前，招聘官要清楚做这项工作的意义、具体要采集哪些数据及数据的起始节点和分布周期如何，这样才能保证采集到的数据的准确性。

最后就是进行数据的分析和总结了。只要采集到对的数据，招聘指标的计算公式并不复杂。通过数据分析，招聘官很容易发现问题所在，从而可以利用数据去预测未来的招聘工作或改进招聘流程。

第二节　招聘漏斗的应用

说到数据分析，不得不再次提到招聘漏斗。

在进行招聘管理时，通常需要利用漏斗图将招聘流程各环节的数据直观地呈现出来。

一、什么是招聘漏斗？

倘若把招聘流程看成一个漏斗，则当职位发布后，有人申请职位，候选人就出现在漏斗的顶端；经过简历筛选，其中会有一批符合关键录用标准的候选人进入面试环节；经过几轮面试后，又有一些候选人被筛出去，招聘官会和剩下的候选人展开 Offer 谈判；最后，其中认为彼此都很合适的人选入职成为团队中的新成员。

随着招聘流程的深入，留存在流程中的候选人越来越少，漏斗的口也越来越小。

招聘漏斗是从销售漏斗衍生而来，这种可视化的方式可以让招聘官看清楚招聘的全过程。不同的是，销售线索经过销售漏斗，转化成了订单；而候选人经过招聘漏斗，转化成了公司的员工。

为了获取到更多的订单，达成销售业绩目标，公司会花很多心思拓展销售线索；同样，为了招到合适的人选，招聘官也会想尽办法四处找简历。但是努力有时候并不意味着会有好的结果——很多销售线索其实是死线索，而很多简历除浪费招聘官甄选时间外，也没有任何价值。

无论是招一个人还是招一批人，招聘工作是否有效率，都要看招聘漏斗从顶端到底部的候选人转化率。招聘官不仅要努力扩大漏斗顶端的候选人数量，而且要求这些候选人尽可能都是合格的，争取漏斗底部有多个优质的候选人可供选择，而非仅剩一个候选人，或者一个都没有。

二、招聘漏斗的结构

参照候选人的决策流程，招聘漏斗分为获悉、考虑、评估、申请、筛选和录用6个环节。前3个环节属于招聘营销的范畴，主要工作是尽可能吸引更多目标候选人申请职位；后3个环节属于招聘甄选的范畴，主要工作是准确高效地筛选出胜任岗位的合适候选人。在日常工作中，招聘官相对更关注后3个环节的完成情况。

为了提升招聘甄选的效率，通常将后3个环节单独构成一个漏斗。根据工作优化的需要，招聘官可以从招聘甄选流程中细化出很多统计节点，如职位发布、简历筛选、面试邀约、初试、复试、发送Offer和入职等。

这个招聘漏斗主要关注两个指标——相邻环节之间的时间间隔和转化率，也就是招聘指标中的速度指标和质量指标。关注转化率，就要记录每个招聘环节的具体转化数量，如表11-7所示；关注时间间隔，就要记录每个候选人进入每个环节的具体日期，如表11-8所示。

表11-7 招聘流程统计分析表

	渠道	计算公式	渠道A	渠道B	渠道C
渠道单位成本	发布职位成本（元/职位）	a			
	获取简历成本（元/简历）	b			
渠道转化效率	发布职位数	c			
	获取简历数	d			
	电话邀约数	e			
	通过简历筛选比例	e/d			
	诺访数	f			
	诺访率	f/e			
	到访数	g			
	到访率	g/f			
	面试通过数	h			
	面试通过率	h/g			
	Offer发放数	i			
	录用率	i/h			
	已入职数	j			
	实际入职率	j/i			
渠道投入产出比	发布职位总成本	a*c			
	获取简历总成本	b*d			
	Offer发放数	i			
	投入产出比1	a*c/i			
	投入产出比2	b*d/i			

填表说明：

通过此表，不仅可以记录各环节的转化率，还可以评估招聘渠道的投入产出比。

表11-8 招聘进度跟踪表

候选人姓名	应聘岗位	招聘来源	目前阶段	申请职位	间隔时长	简历筛选	间隔时长	面试邀约	间隔时长	面试甄选	间隔时长	录用通知	间隔时长	入职报到	不通过原因	备注

填表说明：

建议招聘官将同职位的候选人信息整理到一张表内，这样既可看到该岗位各环节平均耗时时长，也可以观察各环节候选人的转化率及各渠道对岗位招聘的贡献度。

（1）招聘来源：候选人来自哪个招聘渠道？

（2）目前阶段：候选人目前处于招聘流程的哪个阶段？填写内容为"申请职位/简历筛选/面试邀约/面试甄选/录用通知/入职报到"其中之一。

（3）申请职位：候选人在什么时间投递简历？或招聘官在什么时间收到候选人简历？填写日期（下同）。

（4）简历筛选：招聘官什么时间开始筛选简历？

（5）面试邀约：招聘官什么时间发起面试邀约？

（6）面试甄选：招聘官在什么时间开启对候选人的面试甄选？

（7）录用通知：招聘官在什么时间给候选人发送 Offer？

（8）入职报到：候选人在什么时间正式入职上班？

（9）间隔时长：前后环节的时间间隔，以天计算。

（10）不通过原因：候选人没有进入下一环节的原因是什么？能力匹配/动机匹配/文化匹配/其他？

绘制招聘漏斗时，招聘流程各环节的数据可以用长度来显示，招聘流程各环节之间的时间间隔可以用高度来显示。

三、如何有效利用招聘漏斗？

当招聘漏斗摆在面前时，招聘官能一目了然地发现问题所在。

首先，需要关注各环节向内倾斜的幅度，它代表着各环节的转化率。招聘流程中的转化率包括简历合格率（有效简历数/总简历数）、诺访率（诺访人数/有效简历数或电话邀约数）、到访率（到访人数/诺访人数）、初试通过率（初试合格人数/到访人数）、复试通过率（复试合格人数/初试合格人数）、录用率（发放 Offer 数/复试合格人数）、入职率（入职报到数/发放 Offer 数）等。转化率越低，漏斗越向内倾斜，意味着这一环节的工作出现了问题，如果能加以改善，就能大大提升招聘的效率。

其次，需要关注各环节的时间间隔。各环节招聘速度的快慢会直接影响各环节之间的转化率。招聘流程推进速度越快，候选人体验越好，转化率也会越高。

经过一段时间的统计和观察，招聘官可以获得某些岗位招聘时的经验数据——在现有的条件下，按照常用的操作方法和标准，各环节的时间间隔和转化率大致是多少。这些数据可以有效地指导招聘官制定合理的招聘策略和招聘规划。

招聘官可以以终为始，根据招聘需求和各环节的转化率进行倒推——为了达成招聘目标，各环节需要达成什么样的量化目标。如果有这些数据做基础，就能将目标有效地分解下去，并实时掌握各阶段各环节的完成情况，根据进展情况调整策略，做到胸有成竹。

四、用数据驱动招聘效率的提升

招聘漏斗只是招聘数据分析的一个具体实践。在招聘的过程中，招聘官会接触到大量的数据，它们都能帮助招聘官优化招聘流程，提升招聘体验和招聘效率。

招聘工作是一项结果导向型工作。想要有好的招聘结果，就必须要有好的招聘过程。通过数据分析，可以有效地管控招聘过程，发现问题并做出一些力所能及的改变，让招聘工作更有成效和价值。

第三节 招聘渠道的效能分析

招聘官往往都非常关心招聘渠道，因为渠道选择好了，可以找到更多合适的简历，这样招聘起来就省心多了。

一、如何进行招聘渠道的效能分析？

在进行招聘复盘的时候，也需要分析一下招聘渠道的效能，如表11-9、表11-10、表11-11所示。

表11-9 候选人来源统计表（1）

岗位名称	招聘人数	渠道A				渠道B				渠道C			
		总简历数	有效简历数	到面人数	录用人数	总简历数	有效简历数	到面人数	录用人数	总简历数	有效简历数	到面人数	录用人数

填表说明：

通过统计每个岗位从各渠道获得的总简历数、有效简历数、到面人数、录用人数，来判定渠道实际贡献的价值及转化率。

表11-10 候选人来源统计表（2）

时间	录用人数	渠道A	占比	渠道B	占比	渠道C	占比	渠道D	占比	渠道E	占比
1月											
2月											
3月											
4月											
5月											
6月											
7月											
8月											
9月											

续表

时间	录用人数	渠道A	占比	渠道B	占比	渠道C	占比	渠道D	占比	渠道E	占比
10月											
11月											
12月											
费用											
平均成本											

填表说明：

通过统计各渠道对岗位招聘的贡献度及平均成本，综合评估各渠道的招聘效能。

表11-11 ××岗位渠道招聘效能评估表

招聘岗位	招聘渠道	发布情况				渠道效能						
		发布时间	渠道位置	单价	个数	金额	总简历数	有效简历数	有效简历成本	到访数	面试成本	入职数	录用成本

填表说明：

通过统计招聘渠道的有效简历成本、面试成本及录用成本，综合评估渠道的性价比。

可以从以下几个层面切入。

- 我们从这个渠道获得了多少份简历？

- 我们从这个渠道获得了多少份有效简历？
- 最终录用的候选人来自哪个渠道？
- 最终录用的候选人从哪个渠道第一次获悉我们的招聘信息？

如果再深入一些，还可以了解以下问题。

- 我们花了多长时间从这个渠道获取到第一份简历？
- 我们花了多长时间从这个渠道获取到第一份有效简历？
- 这个渠道的平均简历获取成本是多少？
- 这个渠道的平均有效简历获取成本是多少？
- 这个渠道的平均录用成本是多少？
- 这个渠道的候选人质量（录用人数/总简历数）如何？
- 这个渠道对招聘顶尖/特殊人才的贡献度有多大？

首先要明确岗位招聘工作是更关注速度还是更关注质量或成本，然后选择合适的指标进行跟踪。这些数据可以帮助招聘官选择最有效的渠道组合，避免将资源浪费在无效的渠道上，从而提升招聘工作的质量。

二、获取招聘渠道数据的挑战

在开展招聘渠道分析时，还会遇到很多困难。

招聘官很可能在不同的招聘渠道上看到同一个候选人的简历。如果只根据网上采集的数据，很难判定是哪个渠道帮助招聘官找到了这个候选人。

坏数据比没有数据更糟糕，但招聘官可以通过以下方法来解决这一问题。

- 在面试邀约或面试甄选的过程中，不妨多问候选人一句："请问您是从哪里获悉我们的招聘信息的？""您是从哪个渠道申请我们的职位的？"

- 正式录用候选人后对他进行调研，了解他最早是从哪里获悉招聘信息，以及哪些因素对他的申请影响最大。

另外，在进行渠道分析的时候，招聘官容易过多关注优胜者，却忽略次优者。其实那些能够进入复试流程的候选人，也不乏优秀者。如果招聘官心有余力，可以适当扩大跟踪面。

三、如何使用招聘渠道数据？

获取到招聘渠道的相关数据之后，除分析渠道的投入产出比之外，还可以深入分析，找到方法把这些数据应用到日后的招聘工作上去。获取渠道数据后，可以思考如下问题。

- 什么样的渠道能使招聘更快速地成功？
- 什么样的渠道能帮助公司找到最有价值的员工？
- 哪些因素会吸引或促使候选人申请职位？
- 哪些因素会阻碍候选人申请职位？
- 哪些渠道在传播对公司有利的信息？
- 哪些渠道在传播对公司不利的信息？

通过这些信息，可以进一步优化招聘策略，提升企业的雇主品牌声誉。

第四节 招聘成本分析

平均招聘成本是每个关心公司招聘的人都非常重视的指标。它不仅体现着招聘官的工作价值，也关系着公司新一年在招聘上的投入。

计算平均招聘成本的公式很简单，用总的招聘成本除以总的录用人数就可以了，但困难在于如何计算总的招聘成本。

一、招聘成本包含哪些内容？

招聘成本包含外部成本、内部成本和隐形成本，具体如表11-12所示。

表11-12 招聘成本包含的内容

类别	项目
内部成本	• 招聘人员的薪水 • 固定成本（如办公室的租金） • 硬件成本（如办公设备等） • 软件成本（如ATS系统等） • 员工的推荐奖金 • 新员工的相关费用（如安置费、签字费等）
外部成本	• 第三方招聘代理费用（含猎头、RPO服务等） • 招聘广告营销费用（含招聘网站套餐、雇主品牌建设、社交媒体维护费用） • 招聘活动费用（含现场招聘会、校园招聘等费用） • 差旅费（含候选人或招聘团队的差旅费） • 供应商（含招聘物料制作、网站设计等） • 背景调查服务 • 人才测评服务
隐形成本	• 公司内其他员工在招聘上投入的时间成本 • 因岗位空缺或招错人造成的业务和团队影响

在计算招聘成本时，有些项目的数据是很难获取的，故而招聘官通常会把关注重点放在招聘人员的薪水、第三方招聘代理费用、招聘渠道费用、招聘项目或招聘活动费用及在招聘技术、服务和工具上的投入。

其实，复盘招聘成本，重要的并不在于是否将所有的项目都纳入考量，而是每一年的计算项目都能保持一致，这样在做纵向对比时，才能发现有些内容是否得到了改善和提升。

二、如何分析招聘成本？

企业一年核算一次招聘成本，通常会关注占整体招聘成本份额较多的项目，了解为什么会花这么多钱，是否产生了应有的效果。

平均招聘成本会因岗位、职级、资历、行业、公司规模或招聘量的不同，而产生很大的差异，招聘成本分析具体如表11-13所示。在计算平均招聘成本时，不同的岗位最好单独分析。平均招聘成本合理的区间是该岗位年薪的16%~20%，岗位层级越低，平均招聘成本越接近区间的底端。

表11-13 招聘成本分析表

岗位名称	所属部门	招聘人数	招聘周期	内部成本			外部成本						总招聘成本	平均招聘成本
				招聘官薪水	推荐奖金	激励奖金	渠道成本	中介费用	活动费用	差旅费	物料费用	面试费用	其他费用		

填表说明：

招聘官薪水按照岗位招聘周期内招聘官的工资来进行计算。

跟踪招聘成本指标的好处是，可以尽量避免不必要的招聘支出，但它并不是招聘工作的全部。相对而言，为公司成功招募到优秀的员工更加重要，为此就算多付出一些成本，也是值得的。

第五节 招聘总结

相较其他岗位，招聘工作容易量化，也拥有大量的数据，不至于在作工作总结时言之无物。

不过，在撰写总结的时候，该总结什么，报告怎么写，也是一门学问。以下是撰写招聘总结的常规步骤。

- **设计时间表**：撰写招聘总结，无论是采集数据/信息、拟草稿、修改调整，还是排版优化、汇报审核，都需要时间。尤其是写年度总结，没有1~2周的时间是很难完成的。在写总结前，招聘官需要给自己设计一个时间表和行动计划。
- **思考总结方向**：通常来说，总结都是回顾过往工作状况及目标实现情况，总结成功之处和不足，并汇报未来规划。但是不同部门的关注点是不一样的，如表11-14所示，所以招聘官还要思考部门的定位是什么，总结汇报的对象是谁，他们期望听到什么内容，招聘官的诉求是什么。以此为基础，来确定招聘总结的内容框架。通常招聘总结会涉及成绩、价值、任务、举措、不足和经验6个部分，如表11-15所示。

表11-14 汇报对象及可能的兴趣点

汇报对象	可能的兴趣点
直属领导	在工作中发现的问题和问题解决思路
上级领导	对未来工作的目标和具体的措施
其他部门主管	具体的成果及可借鉴的点
下属	对未来工作的具体思路及愿景
全体员工	过往取得的成就及未来的工作方向

表11-15 招聘总结的常规内容

维度	内容
成绩	包括工作计划与工作目标的完成情况、重点数据的对比分析、重点事件的描述、重点工作同比和环比的分析、与标杆企业/竞争对手的对比,甚至包括和集团公司里兄弟企业的对比等
价值	主要体现为对公司战略与业务的参与程度,是否做了对企业有深远影响的事情或决策,如在雇主品牌建设时作出了哪些重要决策,在提升员工敬业度和工作满意度等方面做了哪些事情等
任务	对部门重点工作进度或结果的阐述,或是对关键事件/里程碑事件的重点描述
举措	主要是对部门工作或者岗位工作的关键举措的进展、已经产生的效果进行描述,包括对部门当中一些最佳实践或是创新方法所做的推广进行阐述
不足	目前工作的不足之处、可以改进的地方
经验	获得哪些经验教训,哪些经验值得推广、普及或学习,在规则或机制方面可以做哪些改善等

● **确定表现形式**。汇报选择PPT还是Word,要基于总结汇报的场景及公司的习惯而定。

● **草拟内容大纲**。采用时间维度或空间维度,用总分总结构还是大事件的先后顺序结构都可以,只需要把整个报告的内容清晰、有理有据地传递给受众群体即可。

● **采集数据和案例**。在总结中会用到两类数据:针对公司层面的基础数据和针对特殊项目的专项数据,如表11-16所示。招聘官可以从部门过往的日报、周报、月报中寻找数据,也可以从利益相关方(如用人部门、财务部门等)获取数据。当然,也不能忽视过往的数据,如去年的规划任务今年是否完成,相比去年的绩效,今年提升了多少等。

表11-16 招聘总结中常出现的数据

维度	内容
公司在职人数统计	包含学历、性别、司龄、所属部门等各种结构分析
招聘结果统计	包含不同部门/岗位的招聘计划完成情况，尤其是关键指标达成率
招聘过程数据分析	包含招聘流程各环节的转化率及招聘时长，通常以招聘漏斗的形式呈现
招聘渠道效能分析	包括采购渠道的情况、费用、候选人来源（包含主动投递和招聘官搜索）及平均有效简历成本、平均录用成本
员工流失率分析	包含不同月份/部门/岗位的离职情况及离职原因分析，以及招聘人数和流失人数的对比
招聘费用统计	招聘过程中各类费用的统计及效益分析
招聘团队建设	包含团队架构、绩效表现、学习与成长等方面

● **撰写总结**。无论是采用 PPT 还是 Word 来汇报总结，都要注意保证内容的逻辑性和条理性。每段标题最好能概括主要内容，让人不用读完全文即可知大致内容；对内容进行归纳整理，切勿记流水账；多开展工作分析，尤其是多从人力资源的专业角度、从业务或财务的视角来谈招聘；多用图表、图片或数据，少说空话、套话。

● **调整和润色**。撰写完总结之后，还要再反复读几遍，看内容是否连贯顺畅，章节安排是否符合逻辑；所传递的主题思想是否一致，想要表达的内容是否表达清楚；是否有不必要的重复；整体的风格是否统一；所陈述的数据和案例是否准确。所有内容都确认无误后，再进行排版和设计，让总结更美观。

除了常规的招聘工作外，招聘总结中还会单独对一些重点项目进行总结，或是站在公司的角度对招聘工作进行体系化的思考，具体陈述哪些内容，要视招聘官的角色和位置而定，没有必要贪大求全。

好的工作总结，除了对过去工作进行总结外，还要有行动和反思。

因为在完成总结之后，才能制订后续的工作计划，这些计划有一部分就是弥补招聘官的不足。

第六节　招聘计划与招聘预算

通常完成招聘总结后，就可以开始制订招聘计划并估算招聘预算。

缺岗人数和预算是招聘计划的基础，好的招聘计划绝不仅仅是一个数字，而是为招聘工作指明了方向，让招聘官能够为吸引和招募到最佳候选人提前做好准备。

招聘计划一般分为年度计划与月度计划——年度计划是大纲，为年度招聘预算与招聘渠道选择做指引；月度计划是对企业人才需求的每一个变化的及时响应，是具体的招聘要求。

一、规划年度招聘计划

年度招聘计划一般以公司的战略目标为出发点。招聘官需要了解公司的整体战略目标、实现目标的期限及哪些要素对实现目标有至关重要的影响，将这些信息记录下来，确保招聘计划与公司的战略目标紧密结合。

同时，招聘官还要了解过往各部门的平均人效，在此基础上，和各业务部门沟通招聘需求，了解有哪些关键岗位的员工还存在技能上的差距，需要补充多少人，如表11-17所示，以及要什么时候补充到位，如表11-18所示。编制招聘计划的原则是在满足基础需求的基础上，推进企业战略性人才的引进。

表11-17 年度计划表——缺岗汇总表

缺岗部门	岗位编制	在岗人数	流动预测	缺岗人数
战略性人才				
A部门				
B部门				
C部门				
……				
合计				

填表说明：

缺岗人数 = 岗位编制 − 在岗人数 + 流动预测

总缺岗人数 = 各部门缺岗人数总和 + 战略性人才需求量

表11-18 年度计划表——引进时间表

岗位名称	缺岗人数	招聘目的（工作需求）	第一季度				……		
			1月	2月	3月	小计	4月	5月	……
岗位1	4	常规工作需求	1		1	2		2	

填表说明：

具体的引进时间及引进人数由用人部门填写。

统计完总缺岗人数后，招聘官首先要将各部门的情况细化到岗位，然后分发到各部门进行确认，同时进行新员工到岗时间的规划。人员具体到位的时间，以用人部门的意见为准。

掌握这些信息后，招聘官根据需求职位及新员工到位时间，结合过往的招聘数据及对招聘渠道的分析，就能选择合适的招聘渠道，设计出最优的招聘策略，如表11-19所示，并制订行动计划，如表11-20所示，这样就形成了企业的年度招聘计划。

表11-19 招聘策略分析表

需求职位		人才分类	需求量	专业级别	招聘难度		建议渠道	
职位名称	所属部门				人才稀有性	市场供给量	渠道类别	渠道说明
设计师	产品部	核心人才	6	高	中等偏高	中等	定制渠道，特殊渠道	校招，国内猎头
销售员	销售部	通用人才	20	低	低	多	普通渠道	网络招聘，内推

填表说明：

根据具体的招聘需求，结合过往的招聘实践，思考招聘策略及招聘渠道的选择。

表11-20 年度招聘计划表

部门	岗位	需求量	需求时间					渠道选择						启动时间
								普通渠道		特殊渠道		定制渠道		
			1月	2月	3月	……	11月	12月	内推	网络招聘	全国性猎头	本地猎头	校招	校企合作	
A部门	B岗位	4	1	2	1					C网站		D公司			11月
合计															

填表说明：

将引进时间表和招聘策略整合在同一张表格中，明确行动计划。

二、编制年度招聘预算

招聘预算是招聘计划的最后一环。招聘官要在年度招聘计划的基础上，根据招聘工作量、渠道的采购量及对招聘活动和相关项目的预测，来编制年度招聘预算。年度招聘预算具体内容如表11-21所示。

表11-21 年度招聘预算表

类别	项目	招聘预算							备注
		1月	2月	3月	……	11月	12月	合计	
渠道购买									
第三方代理									
招聘会									
校园招聘									
校企合作									
人才测评									
其他费用									
合计									

填表说明：

招聘预算并非科目越多越好、费用越细越好，而是要与企业的实际情况相符合，费用是可以适当增减的。

编制预算时，招聘官需要对过往的招聘数据了如指掌，如岗位的平均招聘周期、平均招聘成本、渠道的招聘效能等，这些数据有助于招聘官合理地安排进度、分配资源。

此外，招聘官还要积极地展开沟通——和兄弟部门沟通，看有无重复进行的项目，或者可共用的供应商，尽可能避免资源浪费；和供应商沟通，了解他们的服务项目和报价，重新评估选择，寻找最合适、性价比最高的供应商。

在此基础上，招聘官就可以估算出达成年度招聘目标所需要涉及的项目及花费。这些项目和花费要细化到每一项及每一个时间段，以便财务部门能够有计划地安排资金。

编制预算时，建议将内部成本和外部成本分开计算，以免因数据繁杂而出错。同时，内外部成本分开，也能清楚地告诉管理层钱要用到哪些地方，能取得什么样的效果。

年度预算一般是越早做越好，这样会有更充裕的时间进行内外部谈判，寻找理想的供应商，并设定实施的时间表。

三、在编制计划时，招聘官还可以做什么？

编制招聘计划和预算的同时，也是招聘部门重新思考招聘方式、提升招聘能力的好机会。以下这些工作招聘官可以同步推进。

• **升级 JD**：新的一年，新的目标，岗位也有了新的招聘需求。在与用人部门沟通招聘需求时，招聘官可以详细了解所招聘的岗位、团队成员的角色及职责是否有所改变，继而评估是否需要升级 JD，构建全新的筛选标准。

• **盘点技能**：确定将来需要的技能，盘点目前招聘官已经具备的技能，寻找自己和其他优秀招聘官的差距，未雨绸缪，为弥补这些技能差距做准备。

• **调整招聘流程**：招聘官也要看目前的招聘流程是否有需要调整和改善的地方。对原有的招聘流程，候选人满意度和用人部门满意度如何？是否有进一步提升候选人体验、降低新员工流失率的空间？面对新的候选人群体,是需要进行相应的优化还是需要提供全新的招聘策略?

• **提高招聘团队专业素质:** 目前的招聘团队是否有能力满足新的招聘需求?是否需要增员或优化?是否需要加强招聘专业能力建设(如对面试官进行培训)?

第七节 招聘团队的建设

企业要招人,就必须组建招聘团队。但是这个团队需要配置多少招聘官才能更好地完成招聘工作,并为企业招到合适的人才,恐怕很多人心里都没有太多的概念。

从老板的角度来看,配置了招聘官,公司的招聘就应该没有问题了。但事实上,招聘官不是万能的,再能干的招聘官,其能力也是有限的。抛开那些通用型、密集型的岗位,一位招聘官平均一个月只能成功招聘4~8个人,一年能够招聘50~80人。

所以,企业需要综合考虑年度招聘的需求量,并根据招聘需求决定招聘团队的规模。考虑年度招聘的需求量时,还要将员工流失率算进去。比如,1000人的企业,员工的年度流失率是16.4%,那就意味着企业一年要额外招募164人。如果企业计划2021年扩招20%的劳动力,意味着2021年要招募364人。折算下来,企业需要配置7位招聘官。

事实上,就算企业配置了7位招聘官,这些招聘官也未必就能帮助企业招募到364位合适的人才。接下来,我们来谈谈该如何组建招聘团队,提高招聘效率。

一、如何理解招聘团队中的角色?

就像一个篮球队要有控球后卫、得分后卫、小前锋、大前锋和中锋,企业想要做好招聘，也需要拥有优秀的招聘团队。团队中大家只有各司其职，通力协作，才能取得令人满意的结果。

通常来说，一个优秀的招聘团队需要以下几种角色（大多数情况下招聘官是身兼数职）。

角色1：招聘经理——招聘业务合作伙伴，了解招聘需求

这个角色主要负责用人部门经理和招聘团队之间的对接。招聘经理需要参与现在和未来的各种规划会议，讨论可能存在的人才缺口；收集用人部门的需求，并进行优先性排序，设置合理的预期；将招聘任务进行分解，并及时向用人部门反馈招聘的进展和挑战；收集用人部门的反馈，并快速和招聘团队进行沟通，以便尽快做出调整，满足用人部门的需求……所以，这个角色实际上要花大量的时间来进行招聘规划或参加各种会议。

角色2：招聘官——面试筛选，寻访人才

这个角色主要负责和高质量的候选人对接，将这些候选人成功转化为公司的新员工。所以招聘官要善于讲述公司的品牌故事，让候选人了解本公司可能是他们职业生涯进一步发展的最好的选择；要能判断候选人是否可以被推荐给用人部门进行最终的面试；有时候也需要收集潜在候选人一些额外的信息，如候选人当前的或期望的薪资待遇、候选人背景、潜在的问题、适用性、与竞争者的对比及候选人自身的愿望，以便最终能促使候选人实现职业生涯的转换。

角色3：招聘协调——笔杆子，辅助招聘流程正常运转

这个角色主要对接角色4、角色5，以便招聘工作顺利开展，能提供给角色2稳定、充足的候选人。这个角色需要从招聘官那里获取信息，设置候选人筛选的基础条件；需要组织语言/文字，以便能够通过招聘渠道、社交媒体、邮件、短信或电话和各个候选人进行沟通；有时候也需要进行总结汇报，展现招聘团队的阶段性成功。通俗地说，这个岗位类似招聘团队里的市场/媒介专员、文案或秘书。

角色4：人才筛选——筛简历，推动候选人进入招聘流程

这个角色主要是根据岗位需求，在将简历发送给招聘官之前，对求职者的简历进行初步的筛选，以保证求职者与岗位有更好的匹配度。如果经过筛选，仍然没有足够多合适的候选人，他可能需要根据角色5提供的名单列表，致电那些没有主动申请职位的候选人，邀约他们前来面试。

角色5：简历矿工——找简历，整理出合适的候选人名单

这个角色的主要工作是从各种招聘渠道挖掘简历。一些候选人看到有新的工作机会，可能会投递简历，但是招聘渠道上的大部分候选人都不太活跃，这就需要有人根据空缺岗位的最低需求，来识别并挖掘不活跃的候选人，整理出一个潜在的候选人名单，包括那些绩优者或不曾在招聘渠道及社交媒体上出现的人才。

二、如何配置招聘团队里的角色？

在招聘团队的角色中，每个角色对招聘的最终结果都起到相当重要的作用。每个角色的素质要求是不一样的——有的要求谈判/沟通能力强，有的要求文案功底高，有的要求数据分析能力强，有的则要求结构化和战略性的思考能力强……所以，企业要根据团队成员的优势安排各自的角色，尽可能发挥所有人的长处。

通常情况下，一个招聘官可以分兼不同的角色。当招聘官扮演不同的角色时，需要明确自己的目标并且合理分配投入的精力，唯有如此，才有可能高效完成任务。

可否一个人兼任所有的角色呢？很多公司都在这样做：一个人负责全公司或者某一业务模块的招聘——这并非不可以，但同时具备上述所有素质，并且将各个角色都执行得很好的人非常少——如果真的让一个人负责招聘的全流程，就要做好公司招聘效率不高的心理准备。

大企业通常会组成数十人、数百人的招聘团队，甚至定位上升为招聘中心，然后根据服务对象（如不同的事业部、区域或招聘目标的层次）再进行细分；有的企业会进行分层设计，前端是战斗队伍，后端是专业支撑，不一而足。这样配置，每个角色都有相应的负责人，清楚相应的目标和考核标准，从而将工作做到极致。

大部分小企业无法如此面面俱到，建议这几个角色可以有所侧重。通常力有不逮的招聘官，可以将精力专注于角色1、角色2、角色3，而将角色4、角色5分配到相关业务团队或实习生来完成——无论是从招聘结果考虑，还是从个人职业发展考虑，适当的赋能是必须的。从事务性的工作中脱身，也有助于招聘官专精招聘业务。

从招聘总预算（招聘预算+人工成本）的角度上来看，如果要招募364位新员工，未必需要配置7位招聘官，也可以对预算进行更加合理的规划，比如将招聘职能外包出去，或者实行内部推荐制度、购买一些新的招聘工具或招聘资源等，这些都能帮助企业达成期望的目标。

三、如何进行招聘团队的管理和考核？

招聘考核主要依赖两类指标：结果性指标和过程性指标。通常在不考虑招聘官实际扮演的角色的情况下，都是笼统地考核某一项指标，这样考核的弊端是很难发现根本问题——招聘效果不理想。那么，究竟是招聘官个人工作能力的问题，还是招聘渠道、招聘方法的问题？

但是如果根据招聘团队中的成员各自的专长，对团队进行优化配置，并有了相对清晰的角色定位，就可以根据实际的招聘需求，进行目标上的分解，真正做到奖罚明确、责任到人，从而实现优胜劣汰，对招聘工作的质量进行持续的改善与提升，如表11-22所示。

表11-22 招聘月/周/日工作目标分析

招聘岗位	招聘人数	入职人数	入职比率	Offer数	录用比率	到面人数	到访率	有效简历数	简历有效率	简历总数
工程师	12	4	80%	5	22%	23	31%	74	25%	293

填表说明：

按照招聘漏斗倒推的方式，计算出每个环节的目标值。招聘官可将这些指标分摊到每月/周/日，作为每月/周/日需要达成的工作指标。

对招聘团队进行管理时，可以充分利用如表11-23、表11-24、表11-25、表11-26所示的表格工具，把控招聘进度，确保招聘目标能够按时达成。

表11-23 招聘工作每日统计报表

岗位	简历筛选		电话邀约		面试到访		Offer		日入职		周入职		简历合格率	到访率	录用比率	入职比率
	昨日筛选简历	完成率	昨日邀约数	完成率	面试到访数	完成率	Offer发出数	完成率	当日入职人数	完成率	周累计入职数	完成率				

填表说明：

上表可以记录每天的招聘工作完成情况。如需跟踪各环节的转化率，建议第一天筛选简历，第二天邀约面试，第三天走完面试流程，并发Offer。如果无法做到这一点，则可单纯记录每天的目标达成情况。

表11-24 ××月××日邀约及明细记录

序号	姓名	应聘职位	配置岗位	简历来源				邀约			初试		复试		终试		未通过原因	Offer		薪酬	备注
				渠道来源	主动投递	关键词下载	其他	邀约成功	邀约失败	原因	是否通过	面试官	是否通过	面试官	是否通过	面试官		是否录用	约定入职日期		

填表说明：

本表用于对招聘工作进行日常记录。

表11-25 ××岗位招聘过程控制表

招聘过程	招聘目标		第a周			第b周			第c周		
	转化率	目标值	完成量	完成率	转化率	完成量	完成率	转化率	完成量	完成率	转化率
原始简历数											
有效简历数											

续表

招聘过程	招聘目标		第a周			第b周			第c周		
	转化率	目标值	完成量	完成率	转化率	完成量	完成率	转化率	完成量	完成率	转化率
诺访人数											
到访人数											
录用人数											
报到人数											
总结											

填表说明：

本表主要用于对日常招聘过程进行控制，记录每周的招聘目标完成情况。同时，根据实际招聘工作中各环节的招聘转化率的偏差，找到目前招聘工作中存在的问题并改进，确保招聘目标能在规定时间内达成。

表11-26 月度招聘计划跟进表

部门	流程	进展情况			
		岗位1	岗位2	岗位3	岗位4
财务部	筛选				
	初试				
	复试				
	评估				
	录用				
补充说明					

续表

部门	流程	进展情况			
		岗位1	岗位2	岗位3	岗位4
销售部	筛选				
	初试				
	复试				
	评估				
	录用				
补充说明					
……	……				

填表说明：

（1）岗位按照招聘的难易进行排序，以便招聘官合理分配时间和精力。

（2）每进展一步就更新一次表格，以便招聘官了解招聘的进度，确保计划从容推进并及时完成。

（3）补充说明处填写对招聘的特别要求。

组建高效的招聘团队，对企业来说并不是一件容易的事情。无论招聘团队如何运作和管理，招聘官都要记住，吸引更多适合企业的优秀人才加盟企业，才是所有努力和付出的终极目的，也是面对问题时需要考虑的核心。只有紧紧围绕这一核心，招聘官才有可能找到正确的招聘方法，发挥出招聘官真正的作用。

第八节　管控招聘流程

招聘官都期望能够牢牢掌控招聘流程，如期完成招聘任务，但通常都很难如愿。

导致招聘流程失控的原因有很多。有招聘官自己的问题，也有用人部门的问题——扮演服务支持角色的招聘官，其影响力还不足以让用人部门在招聘流程中有更积极的表现。

如何改变这种状况呢？招聘官可以从以下几个方面进行尝试。

一、定义完成招聘的时间框架

招聘官通常会给招聘工作设定一个最后期限，其实还可以将这个最后期限继续往前推。

- 如果是在职的候选人，接受Offer并提出离职，然后正式到新公司上班，可能需要15~30天的时间。
- 候选人接到Offer，经慎重考虑并同意入职，需要1~2天的时间。
- 对候选人进行终试，并作出录用决策，需要1天左右的时间。
- 在此之前的初试、复试，快的话可以在1天内完成，慢的话大概需要1周的时间。
- 从筛选简历、邀约面试到候选人来公司初试，大概需要1周的时间。
- 搜索简历，寻找合适的候选人，大概需要2周的时间。

这是常规的招聘流程（特殊的招聘项目除外），一般走完全部流程，需要40天左右的时间。

在制订招聘计划时，不仅要设定整个招聘任务的最后期限，还要找到影响招聘成败的关键步骤，并清晰定义这些关键步骤的最后期限，这样才能确保招聘任务按计划完成。招聘官可以按照如表11-27所示的步骤开展招聘工作。

表11-27 招聘项目甘特图

阶段	项目	行动	责任人	4月				5月				6月			
				1	2	3	4	5	6	7	8	9	10	11	12
前期准备	前期联系	与各学校进行前期联系													
		委托学校发布招聘信息													
	制定招聘方案	制定校招方案并修改													
	确定资源	确定毕业生资源信息（专业及生源人数）													
	制定进度表	制定校招进度表，并修改													
	通知的拟定和发布	将此次校招的目的、需求等事项发送至各部门													
	提出招聘需求	根据各部门编制、岗位说明制定招聘需求，并提交领导审核													
	确定招聘院校	确定招聘需求及招聘院校													
	……	……													
……	……	……													

填表说明：

甘特图是一种常见的项目管理工具。横栏是时间栏，时间间隔可自行设定，左侧是项目栏。可先将项目分解成一个个小任务，列出项目的待办清单，再按依赖关系和先后顺序对任务进行排序，然后计算完成每项任务的工作量，以刻度或色块的方式进行工作进度的规划。

二、与用人部门深入沟通

招聘官常常抱怨用人部门不配合，这其实是招聘部门和用人部门缺乏有效的沟通。创建一个持续的沟通反馈机制是招聘成功的基础。

在启动招聘前，招聘官如果仅和用人部门沟通招聘需求是远远不够的，还需要做好以下工作。

• **沟通用人部门在招聘流程中的角色。** 成功的招聘离不开用人部门的有效配合。倘若用人部门连在招聘流程中要做些什么事情都不清楚，就无法配合招聘官。用人部门需要帮招聘官找简历吗？他们如何参与并评估候选人？面试结束后，他们又需要提供哪些反馈？所有需要用人部门参与的环节，都要和他们进行细致的沟通，让用人部门了解自己所扮演的角色，以及会为招聘工作带来什么样的影响。

• **沟通公司的用人理念及相关政策。** 用人部门对招聘的了解并没有招聘官透彻。公司对待人才秉持什么样的理念，制定了什么样的规范和政策，都要和用人部门沟通清楚，以便用人部门在招聘过程中能够遵守规则，找到更合适的候选人。

• **沟通招聘流程和完成招聘的时间框架。** 公司的招聘流程通常是固定的、结构化的、要严格遵守的。此外，为了确保如期完成招聘任务，招聘流程中的每个节点的最后期限也要让用人部门有所了解。

• **沟通JD、面试问题和薪酬信息。** 原始JD一般是由用人部门提供，招聘官可以提出JD格式、内容长短和语言风格上的要求；面试甄选时，招聘官和用人部门会各有侧重，事先要准备好面试问题题本，既能让面试走在既定的轨道上，也能确保面试过程的一致性。招聘官要和用人部门沟通薪酬市场状况，商讨候选人合理的薪酬区间，设定招聘预期并达成共识后，可授权用人部门在面试时提及薪酬这一敏感话题。

- **聆听用人部门的意见。** 用人部门对招聘岗位有更深入的了解。岗位有什么特别的要求？在目前的薪酬条件和时间框架下，如何更快找到更合适的候选人？是否需要做相应的妥协？通过什么测评手段可以精准筛选候选人？用人部门的意见可以帮助招聘官找到更优质的候选人，所以给予用人部门表达的机会并尊重他们的意见，也会提高用人部门对招聘流程的参与度。

在招聘流程推进的过程中，要确保招聘流程对用人部门是公开透明的。

- 要定期向用人部门经理汇报招聘的进展，实现信息共享，让其对招聘官所付出的努力有充分的认知。
- 在招聘流程每一步的之前或之后，都要为用人部门解答疑惑，确保用人部门和招聘官保持在同一频道上。
- 如果在甄选的过程中，发现某个候选人的信息存在疑问，要及时向用人部门说明，不要有所隐瞒。
- 如果发现用人部门经理存在问题，比如在招聘上有偏见或裙带关系，也要及时说出来。

如果用人部门清晰地了解自己对招聘成功的重要性，同时对招聘流程的每一步都了如指掌，就能给予招聘官更多的支持和配合。更何况，招聘官这么辛苦地招人，不就是为了帮助用人部门实现业务目标吗？

为了强化与用人部门的联系，招聘官还要发挥专业的优势，给予用人部门人才管理及招聘方面的支持与指导，让招聘部门从单纯的服务支持的角色变成人才顾问。当双方的关系变成相互需要、互惠互利的时候，招聘工作才能更顺利地展开。

三、用专业杜绝不确定性

导致招聘流程拖延的另一个重要原因是不确定——薪资的不确定、招聘需求的不确定、筛选标准的不确定、面试时间和地点的不确定等。要消除这些"不确定",最好的办法就是用专业技能让它们变成"确定"。

面对不确定,如何高效推进招聘工作呢?一是制定规范的标准,与利益相关者进行深入沟通,让"不确定"变成"确定";二是运用精益思维,边推进边测试边优化,让"不确定"变成"确定"。具体计划如表11-28所示。

表11-28 招聘项目PDCA计划表

阶段	项目	P:计划			D:执行	C:检查				A:行动
		行动	预计时间	责任人	内容实施	完成情况	完成时间	未完成原因	预计完成时间	改善措施
前期准备	前期联系	与各学校进行前期联系								
		委托学校发布招聘信息								
	制定招聘方案	执行校招方案并修改								
	确定资源	确定毕业生资源信息(专业及生源人数)								
	制定进度表	制定校招进度表,并修改								
	通知的拟定和发布	将此次校招的目的、需求等通知信息发送给各部门								

续表

阶段	项目	P:计划			D:执行	C:检查				A:行动
		行动	预计时间	责任人	内容实施	完成情况	完成时间	未完成原因	预计完成时间	改善措施
前期准备	提出招聘需求	根据各部门编制、岗位说明制定招聘需求，并提交审核								
	确定招聘院校	确定招聘需求及招聘院校								
	……	……								
……	……	……								

填表说明：

PDCA 就是 Plan（计划）、Do（执行）、Check（核查）和 Act（改善行动）。它不仅监控项目的推进过程，更是一个周而复始的改善循环。每一件事情都要先做计划，然后实施计划，实施的过程中还要检查计划是否完成，然后再进行改进。成功的经验加以肯定并适当推广、标准化；失败的教训加以总结，以免重现；未解决的问题放到下一个 PDCA 循环中。

人和人是不同的，我们此刻关心的，未必是他人在乎的。有时候，招聘官需要以更开放的心态去看待招聘工作中的阻碍。与其抱怨，还不如积极寻求解决问题的方法，如此才能收获到更好的结果。

第九节 招聘官的时间管理

身为招聘官，每天的工作都十分繁忙：沟通需求、更新职位、筛选简历、邀约面试、安排面试、进行面试、收集反馈……另外，还要负责专项招聘等工作。

如果工作进展得顺利还好，一旦招聘过程稍微有所阻塞，就会让人手忙脚乱、焦头烂额。所以，要想做好招聘工作，时间管理是招聘官必须掌握的一项能力。

那么，如何让招聘工作更加有序且高效呢？可以尝试以下方法。

一、记下来

俗话说"好记性不如烂笔头"。招聘官的事务繁多，为了避免丢三落四，最好的办法就是将事情从脑海里摘出来，用笔把它记下来。

一支笔和一个便利贴就能解决这个问题。如果形成习惯，也可以使用手机App（如印象笔记等）记录这些待办事项。不过，要确保这些记录能够一直在身边，记下来但看不到是没有意义的。

在记录待办事项时，一定要写具体。如果记录下一个电话号码，但是没有写这是谁的电话号码，这样的记录一点意义都没有。

此外，最好用祈使句来记录任务，给自己下命令，如"打电话""约面试""发邮件""安排面试"等。

二、安排时间

招聘官有许多事项需要处理，更需要合理地安排时间，来逐一完成工作任务。一般建议在每天上班或下班时，用5~10分钟的时间来规划当天或第二天的工作安排，然后把它列在日程表里。

例如，月度工作计划安排如表11-29所示。

表11-29 月度工作计划表

月份	工作维度	关键性工作内容	分项工作内容	执行策略	完成日期	责任人	进展情况
1月							
2月							
…							

填表说明:

通过此表,可以对每月的工作任务进行梳理,明确工作目标。

(1)工作维度:可按基础岗位、关键岗位、重点专项工作、例行工作、临时工作进行划分,并按重要性进行排序。

(2)关键性工作内容:列出各维度的重点工作内容。

(3)分项工作内容:将关键性工作分解成若干个小任务。

(4)执行策略:描述具体行动举措及达成目标的关键点。

(5)完成日期/责任人:明确各工作内容的完成时间及责任人。

(6)进展情况:月末总结时描述工作进展及月度指标完成情况。

有的人喜欢用台历来记录每天的工作安排。有的台历日期旁边会有很大一块空白,可以用来记录每天需要做的工作,这样,每月(周)回顾当月(周)的工作时就可以一目了然。当然,也可以使用手机App来完成这项工作,同时一些App还可以设置时间提醒。

安排每一项工作时,都要预留出50%的时间。工作能够提前完成固然好,但是通常它都比我们预想的更费时间。

有些事情可能不占用很多时间,比如在休息的时候可以收发邮件,在去开会的路上可以打一两个邀约电话等,这些小事都要写下来。

三、优先级排序

那么,一天中这么多工作内容,到底哪个先做,哪个后做呢?

这时候可以利用四象限分析图,也就是常见的时间管理4D图来为工作排序。

	重要	
二、重要不紧急 处理方式:有计划地做 饱和后果:忙碌但不至于手忙脚乱 原则:集中精力处理、第二象限中的任务要做好规划,先紧后松		**一、重要且紧急** 处理方式:立即去做 饱和后果:压力无限增大,出现工作危机 原则:越少越好。很多第一象限的事情是因为它们还在第二象限时没有被处理好
四、不重要不紧急 处理方式:尽量别做 饱和后果:浪费时间 原则:可以当作调节身心的手段,但一定不能沉溺于这个象限		**三、不重要但紧急** 处理方式:交给别人去做 饱和后果:忙碌且盲目 原则:放权交给别人去做
	紧急 →	

时间管理的四象限分析

对于重要且紧急的事情,要立即去做,否则事务堆积,压力会非常大。例如,新增的紧急招聘需求(没有这个人,业务无法开展),或是某一个业务部门的负责人突然提出离职,这类问题一定要立即着手解决。

对于重要不紧急的事情,要有计划地去做。例如,校园招聘或是校企合作一定是每年招聘工作的重中之重,招聘官要预留出充分的时间去准备。

在一天的工作安排中,一定要最先解决最重要的事情,因为越到后面,时间和工作状态越不容易把控。同时,招聘官要充分了解自己,根据自己的工作状态,对工作进行合理规划。

- **连续时间**:可以做一些时间量占比较高的事情,或是集中处理一些重要的事情,如面试。
- **缝隙时间**:可以做一些时间量占比不高的事情,如筛选简历、打电话邀约面试、处理邮件、跟踪候选人、跨部门沟通。
- **工作状态佳**:尽量去做一些重要且复杂的事情,如面试。
- **工作状态不佳**:尽量去做一些简单且机械的事情,如筛选简历。

一般建议工作90分钟,休息10~15分钟,这样更容易提升工作效率。

四、全神贯注

如果期望在规定的时间内,有效地完成工作任务,聚精会神是必须做到的。如果一会儿看邮件,一会儿看微信留言,一会儿和同事开个玩笑,是很难高效完成工作任务的。

全神贯注是需要锻炼和培养的,如把手机调成静音,并放在自己手臂拿不到的地方;设定时间,看自己能够不受干扰地持续工作多长时间,然后不断提升全神贯注工作的时间长度……

当然,要想高效地完成工作,除合理地管控时间外,还要有效利用工具、建设人才库、及时复盘找到最佳招聘方法,在这里不再一一阐述。

合理的时间管理和高效的工作,不仅影响招聘官的工作质量,也将影响招聘官的生活质量。期望每一个招聘官都能够管理好自己的时间,充分享受招聘工作的乐趣。

第十二章 让招聘更有战略性

许多招聘官或许不曾意识到,招聘已经变得如此重要——在这个充满不确定性的时代里,招聘官是公司里为数不多的能够吸引顶尖人才、提高公司组织能力的人。

可大部分招聘官还是被繁杂的事务性的工作压得喘不过气,并且时刻因为未知的明天而惶惶不安。

未来的招聘官不仅需要不断提升专业能力,还要让招聘工作本身更具战略性,这样才能充分体现招聘官的专业价值。

通过本章的内容,你将了解:

- 向左走,向右走
- 通过构建招聘体系实现认知升级
- 从常规招聘到战略性招聘
- 从招聘官到人才顾问
- 给招聘官的几点建议

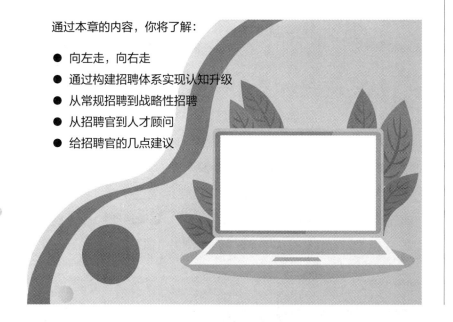

第一节 向左走，向右走

工作一段时间后，招聘官常常会面临一个问题：是继续做招聘的工作，纵向发展做深做精，还是去做培训、员工关系或绩效，全盘横向发展？

这两种典型的发展路径，与它背后的职业定位有一定关系：向横向发展，是希望拓宽自己的职业面，往全盘靠近，进一步补足短板；向纵向发展，则需要在专业方向和细分领域继续做精做强，把长板加到足够长。

需要注意的是，在集团化公司总部或人力资源分工较成熟、精细的平台，能让招聘官全盘发展的机会是比较少的，全盘发展通常只出现在中小企业或分支机构。向全盘横向发展更贴近业务，而纵向发展则更偏向人力资源专家的角色定位。渴望向全盘发展的人相对有更强烈的个人发展诉求；而专注纵向发展，则需要个人能坚定"专业创造价值"的职业定位。

对于招聘官来说，无论未来是横向发展还是纵向发展，大多会有如下的困惑。

- 工作了5年，但是经验与技能和工作2年的人并没有太大的差异。
- 只会接收指令式的招聘任务，还不具备组织诊断意识或能力。
- 所做的招聘工作都很碎片化，缺乏招聘管理的"体系"感。
- 战略链接与解码能力还很弱。
- 虽然明白自身存在不足，但缺乏努力的方向。
- 想通过跳槽获得职位提升，但缺乏专业积淀。

之所以出现这些困惑，很大原因是招聘官总是通过战术上的勤奋，来掩盖战略上的懒惰。有些招聘官也许能从每周招到10个人提升到每周招到15个人，却没有从一个更高的维度去考虑自己未来的职业发展及认知升级。

在熟练掌握招聘的专业技能之后，招聘官需要从更系统、更具战略性的视角去重新评估自己的招聘工作，增强招聘官的专业影响力。

第二节 通过构建招聘体系实现认知升级

构建招聘工作的体系化框架是实现认知升级的前提，一般而言，成熟的招聘体系通常包含如下要素。

一、制度规则

招聘管理制度是每个公司招聘管理体系的骨架与底层"代码"。在这个"代码"的基础上，可能还会有一些另外的策略与指引（如猎头渠道的管理办法、背景调查的管理规范、招聘平台使用指引等）可以作为"补丁"。

招聘管理制度的设计是从业务需求与管理需求出发，进行定期检视与优化，以落地效果凸显招聘官的专业性与价值。它一般要满足以下几方面的要求。

- **透视业务与管理需求**：业务和管理目前需要什么样的制度，招聘官就设计什么样的制度。例如，如果担心高管会招一些亲属进来，那么从管理的角度出发，招聘官一开始就可以考虑设计一套《亲属回避制度》来加以防范。
- **关注制度规则的协同/自洽**：新的制度诞生后，其他的制度是否需要跟进？制度之间是否存在"打架"的情况？如何修订并规范制度？
- **重视落地形成闭环**：该制度是否在某些环节还存在缺失？
- **把握重要优先顺序**：考虑实际需要，假设校园招聘每年都在举行，但是招聘专场举行得不多,那么相对而言,对校园招聘进行规范管理就更为重要。

●**有序推进迭代升级**:根据业务和管理的需要,主动对一些制度进行修订。

二、招聘渠道

招聘渠道的管理要以结果为导向,明确对不同渠道的管理与考核要求,持续提升招聘的精准度、适配度及效果达成。

首先,招聘官要清楚能用到的招聘渠道有哪些,并了解不同的岗位在哪些渠道最有效果,形成工具箱(如渠道矩阵和渠道资源卡);其次,要学会对渠道进行运营,最大化开发渠道的价值(如通过组织猎头年会集中发布职位,提高议价能力,降低招聘成本);最后,当招聘结束后,还要进行渠道的复盘,从时间、质量、效益、成本等维度来对各渠道进行评估。

三、队伍管理

想打造高水平的招聘队伍,需要重视人的作用,持续强化成员的招聘专业能力,具体来讲就是"纵向要到底,横向要到边"。

"纵向到底"需要注意以下两方面。

●**要思考如何提升成员的专业能力**:招聘人员专业能力从弱到强、招聘项目从简单到复杂、招聘的知识结构与能力进一步升级、招聘总部与下属平台管理能力进一步提升、团队规模进一步扩大与专业水平进一步提升。

●**要思考如何让成员获得晋升机会**:关注招聘团队成员的个人职业发

展，能够根据成员经验与能力的差异排兵布阵，并进行考核、指导、培养、汰换，让成员有发展晋级的机会。

"横向到边"需要注意以下两方面。

• **产品力**。要让招聘部门成为一个输出型部门，而不是一个只会接收指令的输入型部门。思考招聘工作的哪些方面可以演变成产品，把复杂的问题简单化，后台的工作前台化。例如，可以研发面试官课程，让大家进一步理解招聘，让招聘工作更有存在感，还能减少沟通成本。

• **传播力**。招聘工作是人力资源部门的窗口，与内外部客户都要高频接触，是个人与团队形象及公司品牌塑造的起点。作为招聘官，应当以高标准要求自己，要"懂业务、识人心"，具备与业务部门对话的能力，能够赢得内外部客户的信任，并善于处理与内外部客户相关的复杂问题，成为人力资源团队与公司的代言人，展现个人和公司的价值。

四、系统平台

招聘系统平台是指招聘工作的信息化建设，可以简单概括成"1+X"的组合。其中，"1"是指北森系统、大易系统或自主开发的招聘管理基础系统；"X"则是与招聘工作密切相关的其他子平台，包括猎头管理子系统、线上的专业测评中心、视频面试子系统及其他二次开发的功能平台。在招聘工作的信息化建设层面，大家可以学习华为、腾讯等标杆企业的人力资源信息化建设的先进经验并付诸实践。

招聘官要用更开放的心态去拥抱新技术和新工具，在集团化的招聘管理工作中借助这些技术和工具，提高公司招聘工作效能，并保持认知体系与招聘能力的同步升级。

五、招聘流程

熟悉招聘流程所有节点的工作要求是对招聘官的基本要求。招聘官还要理解招聘流程设计的原理,并通过流程设计重塑"生产关系",包括厘清各方权责、梳理程序,并根据实际工作需要对招聘流程进行简化、前置、并行等,以此来提升招聘工作的推进效率。例如,笔试、面试是否可以通过集中或分散、前置或后移、串行或并行等方式灵活处理,让招聘流程更合理、更高效呢?

六、成本预算

要以经营意识为导向,建立招聘成本管理框架,强化对预算与招聘过程的把控,提升招聘投产比。

优化成本预算主要包含以下几个方面。

• **招聘成本追踪:** 对集团及子公司的招聘成本预算与过程进行管控,了解招聘成本的流向。

• **招聘成本分析:** 按业务单元、干部层级、专项活动分类、时间分布等维度,对招聘成本支出进行结构化分析,挖掘出不合理的支出并进行优化。

• **招聘投产优化:** 通过对招聘渠道集中采购、费用支出内部奖罚、猎头渠道使用门槛限制等方法,或是进行内部激励、内部猎头队伍建设等,来优化招聘费用的投入产出比。

以上就是招聘体系的主要组成部分。在招聘的过程中遇到任何问题,都可以把它放入这几个部分来思考,理顺逻辑、丰富内容、完成自洽,从而实现招聘体系的认知升级。

第三节 从常规招聘到战略性招聘

招聘之所以容易被认为是"事务性工作",主要是因为招聘官招聘的通常是基础性的岗位,高端职位一般是通过猎头来进行招募,这样自然很难体现招聘官的价值。

那么,怎样才能招募到战略型人才呢?

一、了解公司发展的关键领域

如果招聘官期望在招聘领域体现更大的价值,那么只固守在自己的岗位埋头干活显然是行不通的。想要为组织招募到战略性人才,招聘官首先要抬头看天,清楚公司未来的战略是什么。

当公司的战略发生转变时,作为一名招聘官,要明白从人才引进的角度来讲,公司的人才吸引与配置策略有何变化?内部是否具备达成战略的关键人才?需要和组织中的哪些人进行沟通,才能了解这些信息?

获取这些信息的最佳途径是与人力资源部门的领导和业务部门负责人沟通,深化招聘官对公司战略的理解,解读公司目前的重点发展领域及未来的增长领域,并了解该增长领域主要的技能缺口。

二、建立与增长领域相匹配的人才管道

招聘官对于公司未来发展战略的了解,需要远远先于战略性人才招聘需求的提出。了解到公司战略发展调整动向,未雨绸缪,搭建好与增长领域相匹配的人才管道。

获取人才的方法有很多种,积累的人脉、转介绍、会议活动或是论坛、微信群等,都可以帮助招聘官接触到这些人才。

招聘官也可以通过人才地图,了解行业内的主要竞争对手是谁?哪家公司涉足了这一领域?他们有什么样的产品?有什么样的团队?团队里的关键成员都有谁?我们是否有可能接触到这些关键人物?

最开始我们的名单中可能会罗列出 100 多个人选,随着招聘官对业务和目标人群的了解,这个名单可能会缩小到 20~30 个人,但这 20~30 个人将成为重点跟踪的对象。

三、与候选人建立联系并持续跟进

当潜在候选人的名单确立之后,招聘官要和这些人选建立联系。

因为当下招聘官并不需要马上招募他们,故而还没有到"推销工作"的阶段,纯粹只是建立联系。

建立联系的方法就是关注潜在候选人的需求、愿望和兴趣点。关心、帮助潜在候选人,慢慢地建立起一段相互信任的关系。

在这个过程中,招聘官可以邀请潜在候选人参与一些公司活动,或者和他们探讨一些与业务相关的话题,测试他们对公司的观感及未来合作的可能性。

这属于候选人关系管理的范畴。如果潜在候选人比较多,我们需要进行候选人的分级管理,制定不同的维护策略,并持续跟进。在跟进的过程中,千万不要因急于求成而破坏好不容易建立起来的关系。

当发现潜在候选人有兴趣或有可能了解新的工作机会时,就可以适时向他抛出"橄榄枝",让引进战略性人才变成可能。

第四节 从招聘官到人才顾问

"我们做招聘究竟是为了什么"和"人为什么而活"一样,每个招聘官都心存疑惑,却难有一个标准答案。不过可以肯定的是,这个问题的答案绝不仅仅是为了完成订单式的招聘任务。

有人说,招聘的深层次目的是达成公司的战略目标。如果这么理解,一个符合要求的招聘官应该从单纯的招聘人员向人才顾问转变。

为什么招聘工作明明很累,却很难得到公司或业务部门的认可?其根本原因是招聘官所做的工作没有为公司的战略目标服务。招聘官只是被动地填补空缺岗位,执行各种指令和要求,就算指令是没有必要和不合理的,也从不去质疑,因此招聘官很难在公司建立起专业形象和影响力。

人才顾问是个相对新鲜的词汇,简言之,就是招聘人员和咨询顾问的综合体。

当公司遇到管理问题时,常会借助外部咨询公司的力量,运用科学的工具来进行诊断,并获得对方给出的合理的优化建议。

为什么招聘官不能扮演咨询顾问的角色,为内部的人才优化及如何主导外部的人才市场提供专业建议呢?

在各种招聘技术高速发展的当下,快速招到人的这一基本技能,很难为招聘官提供有效的工作保障,招聘官必须"再上一层楼",成长为更具战略性和影响力的人才顾问。要知道自己是否可以成为人才顾问,可以根据表 12-1 进行自测。

表12-1 招聘官知识技能自测表

模块	维度	内容	自我评价 0	1	2	3	4	5	对象人群	达标标准
招聘规划	知识	招聘规划的内容							主管	4
		计划评估反馈方式							主管	4
	技能	市场调研							专员	3
		编制预算管理							主管	4
	管理	基于企业经营战略的招聘规划							总监	3
		规划的指标分解和落地							总监	3
招聘需求	知识	招聘需求分析							专员	3
		招聘目的研究和评估							专员	3
	技能	流程管理							主管	4
		需求审核能力							主管	4
		需求对接和修订							专员	3
	管理	基于企业现状的需求流程修订							总监	3
		招聘需求流程控制和灵活性							主管	4
		基于招聘目标的需求审核评估							总监	3
招聘渠道	知识	常见招聘渠道的分析							专员	3
		招聘渠道供应商管理技巧							专员	3
		渠道预算和费用管理							专员	3
		渠道评估和分析							专员	3
	技能	招聘渠道管理体系							主管	4
		招聘渠道申请和审核							专员	3
		渠道使用的灵活性							主管	4
		内外部渠道应用步骤和技巧							专员	3

续表

模块	维度	内容	自我评价 0	1	2	3	4	5	对象人群	达标标准
招聘渠道	管理	招聘渠道规划和审批							总监	3
		渠道费用预算的分析和设定							主管	4
		渠道分析反馈和跟踪							主管	4
		渠道的日常管控和部门违规处理							总监	3
面试甄选	知识	人才测评的概念和分类							专员	3
		人才测评的评估和应用							专员	3
		面试的分类和技巧							专员	3
		面试问题的设计思路							专员	3
		面试礼仪和面试禁忌							专员	3
		面试工具的选择和应用							专员	3
		笔试的概念和应用场景							专员	3
		笔试评估的一般流程							专员	3
	技能	面试准备和面试流程设计							专员	3
		测试供应商的选择和应用							专员	3
		面试沟通技巧							专员	3
		雇主品牌营销能力							专员	3
		肢体语言和其他面试工具的使用							专员	3
		集体面试的操作方案							专员	3
		流程进度控制和录用衔接							专员	3
		面试评估管理							专员	3
		时间管理和跨部门沟通							专员	3

续表

模块	维度	内容	自我评价 0	1	2	3	4	5	对象人群	达标标准
面试甄选	管理	管理授权体系和面试流程设定							总监	3
		部门招聘业绩指标分配							主管	4
		部门招聘报表管理							主管	4
		部门招聘例会管理							主管	4
		部门培训管理							主管	4
		部门绩效的设定和管理							主管	4
		高端岗位面试技巧							主管	4
		测评供应商的审核和评估							主管	4
		面试流程的跟进和修订							主管	4
录用管理	知识	招聘与录用管理原则							专员	3
		录用管理的概念和应用							专员	3
		录用管理的战略和目的							专员	3
		录用准备和录用协议							专员	3
		一般录用制度的流程和内容							专员	3
		档案管理的概念和一致性							专员	3
	技能	Offer流程管理							专员	3
		新员工入职导入流程							专员	3
		新员工带教流程和跟踪							专员	3
		新员工资料和档案管理							专员	3
		新员工入职欢迎的设置和动线管理							专员	3
		影响新员工入职体验的其他要素							专员	3

续表

模块	维度	内容	自我评价						对象人群	达标标准
			0	1	2	3	4	5		
录用管理	管理	录用管理流程的设计							主管	4
		录用流程的监督和反馈							主管	4
		新员工带教的指导步骤和技巧							主管	4
		脱岗培训和在岗培训							主管	4
		新员工入职体验活动的开发							主管	4
		基于入职体验的离职率分析							总监	3
试用期管理	知识	试用期管理的概念和应用							专员	3
		试用期面谈问题的设置							专员	3
		试用期的评估和反馈							专员	3
		试用期转正管理							专员	3
	技能	试用期管理资料的准备							专员	3
		试用期考核内容的设定							专员	3
		试用期沟通流程和技巧							专员	3
		试用期绩效面谈							主管	4
	管理	试用期管理流程设计							主管	4
		新员工入职档案的审核和反馈							主管	4
		关于绩效面谈能力的培训							总监	3
		转正审批的要素							总监	3
风险控制	知识	招聘流程中涉及的法律常识							专员	3
		录用和试用期管理中涉及的法律常识							专员	3
	技能	员工资料的分类和管理							专员	3
		招聘过程中的法律文书管理							专员	3
		背景调查							专员	3
		招聘流程中的法律合规性							专员	3

续表

模块	维度	内容	自我评价						对象人群	达标标准
			0	1	2	3	4	5		
风险控制	管理	招聘风控体系的搭建技巧							总监	3
		离职面谈中的合规管理							总监	3

填表说明：

本表可作为招聘官知识能力自测的参考。评分标准：0分——完全不具备；1分——听说过；2分——了解一点；3分——了解系统内容；4分——较为精通；5分——非常精通。

一方面，人才顾问要给予管理者专业的人才建议，有效地提升公司/部门的业务水平。另一方面，人才顾问要着眼于未来，了解公司/部门未来发展过程中可能会遇到的人才问题与机遇，以及如何更好地应对竞争对手的人才招聘策略。

所以，与传统的招聘职能相比较，人才顾问这一角色有了很大的不同。

• **关注业务成果**。传统的招聘人员是招到人就"打完收工"，而人才顾问则要通过"选育用留"的方法，显著地提升公司/部门的业务水平。人才顾问必须对所服务部门的业务需求有深入了解，了解业务的关键要素，成为一名业务专家，指导业务部门经理提升业绩。

• **关注未来需求**。传统的招聘人员只关注当前的招聘需求，但是人才顾问不仅需要把握当下，更要立足长远。例如，招募新员工时，不仅要考虑空缺岗位当前所需技能，还要考虑该岗位未来需要具备的技能，以及未来可能的职业发展轨迹——当业务发生改变时，候选人是否有能力胜任新角色？所以，人才顾问必须成为人才规划的专家，并且就即将到来的人才问题和机遇，给予业务部门经理专业的建议。

• **保持竞争优势**。除关注内部外，人才顾问也必须了解外部的人才市场。人才顾问需要花大量时间进行竞争分析，以确保公司在雇主品牌和其他的人才吸引要素上，都优于公司的竞争对手，从而确保本公司总是能够吸引到最好的技术人才和创新者，为公司的持续发展提供动力。

- **给予用人部门更宽泛的人才建议。**身为人才顾问，必须清楚"让合适的人在合适的岗位上"，而且"不是非得去外部招人"。所以，人才顾问必须帮助业务部门经理了解不同的人才战略和人才筛选工具，教会业务部门经理如何进行有效的人才管理，如何更长久地保留顶尖人才。
- **成为市场营销专家。**越来越多的招聘官意识到，招聘和市场营销有很多异曲同工之处。因此，无论是招聘官还是人才顾问，都应该学着将思维模式切换到市场营销的模式，学会通过市场调研和数据来更好地了解目标受众（目标候选人），从而进行更加精准、更加个性化的雇主品牌营销。

除以上几点外，人才顾问也应懂得如何安排工作的优先级——哪些职位或候选人是应该优先对待的——从而提升工作的效能；人才顾问也应懂得如何用数据去和业务部门沟通，从而更快地和业务部门达成一致；人才顾问也应善于寻找内外部的最佳人才，并及时和业务部门分享；人才顾问也应懂得怎样指导业务部门经理减少在人才决策上虚耗的时间，从而更有效地提升招聘速度和质量……

总之，对传统的招聘官来说，这会是一个全新的领域。招聘官不仅需要在招聘上更专业，而且还要懂业务，具备持续的学习动力，具备顾问的技巧，懂得如何运用自身的影响力和说服力，把自己真正地变成业务部门的战略合作伙伴，为了业务目标的达成一起努力。

第五节 给招聘官的几点建议

一、以招聘需求分析与诊断为切入点,主动提高招聘工作的合格标准,培养专业价值判断,并提升对业务部门的影响力

这是招聘官向人才顾问华丽转身最便捷的路径。

通常,招聘官接到招聘需求后,会对招聘岗位进行基础的判断,如招聘人数、到岗时间、工作职责、任职资格、招聘原因、目前编制、相关业务目标、关键业绩指标达成情况、未来业务规划等。但只了解这些是远远不够的,因为"甲方永远没有想清楚自己想要什么",比如有的岗位其实完全没有外招的必要。

除了解这些基本信息外,招聘官还要对岗位进行深度剖析。从充分性上,招聘官要了解外部人才是否和当前业务需要匹配,包括业务方向、经验、能力等;公司提供的职级、薪酬等要求能否吸引到目标人选。从必要性上,公司要进行内部人才盘点(内部人才是否已满足需要但定位缺失)、组织诊断(是否为组织层面问题,如架构设置不合理、专业能力培养不足等)并考虑业务成熟度、管理风格与用人偏好的影响。

此外,招聘官还可以从人力投产、人均效能等方面着眼,运用招聘指标及所掌握的市场数据,对招聘需求进行校准,让用人部门对招聘的预期更加合理。

通过这些思考,可以提高招聘官的影响力,而不是仅仅被当作一个招聘新员工的工具。

二、总结招聘经验,夯实专业基础并升级认知系统,促进个人职业的发展

招聘官可以通过以下几方面来实现这个目标。

- **理解战略，透视业务**：深刻理解战略，提升沟通能力，深化与业务部门的互动，提升公司/部门的整体业务水平。只有理解公司发展战略，才能知道招聘工作该如何适配战略，如何进行招聘工作的分解。

- **战略驱动，前瞻布局**：关注跨界竞争产品动态与行业新动态，提前进行人才储备。

- **树立专业价值判断，打造职业标签**：建立对细分招聘领域的深度认知，打造个人职业标签。

- **聚焦行业动态**：关注行业业务动态及人才动态，提升对业务及人才的敏感度，塑造行业招聘专家形象。

- **招聘工作主动管理意识**：通过组织诊断推进招聘系统铺排，主动响应并完成招聘任务，推动组织能力提升。

- **以点带面，突破核心关键人才**：通过完成总监及以上关键人才的招聘，借力圈层化解招聘压力。

- **招聘资源共享**：通过人才、工具、方法论、渠道等资源的共享，促进团队交付能力和专业度的提升。

- **深入研究行业**：招聘官拼的永远不是手中的资源有多少，而是对这个行业的理解。招聘官可以通过竞品分析、行业沙龙、培训分享等途径，加深对行业的理解。

三、人力资源及招聘工作应避免陷入专业能力陷阱，要多从客户需求、工作产出、结果及假设出发

- **从假设出发，而非从最佳实践出发**：不要以为A公司做得好的经验，就一定适用于B公司。要小心假设、小心求证，结合公司管理基础与业务现状，杜绝不假思索地借鉴优秀企业实践经验。

- **从客户需求出发，而非从职能出发**：如果招聘官精心设计了框架和

体系，搞了一堆漂亮的工具和表格，但是并没有解决用人部门面临的问题，那所有工作都是没有意义的。招聘官要从用人部门的实际需求出发，而不能仅仅从自身的专业角度出发。

- **从结果出发，而非从活动出发：** 从关注投入到关注产出，从关注专业活动变成关注成果和贡献，避免"自娱自乐"。

除此之外，招聘官还要努力打造与提升职场个人品牌，提升个人品牌与产品的变现能力。招聘官要提升自己的认知，发现自己的不足，找准自己的定位。让专业优势与自身资源、兴趣、性格匹配，通过试错、校准和反复复盘，找到未来的职业方向。在这个过程中，招聘官要把握机会，创造突出的工作业绩、专业价值和圈层影响，让自己的市场价值得到提升。